HEILUNG, EWIGES LEBEN UND GLÜCK IM LICHT

Mathias Stumpf

Mathias Stumpf

HEILUNG, EWIGES LEBEN UND GLÜCK IM LICHT

Übungen zur Kontaktaufnahme mit dem Jenseits

DeBehr

Herausgeber: Verlag DeBehr, Radeberg
Erstauflage: 2017
ISBN: 9783957533951

HINWEIS:

Ich habe Übungen und Methoden für Menschen zusammengestellt, die ernsthaft daran interessiert sind, mit der geistigen Welt zu arbeiten. Ich ersetze keinen Arzt, Therapeuten oder Heilpraktiker, die Heilung erfolgt allein durch dein Vertrauen und deinen Glauben.

Danksagung an meine lieben Helfer, die mich beim Buch unterstützt haben:

Ganz besonderen Dank an meine ehemalige Schülerin Andrea (Name geändert), ohne sie würde es dieses Buch gar nicht geben. Die Engel haben immer wieder mit daran gearbeitet und Andrea sehr oft Tipps gegeben.
Besonderen Dank an meine liebsten Schüler und Freunde, sie haben mir mit der Schreiberei geholfen. Gott, Erzengel und alle anderen aus der geistigen Welt und insbesondere meiner besten Freundin Barbara.

Vorwort

Dieses Buch handelt von Gott, Erzengeln, Engeln und einigen anderen Lichtwesen.
Mein Weg dorthin war sehr schwer und sehr hart, es begann schon in der Kindheit. Ich weiß, dass viele Menschen einen Leidensweg gehen oder schon mal gegangen sind. Warum das Leiden hier auf Erden so ist und nun zu Ende geht, erkläre ich in diesem Buch.
Es zeigt einen Heilungsweg von mir und einigen Schülern. Es soll euch ermutigen, mehr an die geistige Welt zu glauben. Den Glauben an dich selbst stärken. Hoffnung in allen Lebenslagen stärken und dir die Augen öffnen. Denn dann treten die Engel vermehrt in dein Leben und helfen dir mehr und mehr, all deine Sorgen hinter dir zu lassen. Der Mensch fragt sich seit tausenden Jahren immer wieder, warum bin ich hier und was ist eigentlich meine Lebensaufgabe. Hier und heute erfahrt ihr, wer und was ihr seid. Gott trug mir auf, den Menschen den Weg zu Gott zu zeigen, sodass sie erkennen, wer und was sie wirklich sind, damit all das Leiden und die Zerstörung der Erde ein Ende haben. Ich schreibe hier in vielen Worten, die von Gott kommen und es ist alles die Wahrheit. Es gibt und wird wahrscheinlich einige Kritiker geben, die all das anzweifeln. Auch dagegen bin ich gerüstet. Glaubt oder glaubt es nicht. Ich kann es nicht wirklich beweisen. Denn Gott sagt, er würde niemals einen Beweis schicken. Den einzigen Beweis, den Gott und ich euch geben können, ist der: Seht, was um euch passiert. Seht eure Konten an oder wie es euch geht. Alles, was um euch oder mit euch los ist, das erschafft ihr selbst durch euer Denken. Mir ist sehr wohl klar, dass ich Kritiker haben werde. Ich kann euch nur immer wieder sagen, dass alles echt ist und sich wirklich so ereignet hat.

Viele denken, sie haben hier auf der Erde eine Lebensaufgabe oder müssen das, was sie gerade erleben, lernen. Ich weiß nicht, wer dieses einmal so verlautet hat, aber es ist nicht so. Gott sagt, wir sind alle hier, um zu erfahren, was wir selbst durch unsere Gedanken erschaffen und dieses auch leben.
Ich reise in das Jenseits. Ich nenne es hier so, weil viele es so verstehen oder sehen. Es ist eigentlich ein Reisen in das Himmelreich zu Gott. Ich erzähle auf den folgenden Seiten, wie ich dazu kam, ins Himmelreich zu reisen und was Gott und die Engel mir alles lehrten über all die Jahre hinweg. Ich kann euch schon mal verraten, dass jeder von euch einmal vor Gott stehen wird. Dass Gott die absolute Liebe von allem ist. Ich musste viel erfahren all die Jahre und bis vor einigen Monaten sehr viel Schmerz und Leiden ertragen. Das diente für meine Erfahrung und dazu, vollkommen zu werden. Somit wuchs mein Wissen für die Menschen und Seelen. Somit kann ich den Menschen Heilung geben und den Weg zu Gott ermöglichen. Ich weiß sehr genau, warum du gerade da bist, wo du gerade bist. Ich weiß, dass einige Menschen lieber so leben wollen, wie es gerade bei ihnen ist. Aber Gott, unser Vater, sagt etwas Anderes und ich und einige Medien auf der ganzen Welt sagen ebenfalls etwas anderes. Gott enthüllte ein Geheimnis, das alle Menschen kennen sollen. Er sagte es sogar vor Jahrtausenden von Jahren. Aber die Menschen hörten nie hin. Ich kläre euch auf den folgenden Seiten Stück für Stück auf und das so verständlich, dass es selbst ein Kind versteht.
Hier erzähle ich meine Lebensgeschichte und zeige dir auch mehrere Übungen ganz genau nach Anleitung, wie du die Engel sehen oder hören kannst. Das Hören ist meiner Erfahrung nach immer zuerst da, das Sehen entsteht im Geiste. Wenn du die Engel verstehst, dann kommt das Sehen von ganz alleine. Die Engel sagen, dass es unbedingt wichtig ist, dieses Buch bis zum Ende durchzulesen. Bitte lies es intensiv Satz für Satz,

denn nur, wenn du alles gelesen hast, verstehst du auch, was dieses Buch und die Engel mit dir machen. Du wirst dann alles verstehen, was wichtig ist, du wirst Heilung erkennen und wenn du im Vertrauen und Glauben bist, auch Heilung an dir selbst erfahren.

Ich habe sehr tolle Schüler, die mit meinen Ausbildungsübungen gelernt und gearbeitet haben. Sie haben sehr gute Erfahrungen gemacht und ich habe hier in diesem Buch nun einige wertvolle Erfahrungsberichte übernommen.

Es ist mein größtes Geschenk, wenn ich immer wieder höre, dass sie mit der geistigen Welt kommunizieren können und Vertrauen gelernt haben. Dass sie erwacht sind und verstehen, warum sie hier sind und dass all ihre Sorgen sich in Luft auflösen.

Ich wiederhole mich auf einigen Seiten des Öfteren. Das hat den einzigen Sinn, dass es bei einigen Übungen für dich verständlicher rüberkommen soll. Mein ganzes Leben habe ich noch einmal durchlebt, ich habe aber auch einige schöne Tage gehabt als Kind. Die meisten Geschehnisse habe ich aber nicht hier festgehalten, weil nicht zu viel über meine Familie geschrieben werden darf. Jetzt kann ich jedoch sagen, dass ich eine wunderbare Heilung an mir erfahren konnte und nun will ich dir zeigen, wie jeder von euch von den Engeln geheilt werden kann. Zudem zeige ich dir, dass du, lieber Leser, alles in deinen Leben haben kannst, was immer du dir wünschst.

Wer sein Denken beherrscht, der kommt immer weiter, dein ganzes Leben wird sich verändern. Du weißt, warum du hier bist, du verstehst, warum es Krankheiten gibt, du lernst, zu manifestieren. Alles, was du dir wünschst, kannst du selbst bestellen, du musst es nur wollen. Einige haben nach den Übungen das Verlangen, ein Heiler zu werden, oder sich beruflich umzuorientieren oder einfach für sich selbst etwas zu tun.

Alles, was du machst, ist richtig. Du wirst einen Berater haben, einen Engel oder einen Geistführer, der immer an deiner Seite ist. Du durchlebst einen Erfahrungsprozess hier auf Erden und nur du kannst es verändern oder so fortsetzen. Halte dich immer an das, was du lernst, und es wird sich für dich ein neuer, einfacher Weg ergeben. Ich arbeite jeden Tag mit der geistigen Welt, jeden Tag kommt Neues auf mich zu und gerade jetzt passieren Dinge, die ich hier nicht schreiben kann. Es würde für ein Buch gar nicht mehr reichen. Bitte glaube an dich. Glaube an das, was du willst und glaube daran, dass du niemals alleine bist. Das, was du glaubst, kommt in dein Leben!

Hier schreibe ich einen Originaltext, den meine Schülerin Andrea, die wie ich von den Engeln zum Medium und Heiler ausgebildet worden ist, von den Engeln diktiert bekommen hat. Wir erfuhren 100 % Heilung an uns. Und dieses Wissen wollen wir euch hier vermitteln, damit ihr für immer gesund bleibt und an die geistige Welt glaubt, vor allem aber an euch selbst.

Ein neues Lehrbuch auch für Schüler!

Liebe Lehrer, liebe Schüler, liebe Eltern,
dieses Buch wurde geschrieben, um wieder mehr an die Engel zu glauben, sich selbst mehr zu vertrauen. Der Glaube daran ist sehr wichtig! Ohne Glauben und Vertrauen geht in der jetzigen Zeit gar nichts mehr. Darum nehmt dieses Buch zur Hand, lest es und versucht die Übungen. In diesem Sinne: Glaubt, vertraut und liebt!

Alles, was in diesem Buch steht, ist nichts als die reine Wahrheit.

Wir, die geistige Welt, Mathias und seine ehemalige Schülerin, wollen euch mit diesem Buch die Augen öffnen, um wieder mehr an die Engel, an Gott, den Vater, und Mutter Erde zu

glauben. Dies ist kein gewöhnliches Lehrbuch, wie man das von der Schule her kennt!
Auch ihr, liebe Rektoren, Lehrer, Schüler und Eltern werdet davon profitieren.
Allerdings ist es wichtig, dass dieses Buch von Anfang bis zur letzten Seite gelesen wird, damit man es versteht. Dies ist sehr wichtig an diesem Buch. Ihr müsst es gewissenhaft lesen!
Wenn Fragen aufkommen, stellt sie euren Lehrern, diese können sich bei Mathias und Andrea melden. Oder schaut auf die Homepage www.ichbinheil-engel.de (Webseite von Andrea, werde ich bei Anfrage weiterreichen). Dort werden die beantworteten Fragen stehen.
Es gibt in dieser Welt sehr viele Kinder und Jugendliche, die eine schwere Zeit hinter sich haben oder die gerade in so einer Situation stecken. Und genau dafür ist dieses Buch gedacht. Damit auch ihr Schüler anfangt, in euch zu gehen und den Glauben zu uns, der geistigen Welt, wieder findet, **um heil zu werden**.
Es ist so wichtig, überhaupt für unsere Kinder, die in der heutigen Zeit leben! Sie müssen aufgeweckt werden! Sie sind diejenigen, die die Welt mit verändern können. Mit diesem Buch ist der Anfang gemacht. Darum lest es, versucht es, zu verstehen, bringt Liebe in die Welt und ihr alle seid daran beteiligt, die Erde und den Himmel zu retten.

IN LIEBE ZU EUCH ALLEN

DIE GEISTIGE WELT

Erzengel Michael

Erzengel Metatron

Erzengel Gabriel

Erzengel Raphael

Erzengel Chamuel

Erzengel Uriel

Erzengelmutter Sophia

Und die neuen Engel im Himmelreich und auf der Erde!

All denen ist unser Dank gewidmet!

In Liebe, Samuel

Inhalt

Über mich

Ich wurde am 03.11.1968 in Deutschland in einem Dorf bei Lüneburg geboren. Wenn einer Lüneburg nicht kennt, Lüneburg liegt bei Hamburg. Ich wusste bereits vor meiner Geburt, was mich hier erwartet, da ich es mit meinen Geistführern durchgegangen bin. Wir haben auf Erden mehrere Engel und einen Geistführer an unserer Seite. Dieser Geistführer geht vor eurer Geburt das Leben, das ihr auf Erden leben möchtet, durch. Ihr selbst seid es, die sich das Leben mit all seinen Schwierigkeiten ausgesucht habt, jede Seele sucht sich aus, was sie erleben möchte. Sei es Schmerz, Leid, Trauer oder Glück und so weiter … Alles, was auf Erden passiert, erschaffen die Menschen selbst. Die Menschen geben Gott die Schuld an allem, obwohl selbst er bei euch nicht eingreifen darf. Ihr habt es so entschieden, Gott gab dir ein Geschenk mit und das nennt er den freien Willen. Es darf keiner eingreifen, aber auch einen Engel schenkte er dir, dieser gibt auf dich acht. Möchtest du deinen freien Willen etwas einschränken, dann musst du die himmlischen Helfer darum bitten. Ansonsten greifen sie nur ein, wenn dein Leben in Gefahr ist, bevor dein Ableben gekommen ist. Dein Geistführer passt auf, dass du deine Aufgabe und deinen Weg, den du wähltest, gehst, er gibt dir Ratschläge, wenn du nicht sicher bist. Manchmal ist dein Weg auch sehr schmerzhaft, aber dies wolltest du so haben. Das dient deiner Seelenentwicklung. Am Ende kommst du deinem Ziel näher und lebst im ewigen Glück, wenn du alles schaffst. Auch kannst du deinem Leiden ein Ende setzen. Du musst nur verstehen lernen, warum dies so ist. Wenn zum Beispiel jemand, den du kennst, ständig in Angst lebt. Hast du schon einmal erfahren, wie es ist, in Angst zu leben und irgendwann da rausgefunden? Dann verstehst du diesen Menschen und kannst ihm helfen. Weil du da deine Erfahrung gemacht hast.

Und so ist es mit allen Dingen, die du erfährst. Deine Seele erfährt es auch. So bist du im nächsten Leben viel weiter gekommen. Aber auch das Selbstauflösen ist dann einfacher, verändere einfach deine Gedanken und erschaffe etwas Neues. Dazu kommen wir aber später noch detaillierter. In der geistigen Welt kennt man keinen Schmerz und kein Leid, sondern nur Liebe. Die Menschen verstehen es natürlich nicht, warum sie hier Schmerz oder sonstiges Leid erfahren müssen. Die Mehrheit derer, die das hier lesen, werden es aber später verstehen, was ich meine. Auf den folgenden Seiten gehe ich ausführlich darauf ein. Viele von euch wissen nicht, wer sie überhaupt sind, fragen ständig nach dem Sinn des Lebens. Ich muss darüber immer lachen, weil ich ja jetzt weiß, warum, wieso, weshalb. Aber es war bei mir damals ja auch nicht anders. Bis zu einem bestimmten Alter wusste ich nicht einmal, wer ich bin und was ich hier auf Erden soll. Ich lernte einige Engel schon als Kind kennen, wusste aber nichts damit anzufangen. Vieles vergaß ich sofort oder sie nahmen mir die Erinnerungen. Die geistige Welt kam immer Schritt für Schritt auf mich zu, bis sie eines Tages ganz in meinem Leben stand und ich täglich geschult wurde. Ich ging meinen Weg, bevor die geistige Welt sich mir annäherte. Ich lernte Reiki, ich lernte die Quantenphysik. Dann lernte ich die Engelwelt kennen und das war für mich das Schönste, was ich je kennenlernen durfte, mit einigen Ausnahmen, über die ich aber auch später berichten werde. Ich lernte das Heilen, das Sehen und das Hören wieder, das jeder in sich trägt von Urzeiten an. Gott sagte einmal zu mir, ich könne es schon immer, nur bemerkte ich es nie. Übrigens kann es jeder Mensch, sagte Gott. Nur die Menschen nutzen es nicht.

Nun gebe ich seit einigen Jahren Seminare und lehre es meinen Schülern. Zudem gebe ich wundervolle Engelmeditationen. Zu mir kommen Medien, die wirklich gut sind und trotzdem schicken die Engel sie zu mir, damit sie noch Einiges lernen.

Das freut mich dann immer ungemein und das Beste dabei ist, dass ich so zusehen kann, wie weit sie sich entwickeln. Wie schön das ist, was sie plötzlich alles sehen, was vorher noch nicht da gewesen ist. Jedes Medium (Medium bedeutet mit der geistigen Welt zu kommunizieren) entwickelt sich natürlich immer weiter, auch ich lerne jeden Tag mehr und mehr dazu.

Mit diesem Buch möchte ich dir zeigen, dass du alles kannst. Du bist perfekt, du weißt es nur nicht mehr.
Die Anleitungen, die ich dir hier zeige, gebe ich mithilfe der Engel und unserem Gott an dich weiter. Es ist an der Zeit, denn jeder hat das Recht, mit diesem wundervollen Licht, aus dem wir alle herkommen, zu arbeiten und glücklich zu leben. Die Engel und ich wollen dich wieder daran erinnern, was du als Kind schon konntest, was du bist, du bist nämlich so wunderbar und voller wunderschöner Fähigkeiten. Leider hast du aber alles vergessen, was dir mitgegeben wurde. Wir wollen dir helfen, das wiederzufinden, was du eigentlich bist. Damit du ein Leben führen kannst, wie es für dich eigentlich gemacht wurde. Du wirst vollkommen heil sein, um andere zu heilen, und natürlich glücklicher werden und unsere Welt mit deinem Licht retten.
Jeder Mensch und jedes Wesen auf Erden hat das Licht in sich, jeder hat innere Kräfte, die er verwenden kann. Alles, was du denkst, ziehst du an. Negativ zieht Negativ an, also denke immer positiv und das Glück und die Fülle kommen zu dir. Aber auch darüber erzähle ich mehr auf den folgenden Seiten. Du wirst überrascht sein, wie einfach es doch ist, ein Leben zu führen, wie du es nur aus Märchen kennst, denn das schreibe ich hier nicht nur so, das ist ein Versprechen.
Alle Wesen auf dieser Erde werden eine starke Veränderung durchmachen. Eine neue Zeit der göttlichen Energie, die jeder Mensch in sich hat, wird zum Leben erweckt.

Sehr viele Menschen werden erwachen. Die Menschen werden erkennen, wer sie sind und was Liebe ist. Es gibt viele auf Erden, die geistige Helfer auf Erden sind. Es sind Sänger, viele Medien, die Bücher geschrieben haben, leider aber auch Falsche, die das Dunkle auf ihre Seite bekommen möchten. Die Medien im Fernsehen und in den Zeitungen berichten in Lügen. Aber seit dem Jahr 2012 hat der große Wandel, das große Erwachen deines Seins, wer und was du bist, begonnen. Wir helfen dir dabei, den Aufstieg in das Licht etwas leichter zu ertragen. Wir zeigen dir, wie du das Licht in dir erkennst und alles erreichst, was du dir nur vorstellen kannst. Du musst lernen, wieder mehr zu glauben. Glaube an Gott, es gibt ihn wirklich, er ist überall, er sieht alles, er ist in dir, er redet auch mit dir, selbst Andrea und ich reden fast täglich mit Gott. Wir reden mit den Engeln täglich, den ganzen Tag lang, so als redeten wir mit einem Menschen. Wir hören sie mit unseren Gedanken, ganz deutlich und klar. Wir reden mit allen göttlichen Wesen, den Feen und Elfen sowie den Gnomen, die aussehen wie Zwerge. Sie sind in allen Pflanzen und Bäumen, ich schwöre bei Gott, es ist die Wahrheit. Du wirst es lernen, die Stimme Gottes zu hören.

Die Engel werden dir dabei zur Seite stehen. Ich bin mir sicher, dass 90 % aller Leser, die diese Übungen richtig und dauerhaft durchziehen, den Erfolg zu spüren bekommen und die Stimmen der Engel und Gottes Stimme hören werden. Sie ist die wahre Liebe, die jeder sucht. Gott, Erzengel Michael, und all die anderen Erzengel sagten zu mir, ich solle dieses Buch schreiben. Die Engel sagen, ich sei von Gott geschickt, um euch das Licht zu zeigen und zu geben, für den Übergang in die neue Welt, um euch zu begleiten. Es gab eine Zeit, da wollte ich dieses Buch nicht schreiben. Ich hatte einfach keine Lust, ein Buch zu schreiben, was es schon mehrmals gab. Aber als ich das Buch beim dritten Anlauf fertigstellte, da fiel mir auf, dass es tatsächlich anders war als die Bücher, die ich schon kannte. Ich kannte viele Bücher über die geistige Welt, bei einigen zweifelte ich vieles an. Jetzt weiß ich allerdings, dass alle richtig liegen. Jeder arbeitet anders mit dem Licht und alles ist richtig. Selbst jetzt, wo ich dieses Buch schreibe, helfen sie mir. Dieses Buch ist voller Energie. Die Engel sagen, wer dieses Buch einmal in den Händen halten wird, der wird sofort mit ihnen verbunden sein – bitte glaube an dich …

Meine Lebensgeschichte und der Weg zu und mit den Engeln

Die meisten Erinnerungen habe ich von meiner Mutter zurückgeholt, es war eine schwere Kindheit und doch sehr aufregend für mich.
Ich war ca. 4 Jahre alt, bis dahin kann ich zurückdenken. Es war oft sehr laut bei uns zu Hause, wir waren 7 Kinder, eigentlich 9. Zwei davon sind als Babys verstorben. Damals war das so, dass einige eine große Familie hatten, zumindest die meisten, die ich kannte, daher war es für mich normal.
Ich habe auch eine Zwillingsschwester, mit der ich als Kleinkind sehr eng verbunden war, wir gingen immer Hand in Hand zur Schule. Wir litten immer gegenseitig, wenn es einem von uns schlecht ging. Zudem hatten wir alle ständig einen Begleiter unter uns, der Begleiter nannte sich Angst. Bei uns gab es immer einen Mann, vor dem alle Angst hatten, er war oft laut und schrie rum. Ich hatte immer Angst. Angst, dass was passieren könnte bei uns zu Hause. Diese männliche Stimme begleitete mich über Jahre bis ins Erwachsenenalter. Meine Mutter sagte später mal zu mir, dass der Mann mich und meine Zwillingsschwester in ein anderes Zimmer geworfen hat, weil wir als Babys geweint haben. Er hat sie auch mehrfach in den Bauch getreten, als sie schwanger war, erzählte sie mir heute.
Nachts wachte ich oft wegen der Schreie auf, es war so schlimm für mich, dass ich manchmal nicht atmen mochte, um nicht aufzufallen. Wir hatten ein Reihenhaus, mein Kinderzimmer befand sich oben im zweiten Stock.
Ich teilte das Zimmer mit zwei meiner Geschwister – mit meiner Zwillingsschwester und meiner jüngeren Schwester.
Ich war 5 Jahre alt, da ging ich noch nicht zur Schule. Eines Nachts war es laut. Ich kletterte aus meinem Etagenbett, ging zum Treppenhaus, wo ich ganz gut durch den Treppenschlitz

gucken konnte. Da sah ich den Mann, der war betrunken und schrie rum, es machte mir Angst, Angst um meine Mutter. Ich hörte sie „Aua“ sagen und „hör auf damit“. Meine Mutter lief oft aus dem Haus und ich sah ihr dann aus dem Fenster nach, ob sie weglief. Ich hatte viel geweint, ich dachte, sie würde weglaufen und nicht mehr zurückkommen. Heute erzählte sie mir, dass sie erst wieder reinging, wenn der Mann eingeschlafen war. Ich ging zu Bett, es war spät in der Nacht. Ich blieb noch lange wach oder versuchte, wach zu bleiben, damit ich hören konnte, wann meine Mutter wiederkam. Ich ließ meine Zimmertür weit auf und lauschte in die Stille der Nacht hinein. Jedes kleinste Geräusch ließ mich aufschrecken. Mein Herz raste so sehr, dass ich es schon selber hörte. Immer wieder hielt ich dann den Atem an, um nicht gehört zu werden, obwohl ich zwei Stockwerke oben war, aber dadurch klopfte mein Herz noch lauter. Ich hatte einfach zu viel Angst und war meistens wie gelähmt, um überhaupt etwas zu machen oder zu weinen. Alle im Haus wussten, was los war, aber keiner redete darüber. Dieses wiederholte sich immer wieder in größeren Abständen, sodass es schon zu einem Teil meines Lebens gehörte. Das ging einige Jahre so weiter. Der Mann kam mal wieder betrunken von der Arbeit, es war aber keiner im Haus außer mir. Wir hatten einen Hund. Ich liebte diesen Hund über alles, er wuchs mit mir auf und ich verstand ihn immer, wenn er was wollte. Er war ein Dackel. Ich saß auf dem Sofa. Es war zu spät gewesen, um das Wohnzimmer zu verlassen, normalerweise rannte ich nach oben in mein Zimmer, wenn ich den Mann schon von Weitem kommen sah, bevor er überhaupt das Haus betrat. Ich traute mich nicht, mich zu bewegen. Der Mann kam ins Wohnzimmer, setzte sich neben mich auf das Sofa. Er sagte nichts, packte den Hund und band ihm eine Krawatte um den Hals und zog ihn in die Luft. Ich war einfach wie gelähmt. Ich hatte solche Angst um meinen Hund, es schien mir, als wäre die Zeit stehen geblieben. Jetzt ist mein Hund gleich tot, dachte ich, da er sich nicht mehr bewegte. Ich nahm meinen ganzen Mut zusammen und rief laut: „Hööör auf“. Sofort hörte der Mann auf. Der Mann ließ von dem Hund ab und lachte so gemein. Ich nahm meinen Hund und ging in mein Zimmer nach oben. Mein Hund war seitdem total verstört, er kam jede Nacht zu mir ins Bett unter die Decke am Fußende. Ich habe es nie jemandem erzählt, um einen Streit zu vermeiden. Als Kind dachte ich immer viel über alles nach und versuchte zu verstehen, warum das alles so ist. Ich dachte auch viel über mich nach und über die Welt. Warum ist das hier so auf dieser Welt? Auch über meinen Körper dachte ich nach. Aber ich kam nie auf eine Lösung. Manchmal, wenn ich mit Freunden zusammen draußen war, wo ich sowieso immer gerne war, beneidete ich die anderen Kinder. Sie hatten einen guten Mann zu Hause. Ich erzählte nie jemandem von dem, was bei mir zu Hause war. So schämte ich mich auch, Freunde mit nach Hause zu nehmen. Der Mann im Haus war auch laut, wenn jemand da war, aber die meisten wussten, was los war, sie sagten nur nie etwas dazu.

Es war Wochenende, wir grillten meistens samstags. Hähnchen und selbst gemachte Pommes gab es da. Für uns Kinder war dies immer ein schönes Erlebnis, gegrillte Hähnchen zu bekommen. Alle wollten immer die Schenkel haben, aber waren trotz allem immer zufrieden, wenn man was Anderes abbekommen hatte. Ich war ca. 6 Jahre alt, saß am Tisch hinter dem Mann, ihm den Rücken zugewandt. Er brüllte, ich hörte sie wieder streiten. An der Stimme erkannte ich, dass er wieder betrunken war. Plötzlich schlug ein Küchenstuhl neben mir direkt auf den Tisch und zerbrach in mehrere Teile. Direkt an meinem Kopf vorbei flogen Teile vom Stuhl. Ich erschrak und aß, ohne mich zu bewegen, weiter. Ich aß, fast ohne zu kauen, mir verging schnell der Hunger, und doch schluckte ich es hinunter. Als es noch einen Knall gab, schaute ich mich um und

sah, wie der Mann den Hähnchengrill auf den Boden geworfen hatte. Alles Fett mitsamt Hähnchen waren in der Küche verstreut. Ich stand auf und ging einfach nach oben in mein Zimmer und verkroch mich in mein Bett. Es war dann zwar danach sehr laut wegen der Streitigkeiten, aber der Mann schlief relativ schnell ein. Und somit wusste ich – jetzt ist wieder Ruhe bis zum nächsten Tag.
Als Kind war ich oft krank. Wenn ich krank war, hörte ich jedes Mal Stimmen im Ohr, es war aber nicht die bekannte männliche Stimme. Ich hatte das so oft schon gehört, konnte aber nie verstehen, was das war. Damals sagte ich es meiner Mutter, das weiß ich noch ganz genau, aber sie wollte nicht zuhören. Also hatte ich es einfach so hingenommen, dass es so war. Die Stimme kam dann mal öfter, dann mal wieder weniger. Ich ignorierte das auch irgendwann und hörte nicht mehr hin. Dachte, es sei normal und jeder hat so etwas irgendwann.
Eines Morgens wachte ich mit nasser Hose auf, das ging dann einige Zeit so. Ich machte noch einige Jahre ins Bett, bis zu dem Tag, als ich zur Kur musste. Darüber erzähle ich etwas später. Eines Tages wachte ich, wie schon sehr oft, nachts auf, oder ich dachte, ich wäre wach. Ich schwebte im Treppenhaus herum, es machte Spaß. Es kam danach immer öfters vor, dass ich schwebte. Ich war 6 Jahre alt, sagten die Engel. Ich wusste damals nicht, was es war, aber es machte mir Freude. Ich reiste umher, im Universum war ich sehr oft. Ich sah mir die Planeten an. Morgens, wenn ich wach wurde, dachte ich, all das wäre nur ein Traum gewesen.
Als ich, wie schon oft, wieder wach wurde, schaute ich zum Fenster rüber, es war ein schräges Fester. Ich konnte nicht schlafen und schaute mir die Sterne an. Plötzlich klopfte es sehr laut am Fenster, dann sagte eine Stimme zu mir: „Schlaf weiter.“ Ich erschrak und zog die Decke über meinen Kopf. Wie immer hielt ich die Luft an, so lange ich konnte, ich schlief

dann aber wieder ein.
Am nächsten Morgen erzählte ich es gleich allen, ich sagte: „Da war etwas am Fenster gestern Nacht, Mama, ich hatte Angst heute Nacht.“ Meine Mutter sagte: „Ach was du gehört hast, hast bestimmt nur geträumt.“ Ich sagte: „Nein, es war sehr laut.“ Da ich aber keine Antwort mehr darauf bekam, ließ ich es irgendwann sein.
Das Schweben wurde irgendwann stärker: Heute weiß ich, dass es kein Traum war. Ich sah das Universum, Planeten, von denen ich in der damaligen Zeit und auch mit 6 Jahren gar nichts wissen konnte. Es gab zwar schon Fernsehen, aber nur vier Programme. (Wie das geht, seinen Körper zu verlassen, erkläre ich auf den nächsten Seiten.) Ich erzählte es aber keinem, ich fand es einfach nur schön. Ich fühlte mich so leicht, ich flog immer die Treppe im Haus runter und wieder rauf. Irgendwann war es allerdings vorbei mit den Reisen, zumindest in meinem Bewusstseinszustand.
Ich war immer sehr still, ich beobachtete alles, mein Umfeld, meine Familie, alle Menschen. Ich kann heute viel in den Menschen sehen, ich weiß immer genau, wenn einer Probleme hat oder krank ist, oder auch lügt. Aber ich sage nichts mehr. Zuerst bin ich immer auf die Menschheit los und wollte helfen. Die meisten erschraken dann immer, weil ich meistens schon sagte, was ihn oder sie bedrückt. Das fanden sie nicht so gut und reagierten deshalb oft sehr empfindlich. „Woher weißt du das?“, sagten sie dann … Aber die meisten gaben es nie zu, weil es ihnen zu unangenehm war, über ihre privaten Sachen zu sprechen. Ich ließ es dann aber nach und nach sein und gab nur unauffällig Tipps, ohne dass sie es merkten. Auch bei einigen Menschen, die ich besuchte, bemerkte ich deren Fehler, aus denen sie lernen sollten, darunter auch Medien. Ich machte einen Fehler, indem ich ihnen sagte, was sie falsch machten. Das mache ich nie wieder, denn keiner wollte eingestehen, was

er oder sie falsch machte. Dadurch entstand dann immer ein großer Streit, den man sehr schlecht wieder schlichten konnte. Durch meine ständigen Beobachtungen meines Umfeldes gefiel mir vieles nicht. Es gefiel mir nicht, wie die anderen Kinder sich verhielten, wie einige meiner Geschwister sich verhielten und vor allem mochte ich den Mann im Haus nicht, der immer betrunken und laut war.

Ich wollte nicht so sein wie die, ich war anders als die anderen, das merkte ich schon sehr früh. Und doch wollte ich dazugehören. Ich war auch kein Engel als Kind, falls das einer denken sollte. Ich passte mich einigen Kindern an, machte viele Dummheiten, ich legte auch schon mal einen ganzen Wald in Flammen, weil ich mit Feuer spielte. Hatte damals Streichhölzer gefunden und ging mit meinem Freund los. Das Schlimmste aber war, dass der Mann im Haus bei der Feuerwehr war. Ich habe so den Hintern versohlt bekommen, dass ich Tage nicht sitzen konnte, und das mit einem Glasfaserstock. Oder ich habe anderen Kindern wehgetan. Ich habe auch sehr viel geklaut, anderen etwas weggenommen, was ich gerne hätte. Heute tut mir alles sehr leid, was ich getan habe, bei allen habe mich gedanklich entschuldigt. Das ginge auch, sagen die Engel. Ich sagte mal zu Gott, der mich ständig für irgendetwas lobte, dass ich viel Mist gebaut hatte. Ich wusste damals ja nicht, dass Gott alles sieht und hört. Er sagte nur: „Ich weiß, mein Sohn, es gehörte mit in den Plan." Es war mir aber so unangenehm, dass Gott alles sah und hörte, was ich all die Jahre dachte. Wie jeder Mensch hatte ich aber natürlich auch Gedanken, die man bestimmt nicht aussprechen würde.

Als meine Mutter eines Abends zur Arbeit musste, bekam ich schreckliche Panik, weil der Mann betrunken von der Arbeit gekommen war. Ich blieb immer nur in meinem Zimmer. Die ganze Zeit über. Alle versteckten sich im Haus, ich hörte wieder Schreie und beschloss, mich runter zu schleichen und natürlich wieder die Luft anzuhalten. Dann sah ich, wie der Mann den Kopf einer meiner Schwestern in einen großen Kochtopf steckte, der mit Suppe bis oben hin gefüllt war und dazu noch sehr heiß war. Und das nur, weil die Suppe etwas angebrannt gewesen war. Sie wurde warmgehalten, damit der Mann eine warme Suppe bekam, wenn er nach Hause kommt. Ich erschrak mich, dass ich mich nach oben schlich und zitterte, ich konnte nicht mehr sprechen vor Angst. Als einer meiner Geschwister fragte, was los sei, konnte ich nichts sagen vor Angst. Wenn einer meiner Geschwister auch Angst hatte, dann übertrug sich die Angst auf das Doppelte auf mich. Meine Mutter erfuhr immer von den Dingen, die der Mann machte, wenn sie auf Arbeit war. Am nächsten Tag stritten sie dann immer heftig über diese Geschehnisse, aber der Mann sah sich immer als unschuldig an und ging lautstark dagegen an.

Ein paar Tage später kam der Mann wieder betrunken nach Hause, er rief alle nach unten. Zu diesem Zeitpunkt waren nur wir fünf kleine Kinder im Haus. Er sagte, wir sollten uns in einer Reihe hinstellen, dann nahm er etwas Salz und ungekochten Reis und streute alles auf den Boden. Dann sollten wir uns ohne Hosen darauf knien. Er kam gerade von der Arbeit und aß währenddessen sein Essen in aller Ruhe, zwischenzeitlich lachte er dabei, dieses Lachen war so ein gemeines Lachen. Ich wusste nicht, was mit uns geschah, wir machten es einfach. Wir alle hatten Angst vor diesem Mann und machten immer, was er sagte. Wie lange das ging, weiß ich nicht mehr. Meine Mutter erzählte mir einige Geschehnisse später, aber nicht alles. Es war zu viel passiert, was sie nicht mehr sagen kann, ohne dabei in Tränen auszubrechen. Ich unterließ es, weiter zu fragen, bis heute.

Ich kann mich gut an eine Situation erinnern, wo ich bei dem Mann Liebe gesucht habe. Ich schrieb mal auf einen kleinen Zettel, dass ich ihm eine gute Nacht wünsche und ihn lieb ha-

be. Ich dachte, dann hat er mich vielleicht auch lieb. Am nächsten Tag fragte er mich, was der Mist soll, ich solle das lassen. Ich hatte mich so sehr geschämt, ich dachte damals, ich hätte Schuld und sei es nicht wert und ich war auch sehr unglücklich darüber, fühlte mich so ungeliebt von diesem Mann.
Mein Freund, der neben uns wohnte, hatte einen Kompass, den ich gerne haben wollte. So etwas kannte ich nur aus einem Piratenfilm. Aus dem Keller holte ich Dartpfeile, die ich da immer gesehen hatte und tauschte sie gegen den Kompass ein. Der Mann sah, wie mein Freund damit im Garten spielte, es war ein warmer Sommertag. Alle hielten sich im Garten auf. Auch der Mann, der an diesen Tag betrunken war. Wir hatten Besuch, mein Onkel war da. Der Mann wollte mit meinem Onkel Dart spielen. Er holte die Dartpfeile zurück und zog mich am Arm in den Keller. Mein Onkel aber hatte nicht den Mut, etwas dagegen zu unternehmen. Der Mann nahm eine Axt und legte meine Hand auf den Schraubstock, er sagte: „Jetzt hacke ich dir die Hände ab." Ich schrie so laut, dass ich nicht mehr weiß, was danach geschehen war. Ich weiß nur noch, dass er mich ohne Licht die ganze Nacht in den Heizungskeller einsperrte.
Als ich zur Schule kam, wusste ich gar nicht, was ich da sollte. Ich wollte doch zu Hause bleiben und sehen, ob es meiner Mutter gut ging. Obwohl ich jeden Tag zur Schule geschickt wurde, lief ich meist immer wieder nach Hause. Ich sagte immer öfter, ich sei krank, nur um zu Hause zu bleiben. So kam es, dass ich einige Klassen wiederholen musste und aufgrund der vielen Fehltage immer mehr Unterrichtsstoff verpasste.
Als der Mann eines Abends wieder betrunken nach Hause kam, war es wieder laut. Ich schlich mit Herzklopfen nach unten und sah, wie meine Mutter so heftig geschlagen wurde, dass sie bewusstlos am Boden lag. Ich weiß nicht mehr, wie lange sie da so lag oder was der Mann noch machte, mein Schock war zu

groß, um nachzudenken. Immer wieder schlich ich nach oben und verkroch mich im Bett. Ich dachte nur, hoffentlich lebt meine Mama noch, hoffentlich lebt meine Mama noch. Was danach noch kam, das weiß ich leider nicht mehr.
Dann kam die Zeit, wo es auf Weihnachten zuging, 12 Jahre alt war ich da, ich fuhr mit dem Bus in die Stadt, um Geschenke für meine Mutter und den Mann zu kaufen. Ich hatte nicht viel Geld, so um die 10 Mark und doch fand ich für jeden etwas. Ich hatte noch etwas Geld übrig und kaufte mir davon Gummibärchen. Da ich den Bus verpasst hatte, dachte ich, okay, dann geh ich zum Kalkberg in Lüneburg, da gab es noch eine Haltestelle. In der Zeit, die ich noch hatte, ging ich auf den Kalkberg hinauf, weil ich es so schön fand da oben. Als ich oben war, bemerkte ich, dass von hinten und von vorne Jugendliche auf mich zukamen. Ich wollte wieder runter, aber sie versperrten mir den Weg. Sie nahmen mir alles weg, was ich hatte. Ich hatte Angst, sie schubsten mich hin und her und nahmen mir die Dinge weg, die ich in einer Tüte hatte. Sie nahmen auch meine Gummibären und aßen davon. Einer sagte: „Ach lass ihn gehen", und schließlich verschwanden alle. Ich ging schnell den Berg hinunter zur Straße, da sah ich auf einem Mofa volltrunken den Mann, der bei uns wohnte. Sofort drehte ich mich um, damit er mich nicht sah, denn dann hätte ich auf jeden Fall noch mehr Ärger bekommen. Wenn einem von uns Kindern was passiert war, dann gab es immer richtig Ärger. Wir hätten ja nicht dahin gehen brauchen, hieß es dann immer. Aber der Gedanke daran, was auf dem Berg passiert war, ging wie ein Blitz aus meinem Kopf. Das, was mich gleich zu Hause erwarten würde, war noch viel schlimmer. Diese Angst, nach Hause zu gehen, das Gefühl, meine Mutter ist zur Arbeit, ich muss klingeln. Ich klingelte, er machte auf, sagte aber nichts. Ich ging schnell, ohne zu essen, nach oben zu meinen Geschwistern, denn da ging es mir dann besser. Wir flüsterten immer,

wenn er etwas getrunken hatte.
Monate später musste ich mit meiner Zwillingsschwester zur Kur, weil wir zu dünn waren. Ich sollte mich verabschieden von dem Mann, aber ich wollte nicht, hatte Angst vor ihm. Meine Mutter zog mich am Arm, aber ich wehrte mich mit aller Kraft dagegen. „Mathias", sagte meine Mutter, „warum willst du dich nicht verabschieden?"
„Weil ich nicht will, ich will nicht!", schrie ich vor Panik, ich wollte nicht zu diesem Mann, hatte Angst in seiner Nähe zu sein. Ich lief in mein Zimmer. Meine Schwester kam rein. „Warum willst du dich nicht verabschieden?", fragte sie mich.
„Darum", sagte ich, „ich will einfach nicht." Es wurde Abend und wir gingen zu Bett. Am nächsten Morgen wurden wir dann abgeholt und zum Bahnhof gebracht, eine Frau, die wir nicht kannten, begleitete uns.
Bei der Kur ging der Horror weiter, ich nässte gleich am ersten Tag ins Bett. Zur Strafe musste ich in der folgenden Nacht in das große Haus und vor dem Haupteingang sitzen. Hatte die ganze Nacht nicht geschlafen vor Angst, danach habe ich aber nie mehr ins Bett gemacht.
Was ich in der Schule leider nie richtig gelernt habe, ist das Schreiben. Ich kann zwar schreiben, aber ich verdrehe oft die Wörter oder weiß nicht, was klein oder großgeschrieben wird. Ich hatte einfach zu viel gefehlt und es gab keinen, der damals so richtig darauf achtete. Es ist mir heute immer noch sehr peinlich, dass ich immer noch nicht weiß, wie was richtig geschrieben wird oder wie man sich richtig ausdrückt. Auch verwechsle ich oft die Wörter beim Reden. Als ich damals noch meine Freundin hatte, die auch immer sehr lieb zu mir war, achtete sie schon sehr darauf und verbesserte mich immer. Sie war sehr gebildet, sie studierte damals. Dass sie mich oft verbesserte, fand ich immer ganz gut und ich werde auch zunehmend besser. Einige rieten mir dann, zur Abendschule zu ge-

hen. Das Schlimme daran ist, ich kann mir die Wörter nicht merken, ich vergesse es am nächsten Tag wieder. Als Kind sagte ich oft nichts, auch nicht in der Schule, ich bekam oft keinen richtigen Satz heraus. Immer, wenn ich merkte, dass jemand mir zuhörte, dann stotterte ich, was das Zeug hält. Ich wäre deswegen oft gern im Erdboden versunken, so peinlich war mir das immer. Manchmal lachten sie dann oder drehten sich einfach weg. Meine Freunde machten sich oft über mich lustig, ich wusste oft mehr als sie. Nur weil ich oft stotterte und Wörter verdrehte, nahmen sie mich nicht ernst. Ich war sehr zurückhaltend ihnen gegenüber, sagte da nicht viel wegen des Stotterns.

Dennoch waren es zu Jugendzeiten gute Freunde. Wir unternahmen sehr viel und hielten alle gut zusammen, wenn einer Schwierigkeiten hatte. Meist blieb ich von morgens bis abends mit ihnen zusammen – Hauptsache, ich war nicht zu Hause. Wir zelteten oft und erzählten über Berufe, was wer mal werden möchte, aber keiner hatte so richtig eine Vorstellung. Wir waren im Alter zwischen 14,15 und 16 Jahren. Das war auch das Alter, wo wir anfingen, zu rauchen und auch ab und zu mal ein Bier tranken.

Ich hatte schon einige Wunschberufe, hatte oft Praktikum gemacht bei einigen Betrieben, aber als ich Berichte hätte abgeben müssen, bin ich nie wieder hingegangen. Hatte dann immer gelogen, dass mir das hier nicht gefällt. Wie gerne hätte ich was Anderes gemacht damals, aber ich konnte nicht richtig schreiben.

Mein erster Kontakt mit der universellen Energie

Langsam wurde ich erwachsen und erreichte das Alter von 17 Jahren. Meine Geschwister waren alle ausgezogen, somit hatte ich im oberen Bereich zwei Zimmer ganz für mich allein. Mit dem Mann im Haus redete ich so gut wie gar nicht, ich hatte aber immer noch Angst vor ihm. Er hatte das Trinken aufgegeben und wurde zunehmend ruhiger, regte sich aber oft noch über Kleinigkeiten auf.
Mein Stottern wurde immer schlimmer. Wenn der Mann mich was fragte, ging gar nichts, ich bekam einfach nichts raus. Ich zuckte immer nur zusammen, wenn ich angesprochen wurde. Ich wusste damals ja nicht, dass das Stottern von Kindheitserlebnissen ausgelöst worden war. Das ging über Jahre noch so. Eines Tages war es plötzlich weg. Ich denke, weil ich mich entschieden hatte, mich endgültig von diesem bösen Mann zu entfernen. Seit dem 23. Lebensjahr habe ich ihn nicht wiedergesehen. Er musste oft zur Kur wegen seines Rückens. Bei der letzten Kur, die er hatte, blieb er gleich da. Er hatte da eine kennengelernt und hinterging meine Mutter. Ich ertappte ihn bei einem Telefonat, meine Mutter war an diesem Tag bei meiner Oma gewesen und übernachtete dort. Als sie zurückkam, fragte ich sie, warum der Mann denn nicht mit war. Ich sagte, er wäre doch sonst immer mitgekommen, wenn sie bei Oma war. Sie sagte, er wollte dieses Mal nicht mit. Aber hier wäre er auch nicht, sagte ich. Er kam an einem Sonntag zurück und da hörte ich ein Telefonat, wo er mit einer anderen Frau redete. Oh Mann, da hatte ich aber was gesagt. Alles kam heraus und es folgte ein Streit nach dem anderen. Der Mann war netter, aber reden konnte ich mit ihm immer noch nicht. Mittlerweile war ich 18 Jahre und ging meine Wege, um möglichst wenig Kontakt zu diesem Menschen zu haben. Ich sah ihn, kurz bevor er ganz wegging, nur noch einmal. Ich sagte: „Tschüss, vielleicht

sehen wir uns mal wieder.“ Aber ich wusste, dass ich ihn nie mehr wiedersehen würde, denn ich wollte es nicht. Die Engel sagten, ich müsse ihm verzeihen, aber ehrlich aus tiefstem Herzen – nur so entsteht Heilung und Vergebung für beide Seiten.

Ich begann eine Lehre zum Maler und Lackierer. Die Lehre dauerte drei Jahre, ich bestand sie und arbeitete 12 Jahre in dem Beruf, bis ich eine Allergie bekam von den Lacken. Danach machte ich eine Umschulung, die vom Arbeitsamt bestimmt wurde, ich musste alle Führerscheine machen und wechselte meinen Beruf zum Busfahrer.

Ich hatte eine Freundin, die ich damals sehr liebte, mit der war ich 17 Jahre zusammen, davon 12 Jahre verheiratet.

Ich will hier nicht in Details gehen und mache es kurz …

Ich wohnte in einem Haus in einem Dorf bei Lüneburg und überlegte, ein eigenes Haus zu bauen, weil es in diesem Haus sehr schimmelte und ich Kinder hatte. Das Haus war gemietet. Wir hatten geheiratet und hatten 2 Kinder. Ich fing dann schließlich an zu bauen, als alles Finanzielle mit der Bank abgeschlossen war. Ich baute vieles alleine, um Geld einzusparen, meine damalige Frau bekam mittlerweile das dritte Kind. Obwohl ich als Busfahrer in zwei Schichten gearbeitet hatte, arbeitete ich vormittags bzw. nachmittags am Haus. In der Zeit, als ich am Haus baute, ging nach und nach meine Ehe kaputt. Zuerst wusste ich nicht warum, aber einige Nachbarn erzählten mir einiges, worauf ich nicht eingehen möchte. Als ich mit dem Bauen fertig war, zogen wir ein und bereits nach einem halben Jahr fing der Albtraum wieder an: Es entfachte sich ein Streit, der nach der Scheidung über 12 Jahre anhielt. Ich weiß bis heute nicht genau, warum. Auf jeden Fall hatte ich wenig Geld, was für einen Normalverdiener bei einer Scheidung mit drei Kindern auch nicht ungewöhnlich ist. Nach der Scheidung wurde ich immer kranker, ich vermisste meine Kinder so sehr und kämpfte und kämpfte, nur um sie zu sehen. Wenn sie da

waren, musste ich sie oft nach wenigen Tagen zurückschicken, es tat mir in der Seele leid, aber ich hatte kein Geld mehr für Essen. Ich nahm mehrere kleine Jobs an, die ich teilweise bei Freunden bekam. Einige nutzten meine Not aus. So kam es auch vor, dass ich auch mal umsonst arbeitete, ich musste ja die Arbeit behalten. Mir tat alles weh, ich hatte immer Schmerzen und wurde durch diese Situation zunehmend kranker. Ich war mit meinen Nerven am Ende und dachte nur: Wann hört das alles endlich auf. Aber es konnte gar nicht aufhören, wie denn? Ich hatte kleine Kinder, ich war unterhaltspflichtig. Mich würde nie eine Frau nehmen. Ich lebte sehr arm. Nebenbei verdiente ich da auch nur 5,- Euro die Stunde, es war sehr harte Arbeit. So machte ich quasi alles, was gerade anlag. Sagte nie nein, wenn einer fragte. Letztlich war ich aber froh, dass ich über die Runden damit kam und auf jeden Fall mal ein Eis für meine Kinder kaufen konnte, wenn sie mal da waren. Mein ältester Sohn sagte mal zu mir: „Papa, auch wenn du wenig hast, zeigst du uns immer, dass du uns liebst.“ Das war so schön, ich freute mich sehr über dieses Denken meines Kindes. Er war damals 10 Jahre alt, als er das sagte.
Eines Tages kam keines meiner Kinder mehr zu mir, ich wusste nicht, was los war. Auf mein Nachfragen hin bekam ich entweder keine Antwort oder zur Antwort: „Keine Zeit, oder, oder.“ Das ging über Jahre so und ich bekam keine Hilfe, egal wo ich auch hinging, keiner wollte helfen. Fünf Jahre lang lebte ich alleine, hatte so gut wie kein Geld. Ohne meine Mutter wäre ich sicher verhungert. Oft überlegte ich, aufzugeben, aber ich hatte andererseits immer meine Kinder im Kopf, ich wollte es ihnen nicht antun. Einer meiner Geschwister half mir immer, nicht den Boden unter den Füßen zu verlieren. Ich wollte irgendetwas machen und suchte mir ein Hobby und fand das, was ich als Kind immer wollte: Karate vom Feinsten. Ich machte mehrere Prüfungen bis hin zum Meister und schaffte

alle Prüfungen, die ich in meinem Leben machen musste. Ich wollte es einfach schaffen, wollte auch was sein! Heute bitte ich die Engel immer um Unterstützung bei allem, was ich auch mache. Seit ich vor 8 Jahren mit Karate anfing, bitte ich immer die Engel vor Unterrichtsbeginn, also vorm Training, um Unterstützung. Und nach dem Training bedanke ich mich, dass ich mich nicht verletzt habe.

Trotz allem wurde ich immer kränker, ich hatte nichts mehr, ich wollte keinen sehen und nur alleine sein. Zudem vermisste ich meine Kinder sehr, ich war so machtlos. Ich bekam Schmerztabletten, die einfach nicht halfen, immer wieder veränderten verschiedene Ärzte die Medikation, ich nahm schon sehr starke Mittel gegen die Schmerzen. Die Ärzte sagten, danach gäbe es nur noch Morphium. Ich bekam es mit der Psyche, sie schickten mich in die ambulante Psychiatrie, ich war nicht mehr ich selbst. Von außen her zeigte ich es keinem. Ich wollte nicht, dass sie mir den Busschein wegnahmen, ich musste ja später noch arbeiten, um, so gut ich konnte, Geld für den Unterhalt meiner Kinder zu sichern. Es gelang mir aber nicht. Ich schaffte es nicht, wusste einfach nicht weiter. Aber ich hatte Rückhalt von meiner Familie, das half mir etwas, auf dem Boden zu bleiben.

Trotz allem versuchte ich noch immer, Bus zu fahren. Es war schrecklich, ich konnte oft meine Tränen nicht zurückhalten. Es kam einfach so von alleine. Auch wenn Fahrgäste mitfuhren. Ich setzte mir oft eine große Sonnenbrille auf, damit es nicht so auffiel. Musste immer an meine Kinder denken, überlegte, wie ich zu Geld kommen konnte, dann die Schmerzen dazu, konnte schon nach drei Stunden nicht sitzen und stehen. Wenn ich Spätschicht hatte, musste ich oft in der Firma anrufen, dass ich nicht kann, konnte kaum reden am Telefon, weil ich immer weinen musste. Irgendwann ging es gar nicht mehr, mein Arzt schrieb mich krank. Ich fuhr an der Ampel schon über Rot oder

das Wechselgeld stimmte nicht mehr, weil ich mich gar nicht mehr konzentrieren konnte.
Dann, nach langer Zeit, als ich so in meiner Wohnung vor mich hingrübelte, rief einer meiner Geschwister an, ob ich vorbeikommen möchte. Bei einem meiner Geschwister lernte ich das Reiki kennen. Ich kannte es vorher nicht. Ich war begeistert davon und wollte mehr wissen. Ich machte alle Kurse mit bis hin zum Reiki-Meister, aber da fehlte noch was … aber was?? Ich war immer noch unzufrieden. (Reiki ist aus Japan und heißt übersetzt „universelle Lebensenergie“, mehr dazu in den folgenden Kapiteln.)

Meine Krankheit wurde zwischenzeitlich immer schlimmer. Ich hatte überall Schmerzen, ging von einem Arzt zum anderen, aber keiner fand heraus, wo die Schmerzen herrührten. Mehr als vier Jahre war ich krankgeschrieben, konnte mich nachts im Bett vor Schmerzen nicht umdrehen, teilweise musste ich sogar aufstehen, um mich dann wieder auf die andere Seite zu legen. Die Medikamente schlugen nicht an und was das Schlimmste war, keiner glaubte mir. Ein Arzt fand Rheuma, ein anderer Arzt etwas in den Muskeln oder vermutete es, aber alle waren sich nicht richtig einig. Also ging ich zu einer Ärztin, die neu war, sie hörte mir zu. Das kannte ich nicht. Immer, wenn ich hinkam, hörte sie zu. Mir ging es seelisch etwas besser dadurch. Wir wurden nach und nach Freunde. Ich ging oft zu dieser Ärztin, sie tat mir gut, ich vertraute ihr alles an, auch den Kontakt zu den Engeln. So fing ich immer mehr an, die Engel um Hilfe zu bitten, mir Heilung zu geben. Ich las es in Büchern und glaubte sehr an Engel, sodass ich die Bücher regelrecht verschlang. Übrigens heilen Engel nicht immer alles, sie vermitteln auch sehr oft Kontakte zu Ärzten, denn Ärzte sind wichtig, sagen die Engel. Obwohl ich viele Ärzte kennengelernt habe, die nur nach der Größe des Honorars arbeiteten.

Dabei steht der Mensch an zweiter Stelle.
Ich machte alles mit, Kuren bis hin zum Rentenantrag. Ich dachte, ich werde nie mehr gesund. Ich befasste mich immer mehr mit Engeln, Gott ließ ich in der damaligen Zeit aber leider außen vor, wie ich heute feststellen musste. Darüber erzähle ich aber noch mehr, was Gott für eine große Rolle spielte. In der damaligen Zeit glaubte ich allerdings nur wenig an Gott.
Eines Morgens hörte ich eine Stimme, die sagte: „Steh auf, du hast verschlafen." Ich freute mich über diese Stimme, sie war mir vertraut. Ich kannte sie, ich hatte schon einmal so eine Stimme in meinem Kopf, dachte aber, ich hätte es mir nur eingebildet. Dazu muss ich sagen, dass ich mal eine Frau kennengelernt hatte, mit der ich nur drei Monate zusammen war. Auf jeden Fall wollte sie mir nichts aus ihrer Vergangenheit erzählen. Da sagte eine Stimme zu mir, sie sei aus einer Rockerbande geflohen. Das sagte ich ihr. Sie war sofort sauer, sie dachte, ich hätte sie ausspioniert, denn das wusste keiner. Ich entgegnete, die Stimme im Kopf hätte es mir gesagt. War ja klar, sie glaubte mir das nicht. Das zu der Stimme am Morgen.
Ich hatte einen Termin und wollte da unbedingt hin und hatte so gut wie gar nicht geschlafen vor Schmerzen. Weil die Stimme mich geweckt hatte, schaffte ich den Termin doch rechtzeitig. Durch diese Stimme fing ich wieder an, an Engel zu denken. Im Schrank im Wohnzimmer hatte ich Erzengel-Michael-Karten. Nun begann ich wieder, sie zu benutzen und redete mit Erzengel Michael als wäre er vor mir. Ich erzählte von meinen Sorgen und Wünschen, ich schrieb sie auf. Ich machte mit meinen Kindern Erzengel-Michael-Spiele, wenn sie bei mir waren, sie fanden es immer ganz toll. Ich bat sie, sich etwas in Gedanken zu wünschen, aber keiner durfte es sagen. Auch ich machte mir Wunschzettel, wir legten sie in eine selbst gebastelte Box und niemand durfte sie jemals wieder herausnehmen. Damals wusste ich noch nicht, was ich damit manifestiert hatte.

Nach ca. einem halben Jahr begann sich mein Leben zu verändern. Ich war mit einer Frau zusammen und die Beziehung war ganz so, wie ich es mir gewünscht hatte. Alles andere, was ich mir noch wünschte, ging in Erfüllung. (Manifestieren: Wünsche werden wahr, auf den nächsten Seiten mit einer genauen Anweisung und Übung.) Wie ich durch die Engel wieder gesund wurde, erzähle ich euch auch auf den folgenden Seiten, so lernte ich Heilung an mir selbst.

Während ich am Buch schrieb, sagten die Engel mir oft: „Mathias, es wird alles gut werden.“ Ich zweifelte oft und hatte auch etwas Angst, ob ich das alles überhaupt schaffe, was die Engel von mir erwarteten. Ich schrieb ca. drei Jahre an diesem Buch und änderte dabei oft einiges. Oder legte es oft beiseite, wenn ich wieder durch irgendein Leid gehen musste. Ich lernte immer mehr dazu und wollte mein Wissen an die lieben Leser weitergeben. Auch schmiss ich das Buch oft in die Ecke, ich glaubte oft nicht an die Dinge vom Himmel und somit zweifelte ich des Öfteren.

Die Engel waren seitdem immer in meinem Kopf, ich hatte einfach das Bedürfnis, mehr zu lernen über die Heilung und über Engel. Ich kaufte Bücher und schaute im Internet nach, ich traf auf Techniken der Heilung mit Berührung durch Finger, die sogenannte Zwei-Punkt-Methode der Quantenphysik. (Quantenphysik ist eine Heilmethode, schaut einfach im Internet nach, da steht alles genau beschrieben.) Ich machte gleich eine Anmeldung für diesen Lehrgang fertig. Damit nicht genug, es fehlte immer noch etwas. Meine Erinnerung an die Engel kam zurück, jeden Morgen und jede Nacht blitzte es vor meinen Augen. Zuerst erschrak ich immer, dann gewöhnte ich mich daran. Ich hatte Sehnsucht nach irgendetwas, wusste aber nicht genau wonach. In meinen Gedanken kam das Wort „Internet“. O. k., ich schaute im Internet nach unter Engel. Dort wurde eine Schulung in München zum Engeltherapeuten und

zum Engelmedium angeboten (Was Engeltherapeut ist, erkläre ich euch später noch.) und genau das wollte ich!
Als ich mit der Ausbildung fertig war, wollte ich auf die Menschheit los. Ich erzählte es jedem, den ich kannte. Bei den meisten kam natürlich Skepsis auf. Ich merkte, dass sie mich für verrückt hielten. So ließ ich es schnell wieder und bereitete alles vor, um endlich damit zu arbeiten. Schnell merkte ich, dass viele meiner Bekannten mir nicht glaubten. Ich kam dadurch viel ins Zweifeln, entschied mich aber letztendlich dazu, mich von einigen Freunden und Bekannten zu trennen. Ich fühlte mich dadurch gefesselt, wollte aber mit den Engeln arbeiten. Durch die Trennung von Freunden ging es mir besser, mir war es einfach zu wichtig, mit Menschen zu arbeiten. Viele dachten, ich bin nicht richtig im Kopf, aber mir ist es mittlerweile egal, was andere denken. Sie alle machen den Wandel mit und am Ende kommen sie doch zu mir und bitten mich um Hilfe.
Schließlich bot ich meine erste öffentliche Meditation an, es kamen außergewöhnlich viele, ich nannte es Engellichtmeditation. Die Engel halfen mir sehr dabei, alles, was ich sagte, sah ich und sahen einige der Teilnehmer. Es machte mir großen Spaß und so gab ich einige Monate später meinen ersten medialen Engelkongress. Zwar war der weniger besucht, als ich erhofft hatte, aber die Engel sagten: „Mach es, es ist wichtig für die, die kommen." Wir bereiteten den Kongress selbst vor, alle waren aufgeregt. Zum Kongress lud ich einige Medien (= Mehrzahl von Medium) ein, die sehr gut waren. Ich bin da sehr pingelig bei so etwas und prüfe immer alles ganz genau, was sie können. Ich war von ihnen begeistert, sie sind auch meine Freunde geworden. Wir wohnen weit auseinander, dennoch halten wir den Kontakt aufrecht. Wir boten kostenlose Beratungen an, wobei auch sehr viele eine Beratung haben wollten. Eigentlich wollten wir nur beraten, aber es kam automatisch

immer Channeln. Die Engel sagten uns immer, was diese Personen für ein Problem hatten. Es zog sich am Ende bis spät in die Nacht hinein, weil wir allen, die da noch warteten, die Möglichkeit geben wollten. Wir waren am Ende so etwas von platt, Channeln strengt richtig an.
Ein Gast war besonders anstrengend, wir brauchten für sie alleine schon eine Stunde. Es war eine Frau, ca. 40 Jahre alt. Als sie reinkam, sahen wir uns alle an. Die Engel sagten einige Dinge über die Frau, was sie alles erlebt hatte und warum sie sich in der Situation befand, in der sie gerade war. Aber wir sagten ihr nichts. Ich hatte ja vor Beginn vereinbart, dass wir erst mal alles für uns behalten würden. Ich fragte sie aus, sie sollte von alleine sagen, was sie belastet. Sie wusste es, aber sagte es einfach nicht. Erst nach einer Stunde erzählte sie etwas aus ihrem Leben, somit konnten wir auch etwas helfen und ihr gute Ratschläge für die Zukunft geben.
Da ich immer mehr mit den Engeln zusammenarbeiten wollte, dachte ich ständig über eine eigene Praxis nach. Ich hatte aber kein Geld, mir eine zu mieten. So erzählte ich meiner Ärztin davon. Sie bot mir gleich an, ungenutzte Räumlichkeiten in ihrer Praxis dafür zu nutzen, dann auch noch ohne etwas dafür zu verlangen. Ich war so glücklich und freute mich darüber.
Meine damalige Ärztin ist jetzt meine beste Freundin geworden. Ich helfe ihr mit guten Ratschlägen, was die Engel mir für sie durchgeben und sie hilft mir immer. Sie sagt nie nein, wenn ich mal Hilfe brauche und ich bin sehr froh, dass wir befreundet sind. Die Engel versuchten immer wieder, mich aufzubauen, wenn ich ins Negative verfiel, meistens half es. Zudem kam es immer öfter vor, dass ich an allem zweifelte, aber meine Ärztin hatte so ein tolles Talent, mich immer wieder auf den Teppich zu holen. Natürlich kam ich nach einer Weile wieder zurück zu den Engeln.

Ich bat die Engel immer wieder um Hilfe für Räumlichkeiten oder was auch immer ich brauchte. Sie vermittelten dann, dass es so kam. Ich hatte zwar schon mehrere Räumlichkeiten von den Engeln bekommen, aber ich wollte sehr gern etwas Eigenes. Die Räume, in die ich immer rein durfte, habe ich für Massagen oder Seminare genutzt. Ich wohnte ja bei meiner ehemaligen Freundin, sie hatte ein Haus. Ich wohnte schließlich vier Jahre mit ihr in diesem Haus, aber es war zu klein, es waren keine Räume für mich da. Sie verkaufte das Haus und kaufte sich ein größeres. Ich baute es um und habe seitdem meinen eigenen Raum. Gleich nach der Umbauphase fing ich an, darin zu arbeiten. Mittlerweile haben wir uns getrennt, sie müsse ihren Weg alleine gehen, sagte sie. Das Problem war, dass sie mir nicht glaubte, wenn ich etwas über die Engel sagte. Eine Frau rief mich mal in der Umbauphase an und weinte. Ich tröstete sie und sagte, ich kann zurzeit keine Termine vergeben, sie solle es in drei Monaten noch mal versuchen, was sie dann auch machte. Es ging um ihren Sohn, er sei verstorben und sie bräuchte eine Sitzung. Wir machten einen Termin aus, sie kam und erzählte von ihrem Sohn. Vorher schon hatte ich ihren Sohn gesehen, er zeigte sich schon während des ersten Telefonats. Bei der Sitzung kam er auch, er zeigte sich in einem Alter von ca. 17/18 Jahren, das kann man nicht immer genau sagen, die Verstorbenen zeigen sich meistens so, wie sie es gerne wollen. Ich fragte, wie alt er denn gewesen war, als er starb. Sie meinte, er wäre mit 14 gegangen, glaube ich, bin mir aber nicht mehr ganz sicher, was sie sagte, ich habe mit zu vielen zu tun. Er zeige sich älter, sagte ich ihr. So beschrieb ich ihn, so gut ich nur konnte, dann zeigte sie mir ein Foto. Ja, so in etwa sah er aus, er hatte nur glatte Haare, sagte ich, denn auf dem Foto hatte er naturgelockte Haare. Sie sagte: „Ja, er wollte immer glatte Haare haben." Er zeigte in Bildern sein Haus, die Küche, sie musste mal gebrannt haben, er zeigte mir einen Herd und

erwähnte das Feuer. Die Klientin bestätigte es, es habe tatsächlich da gebrannt. Ihr müsst wissen, dass Verstorbene sich mit Bildern verständlich machen, nicht immer, aber meistens. Er bedankte sich ständig bei mir für diesen Kontakt und sagte mir immer, es tue ihm alles so leid, was er getan hatte.
Menschen, die sich das Leben nehmen, wollen sich immer für diese Entscheidung entschuldigen. Sie leiden meistens mehr als die Hinterbliebenen. Es geht den Seelen aber sehr gut, sie versuchen nur mit allen Mitteln, zu den Angehörigen Kontakt herzustellen. Auf keinen Fall wollen sie, dass irgendjemand leidet oder zu sehr trauert.
Sie wollen sich mit euch verständigen und sagen: „Höre, mir geht es gut, bitte sei nicht so traurig, ich bleibe hier bei dir und tröste dich." Gott sagte in einer Botschaft, dass viele tausend Seelen in einer Zwischenwelt gefangen sind. Es gibt Seelen, die sich, nachdem sie ihren Körper verlassen haben, nicht in das Licht trauen. Das Licht ist aber das Zuhause für die Seelen. Es gibt Seelen, die sich verirrt haben und viele von ihnen weilen auf der Erde. Sie denken, sie wären nicht verstorben. Gott ruft sie alle ständig und die Engel wollen zu ihnen, aber da die meisten Seelen nicht an Gott glaubten oder glauben, kann Gott und die Engel nicht an sie herantreten. Es kommt vor, dass viele Seelen verloren gehen und das weit über Tausende von Jahren. Durch das Nichtglauben an Gott nehmen die Seelen Gott und die Engel nicht wahr. Aber die Seelen nehmen die Menschen wahr. Daher kann jeder Mensch mit Seelen reden, egal, ob er die Seelen sieht oder nicht. Sie kommen, sobald man nach ihnen ruft. Dann kann jeder die Seelen ins Licht führen. Gott bittet euch sogar darum, den Seelen zu helfen. Das geht ganz einfach. Stellt euch vor, wie das Licht hinauf ins Himmelreich führt. Auf einer Treppe aus Licht und stellt euch Engel dazu vor. Bittet die Seelen, in dieses Licht zu gehen. Gott sagt, er verzeiht allen und niemand brauche sich zu fürchten. Jeder

bekommt eine Gelegenheit, sich weiter zu entwickeln. In einer für ihn bestimmten Dimension, wo sich die Seele weiterentwickeln und lernen darf. Gott liebt alle seine Kinder, Gott will und wollte auch nie, dass wir leiden und Ängste haben. Das war nicht sein Plan. Gott ist Liebe und Licht sowie reine Freude. Gott erschuf uns aus reiner Freude. In den nächsten Kapiteln erzähle ich mehr über Gott und seine Pläne über uns Menschen und unsere Mutter Erde.

Die Engel sagten, Vergebung ist immer wichtig. Vergib diesen Seelen und sie finden ihre Ruhe. Ich habe, seitdem ich zum ersten Mal mit der göttlichen Energie zu tun hatte, nur noch mit Menschen zu tun, die entweder Medien sind oder mit Leuten, wo Suizid vorkam. Das hatte ich noch nie vorher. Ich lernte, mich da reinzufühlen, warum sich ein Mensch das Leben nehmen will.

Ich verstand diese Menschen so genau wie kein anderer. Alle, die sich das Leben nahmen, die ich kannte, die meldeten sich bei mir. Ich fühlte die Verzweiflung von den Menschen, ich war ja auch kurz davor gewesen. Es ist eine unbeschreibliche Hilflosigkeit, die man da durchlebt. Gott sei Dank haben mich die Engel aber davon abgehalten. Die Engel ringen um die Seele, sie versuchen bei jedem alles Mögliche, damit er es nicht tut. Meistens ist der Wille dieser Seele aber stärker. Bei mir sagten sie mal, ich hätte es eh nicht gemacht, sie hätten dafür gesorgt.

Zu meinem Beruf gehört auch das Massieren, ich bin im Raum Lüneburg mobil unterwegs. Eine meiner Kundinnen schrieb mich mal an, sie hätte solche Schmerzen. Ich behandelte sie schon seit über einem Jahr seit dem Anruf, ich weiß, woher diese Schmerzen kommen, aber einige Kunden wollen nichts davon wissen. Rückenschmerzen kommen meistens von Problemen, die man nicht verarbeitet hat. Ich sagte erst gar nichts dazu, da ich diese Kundin mittlerweile schon kannte. Sie würde

immer sagen, dass es ihr gut gehe. Es würde nur Streit dadurch geben. Die meisten würden es ja nicht zugeben, um nicht alte Erinnerungen zu wecken. Sie haben Angst, dass es ihnen noch schlechter geht und sie womöglich zurück in das Trauma fallen. Ich bot immer meine Hilfe an, wenn einer über sich klagte. Aber wenn einer keine Hilfe annehmen möchte, dann kann ich und auch der Himmel nichts tun. Es ist sein freier Wille, der das entscheidet. Selbst Gott kann nichts machen. Nur wenn ein Mensch glaubt, ansonsten geht gar nichts. Das ist sein Gesetz, das im Himmel sowohl auch auf Erden besteht.
Auch ist es so, dass die Engel euch BEWUSST zu Menschen schicken, weil diese Person gerade etwas hat, was euch noch fehlt. Ich treffe übrigens immer wieder auf Menschen, die mediale Fähigkeiten haben. Ich bin immer wieder total überrascht, was einige Menschen können. Sie sehen alle Wesen und hören auch, aber sie wollen damit nichts zu tun haben. Das macht mich immer sehr traurig. Ich verstehe es bis heute nicht. Sie verfehlen ihre Aufgabe hier auf Erden. Die Engel sagen, unsere Aufgabe besteht darin, zu leben, zu lieben und zu erschaffen. Das, was du erlebst, egal ob negativ oder positiv, das schaffst du dir alles alleine. Du selbst erschaffst das, was du erleben möchtest. Auch ich hatte das erst nach Jahren begriffen. „Lebe!“, sagen sie immer, “lebt und seid glücklich.“ Aber zum größten Teil sind wir hier, um zu erfahren. Die Seele will erfahren, die Schwierigkeiten und nicht die Schwierigkeiten, die wir im Laufe des Lebens haben. Erfahrung ist alles, was dich umgibt. Aus deiner Beziehung lernst du. Die Beziehung kann nur sehr kurz sein oder auch für immer. Seelen, die sich vorab abgesprochen haben, sich zu treffen, um sich gegenseitig kennenzulernen, aber auch um Frieden zu finden und zu geben. Damit bringen wir Frieden auf die Erde, um glücklicher zu leben. Wer Liebe gibt, der hilft der Erde. Nur dadurch kann auf der Welt Frieden herrschen. Durch das miteinander Lieben in

Harmonie ohne Neid und Hass erschaffen wir den Weltfrieden. Wir sind miteinander verbunden und alles Negative breitet sich automatisch dadurch aus. Die Menschen werden böse, ohne zu wissen, warum. Wir Menschen sind alle miteinander verbunden, sagen die Engel. Daher können auch die Seelen sehr gut mit uns in Kontakt treten. Wenn einer die Engel hören kann, dann ist es ein sehr großes Geschenk. Dadurch wird dein Leben für uns und auch für andere um einiges leichter. Deine Aufgabe im Leben ist es auch, Altes zurücklassen, das heißt, das was du schon gelebt hast, abzuhaken. Bestimmt hast du eine schwere Zeit hinter dir und wahrscheinlich auch körperliche Leiden. Löse dich vom Alten und lasse das Alte los. Du wirst sehen, dass deine Beschwerden sich in Luft auflösen werden. Du lebst im Hier und Jetzt, alles was gestern war, ist jetzt vorbei, also Vergangenheit. Bewältige das, was vor dir liegt und kümmere dich nicht um die alten Dinge. Das ist dein Karma, was du selbst auflösen kannst, indem du dir deine jetzige Situation genau anschaust. Hast du einmal erkannt, warum es gerade so läuft in deinem Leben, dann ändere es. Ich werde darauf später noch ausführlicher eingehen.

Eine Kundin sagte mal, dass ihre Kinder Erzengel Michael und andere Sachen sehen. Ich muss dazu sagen, dass Kinder bis zum 4. Lebensjahr immer Engel sehen oder Seelen, darunter auch alte Menschen. Es kommen neue Kinder auf die Welt, die ganz anders sind, als wie wir es kennen. Schätzt sie und lasst sie leben, sie machen es euch vor, sie sind ein Teil der neuen Erde. Ich werde dazu nicht mehr sagen, nur dass ein Wandel im Gange ist, den ihr alle zu spüren bekommt. Bei einer meiner Kongresse werde ich euch davon mehr berichten, persönlich kann ich es besser erklären.

Wir sind in einer neuen Dimension, so nennt man die Ebenen in der geistigen Welt. Es sind Millionen Engel auf Erden, Millionen neue Engel und andere Wesen kommen dazu, sie helfen euch, in die neue Welt zu kommen, eine neue sehr starke Energie. Die Erde erhebt sich und steigt in einer Dimension im Reich der Engel und Seelen auf. Das ist nötig, um unsere Mutter Erde neu zu erschaffen und zu retten. Ihr müsst lernen, mehr zu lieben und Hass und Neid abzulegen. Das ist die neue Erde, Liebe und Harmonie sowie Glück für jedes Wesen, die geistige Welt ist überall. Gott will seinen Plan, was er vor tausend Jahren mitteilen ließ, verwirklichen. Er sagte einmal, der Himmel wird eins mit der Erde. Und du erlebst das alles wahrhaftig mit. All die Spannungen auf Erden sind der Wandel. Die Unwetter, Kriege – all das ist jetzt wichtig zu erkennen. Obwohl viele Katastrophen und Kriege ganz allein durch den Menschen verursacht werden. Die Hungersnöte und Trockenheit. Die gewaltigen Stürme, sie sorgen für die Reinigung der Erde. Das Böse muss weichen, die Dunkelheit muss gehen. Das geht aber nur dadurch, indem wir alle anfangen, anders zu denken. All die Opfer, die durch Terror oder aus einem anderen Grund umkommen, das haben die Seelen so gewollt. Jeder Mensch auf Erden hat ja gesagt im Himmel. Jeder wollte seinen Beitrag dazu leisten, die Erde zu retten. Jeder Mensch hat sehr oft gelebt und ist vollkommen. Daher ist es auch für viele Menschen sehr schmerzhaft und für einige weniger schmerzhaft. Ich hoffe, ihr versteht jetzt, warum dies alles gerade so ist. Auch das erkläre ich aber noch zu einem späteren Zeitpunkt ausführlicher. Bitte betet für die Opfer, betet für die bösen Menschen. Dadurch werden automatisch viele Böse in das Gute umgewandelt. Sie bekommen dadurch viel Liebe in ihren Herzen. Ein Gebet bewirkt was ganz Großes. Gott erhört alle Gebete. Er antwortet auf alle Gebete. Er möchte, dass ihr alle mitwirkt, um alles zum Wandeln zu bringen. Wir Menschen sind die Erschaffer. Ein Gebet sendet eine unheimlich starke Energie aus, ihr glaubt gar nicht, was ein Gebet alles für Wunder bewirken kann. Gott sagte, dass er eigentlich gar nicht will, dass wir ihn anbeten. Besser wäre ein Dankgebet. Beten heißt für Gott, etwas wollen, was nicht ist. Normalerweise sollen wir für das danken, was schon da ist. Es ist alles vorhanden, sagt Gott und wir sollen fest daran glauben, dass alles schon da ist, was wir wollen. Ich bete aber trotzdem so, wie ich immer bete. Nur, dass ich aus dem Wissen heraus bete, dass es passiert. Ich danke im Voraus und am Ende meiner Gebete. Es hat sich noch keiner dazu geäußert von oben. Also mache ich es so.

Wie die geistige Welt mich schulte und Gott mich prüfte

Hier erzähle ich euch, wie die Engel und die geistige Welt mit mir kommunizieren. Was ich für Prüfungen machen musste, wie ich oft verzweifelt war, es einfach nicht zu schaffen. Wie ich lernte, in die geistige Welt zu reisen. Was ich für eine neue Aufgabe fürs Leben bekam, wie sie mir beibrachten, Botschaften zu schreiben und was alles auf der Welt anders wird. Wie ich Vertrauen und Liebe lernen musste. Wie ich Sehen und Hören lernte. Wie sie mir erklärten, dass es neue Engel gibt und wie ich zu Gott musste ins Himmelreich und viele andere spannende Geschichten. Es ist alles im Jahr 2014 passiert und das in einer nur sehr kurzen Zeit hintereinander.
Ich arbeite ähnlich wie einige bekannte Medien auf der Welt, jedes Medium arbeitet auf seine Art und jeder hat andere Fähigkeiten.

Alles begann, sich zu verändern

Ich arbeitete bereits seit einiger Zeit mit der geistigen Welt und bin selbst überrascht, was es alles gibt, was wir gar nicht wissen oder wussten. Und so begann es, dass die geistige Welt mich auf alles Neue vorbereitete. Ich und meine damalige Freundin kauften uns 2013 ein Haus auf dem Lande. Dieses Haus gehörte aber meiner ehemaligen Freundin und war sprichwörtlich eine Ruine. Während der Umbauphase lernte ich eine ehemalige Freundin kennen, sie ging auf meine Internetseite und wollte eine Ausbildung machen. Zu dieser Zeit wussten wir allerdings voneinander noch nichts. Wir schrieben in dieser Zeit zuerst sehr wenig und ich kümmerte mich in der Zwischenzeit um das Haus. Ich arbeitete nun am Umbau, eine Katastrophe nach der anderen begann, die Handwerker, die wir dringend brauchten, stellten sich nach und nach als Nichtskönner heraus. Dadurch kosteten sie uns ein Vermögen. Das Geld von meiner ehemaligen Freundin, welches wir dafür eingeplant hatten, ging langsam aus und die Handwerker machten alles verkehrt, was man nur verkehrt machen konnte. Das Dach musste neu gemacht werden, die sogenannten Dachdecker machten nur die Hälfte, aber das Dach war schon abgedeckt. Es regnete ständig überall herein. Einige Wände rissen ein, weil die Handwerker so unvorsichtig waren, ich arbeitete ständig den ganzen Tag alles nach. Im unteren Bereich hatte ich schon alles fertig renoviert, weil wir ja schnell rein mussten. Da das alte Haus aber bereits verkauft war, war Eile angesagt. Zwischen meinen Arbeiten am Haus machte ich zudem mit meiner Schülerin die Fernausbildung, sie bekam nach und nach die Unterlagen zugeschickt, die sie gerade brauchte.

Ich arbeitete weiter am Haus und nach und nach im Garten, der sah nämlich aus wie ein Urwald. Abends war ich dann immer total geschafft. Ich schlief relativ schnell ein, ging aber auch total spät zu Bett. Eines Nachts hatte ich einen Traum, an den ich mich sehr gut erinnern konnte. Ich träumte von einem König, der in einem wunderschönen Anzug steckte. Ich hatte noch nie so einen schönen Anzug gesehen. Er stand mit dem Rücken zu mir, so konnte ich sein Gesicht nicht sehen. Ich stand in so einer Halle, da standen Arbeiter rum und gingen auf die Knie und verbeugten sich. Ich fragte, was das denn soll, warum macht ihr das? Die Arbeiter schauten etwas nach oben und mich und den König an. Ich sagte: „So ein Mist, es gibt keine Könige bei uns, lasst das." Keiner redete, ich sagte: „Wenn, dann verbeuge ich mich nur vor Gott und sonst vor niemandem. Der Mann im Anzug drehte sich leicht zur Seite, ich sah ihn dann von vorne, er sah so gut gepflegt aus, einen weißen Oberlippenbart und weiße Haare sowie einen Spitzbart am Kinn hatte er. Ich schaute ihn an, er grinste ganz leicht, dann wachte ich auf. Dieser Traum fühlte sich so echt an, dennoch erzählte ich vorerst niemandem davon, es hatte für mich keine Bedeutung zu dieser Zeit. Der Traum verfolgte mich noch über Monate hinweg, ich überlegte immer wieder, wer es war, wusste in dieser Zeit ja noch nicht, dass es Gott war, der mich prüfte.

Einige Tage vergingen, meine Schülerin meldete sich und sagte, ich solle zu ihr kommen, und ich fragte sie nach dem Grund. „Weil die Engel es so wollen", meinte sie. Ich sagte: „Nein, ich will aber nicht, habe keine Zeit." Damals dachte ich immer, meine Schülerin wollte was von mir, ich dachte, sie sei verliebt, weil sie immer solche Andeutungen machte. Ich war schon kurz davor, den Kontakt zu ihr abzubrechen, bis sich Erzengel Michael gleich darauf meldete.

Hier spricht Erzengel Michael;

Zuerst erschrak ich und bekam danach so eine große Angst. Ich hörte ja die Engel nur teilweise und hatte mit Erzengel Michael noch nie etwas zu tun gehabt. Ich kannte ihn ja nur aus Bü-

chern und wusste nur, dass er Gottes Rechte war und sehr mächtig, aber das war zu viel für mich. Er sagte einige Dinge zu mir, z. B. dass ich den Kontakt nicht abbrechen und weitermachen sollte. Er sagte: „Mathias, warum läufst du immer weg? Mach das, was deine Schülerin sagt, hörst du? Das ist wichtig, fahr zu ihr hin, es hat seinen Sinn." Ich war seinerzeit immer sehr stur und machte, was ich wollte, ich hörte auf niemanden. Die Engel nannten mich dann oft einen sturen Esel und meinten, dass es anders werden muss.
Ich hatte Angst vor Michael gehabt, es hörte sich sehr streng an. Er sagte in einem Satz, dass es meine letzte Chance wäre. Ich wusste nicht, was er damit sagen wollte. Was Erzengel Michael damit meinte und was ich bei meiner Schülerin sollte, das schreibe ich in den nächsten Kapiteln. Einige Tage vergingen und ich arbeitete im Garten, wir hatten einige Leute zusammengetrommelt, um unseren Baumschnitt wegzubekommen, da lagen nämlich bergeweise Baumschnitte herum. Der Wetterbericht hatte für diesen Tag starken Regen angesagt. Es fing auch schon an zu regnen, ich bat die Engel, doch dafür zu sorgen, dass es bei uns nicht regnete. Ich bekam immer mehr Panik, die Helfer kamen gleich und wenn es regnete, dann würden sie gleich wieder gehen. Sie kamen dann auch alle, ich sagte zu den Engeln: „Bitte macht, dass es hier nicht so regnet." Sie sagten: "Ja, lieber Mathias, wir tun unser Bestes, wir tragen jeden Regentropfen einzeln weg. Ich überlegte, wie wollen die das denn machen, da bin ich aber gespannt. Ich freute mich, ließ es mir aber nicht anmerken und grinste nur so vor mich hin. Einer der Helfer sagte: „Im Nebendorf regnet es aus vollen Eimern, die Straßen sind alle überflutet, nur bei uns nieselte es etwas." Ich grinste, und fühlte Dankbarkeit für die Helfer hier, ich freute mich sehr darüber, denn auch wenn ich oft zweifelte, es waren die Engel, die mir halfen. Im Laufe des Tages hörte ich immer wieder von den Engeln, dass ich der

Auserwählte sei. Ich sagte dann irgendwann: „Lass das, so was sagt man nicht.“ Ich hatte gedacht, ich denke das und hatte etwas Angst, dass Gott es mitbekommt. Auserwählte gibt es nicht wirklich, Gott sieht alle Menschen gleich an.

Was aber das Schlimmste für mich war in dieser ganzen schweren Zeit, ich durfte meiner ehemaligen Freundin nichts sagen, und wenn ich was gesagt hätte, hätte sie es eh nie geglaubt und das machte es mir erst recht noch schwerer. Nun wusste ich aber immer noch nicht, was die geistige Welt mit mir vorhatte. Eine Schülerin wusste es, nur sie durfte es mir in dieser Zeit noch nicht sagen. Ich tat alles, was sie von mir verlangten, ich war ja froh, dass sie mit mir redeten. Zwar mehr über meine Schülerin und weniger mit mir, aber das fand ich gerade schön. Sie sagten, es hat seinen Sinn, dass sie mehr über meine Schülerin und weniger mit mir reden, ich solle daraus etwas lernen. Am Abend trank ich immer Bier, das Komische war, wenn ich Bier trank, dann hörte ich die Engel sehr deutlich. Uriel war meistens da und plauderte stundenlang mit mir.

Als ich hoch musste

Ich fahre bis zum heutigen Tage noch Bus in Lüneburg und gebe nebenbei Massagen. Als ich am Morgen nach Hause kam, hatte ich noch einen Kunden, zu dem ich musste. Als ich vom Kunden zurückkam, wollte ich gerade mit dem Essen anfangen. Da meine ehemalige Freundin immer sehr lange arbeitete, wollte ich sie entlasten, wo ich nur konnte. Da sagte ein Engel zu mir, ich wusste in dieser Zeit nicht, wer es war, aber heute weiß ich es sehr wohl: Es war Erzengel Michael. Er sagte: „Leg dich hin."

Ich sagte: „Es geht aber jetzt nicht, ich muss Essen kochen, die Kinder kommen gleich."

„Nein, das kann warten, leg dich hin."

„Nun gut", sagte ich widerwillig. „Was soll ich tun", fragte ich?

„Mache einfach das, was du immer machst." Ich legte mich hin, stellte mir das Licht um mich herum vor, so wie ich es in den vorigen Kapiteln beschrieben habe. Es wurde immer heller und heller, auf einmal war ich oben. Ich ging so eine Art Laufsteg entlang, links und rechts alles Engel. Die Seelen standen mehr weiter unten, ich konnte auf sie herabschauen. Ich ging weiter, da war ein Thron und darauf saß Gott. Links und rechts standen die Erzengel, ich schaute alle an, ich sah Erzengel Michael links neben mir stehen. Er sagte zu mir: „Ich musste so hart zu dir sein, sonst hättest du nicht gelernt." Er blinzelte mir mit einem Auge zu. Ich war erleichtert, denn ich hatte ganz schön Respekt vor ihm und auch etwas Angst zugleich. Ich drehte mich Gott zu, ich ging auf ihn zu und blieb dann vor ihm stehen. Ich verbeugte mich vor ihm mit großer Angst. Während ich zu Gott ging, überlegte ich, wie ich mich verhalten sollte. Sollte ich in die Knie gehen? Oder sollte ich ihm die Hand geben? Wie begrüßt man den großen Gott eigentlich? Ich

hatte Angst, etwas falsch zu machen. Aber nun stand ich vor ihm und hatte nicht die Zeit, groß zu überlegen. Als Kind wurde ich immer eingeschüchtert von meiner Mutter. „Gott wird dich bestrafen“, sagte sie immer dann, wenn ich etwas ausgefressen hatte. Nun stand ich vor Gott. Er sagte: „Hallo, mein Sohn.“ Ich sagte: „Hallo, lieber Gott.“
„Komm her, mein Sohn.“ Dann nahm er mich in den Arm und sagte: „Wir sind so unendlich stolz auf dich, mache weiter so.“ Ich wusste gar nicht, was ich gemacht hatte und so überlegte ich, was ich denn gemacht habe, dass sie so stolz auf mich sind. Ich wurde befördert. Gott sagte: „Dreh dich um.“ Ich drehte mich um. Ich bekam so eine Art großes Energiefeld um mich herum. Er sagte: „Somit bist du frei und kannst hingehen, wohin du auch möchtest.“ Ich konnte meine Freude kaum verstecken. Ich war so stolz, ich wollte schon immer dazugehören. Ich weiß gar nicht mehr, ob ich das hier schreiben sollte, es klingt so verrückt. Ich will auf keinen Fall, dass die Leser hier verunsichert werden und das Buch weglegen. Aber ich entschloss mich, wenn die Wahrheit, dann schreibe ich auch das, was ich erlebte. Im Himmel ist alles möglich. Auf Erden natürlich auch. Aber ich war nun mal in dieser Zeit im Himmelreich bei Gott. Ich tat mich selbst sehr schwer, all dies zu glauben. Aber es ging ja schon mehrere Jahre so mit diesen Erlebnissen. Auch die Botschaften, die ich von Gott fast täglich bekam, waren sehr real. Ich schrieb so viele, dass ich sie nicht mehr zählen kann. Ich gebe zu, ich zweifelte schon an den Flügeln. Aber ich besuchte mal eine Freundin, die auch ein wundervolles Medium ist. Sie sah mich an und sagte: „Oh mein Gott. Ich sehe riesengroße Flügel an dir. Sie sind so groß, dass sie durch die Zimmerdecke gingen“, sagte sie. Von da an glaubte ich wieder mehr. Denn in sie steckte ich viel Vertrauen. Sie gab mir am Anfang viel, wenn ich nicht weiterwusste und schrieb mir Botschaften, die meine bestätigten. Ich war also noch bei Gott,

alle Engel jubelten mir zu und sangen. Sie riefen: „Hoch lebe Mathias“, und das sehr oft. Gott sagte: „Von nun an kannst du überall hin, wo du möchtest.“ Ich bedankte mich und dann wachte ich auch schon wieder auf. Mein Gedanke war: ‚Jetzt erst mal schnell Essen kochen, aber ich musste einfach mit jemandem reden und so rief ich meine Schülerin sofort an und erzählte es ihr. Sie war ja auch schon bei Gott und das mehrmals. Sie sagte: „Du bist auch bald dran und musst hoch.“ Davor hatte ich immer Angst und versuchte, immer schnell vom Thema abzulenken. Aber Andrea sprach mich immer öfter darauf an. „Warst du schon oben“, fragte sie?
„Ne“, sagte ich, „noch nicht“ und lenkte sie, so schnell ich konnte, mit anderen Themen ab. Mir fällt in diesem Augenblick ein, wie ich es doch beweisen kann, dass alles stimmt, was ich in diesem Buch geschrieben habe. Nämlich, dass alle Medien auf der Welt es bestätigen können. Denn sie haben fast alle ähnliche Erfahrungen damit gemacht. Es gibt sogar schon viele Filme darüber. Das wollte ich nur eben kurz dazu schreiben, weil viele Menschen immer Beweise möchten. Ich kann alle beim Namen nennen, die meins bestätigen könnten. Aber das darf ich nicht ohne Erlaubnis. Daher schaut selbst ins Internet und schaut nach meinesgleichen. Und in Bücher, die viele geschrieben haben. Da werdet ihr finden, was ihr sucht. Aber wer glaubt, der wird es selbst an sich erfahren.
Am Morgen darauf, als ich um vier Uhr wie immer aufstehen musste, ging ich ins Bad und machte dort mein Handy an, es war eine Nachricht drauf von meiner Schülerin. „Guten Morgen, du neuer Engel“, stand dort, „wir sehen uns ja gleich im Bus.“ Ich dachte hä, was schreibt meine Schülerin denn da, was meint sie bloß? Das waren die Engel, dachte ich, meine Schülerin schläft doch noch. Die Engel schrieben jeden Tag über Andrea durchs Handy. Als ich dann zur Arbeit fuhr, machte ich alles fertig wie jeden Morgen, den Bus vorbereiten und

so weiter. Als ich losfuhr und schon einige Meter am Fahren war, kamen ganz viele Seelen. Ich weiß nicht wie viele, ich denke an die hundert oder mehr. Ich kannte sie fast alle nicht, nur einige erkannte ich wieder, es waren ehemalige Nachbarn, die ich aus meiner Kindheit kannte und sogar meine Oma, die immer böse war und schon sehr lange verstorben war. Bis zur Bushaltestelle, wo ich anfange, waren es noch 10 Minuten bis ich dort war. In dieser Zeit sah ich mich dort stehen, ich war groß und sah fast selbst aus wie ein Engel, bläulich leuchtend und mächtig. Ich sah eine weiße Treppe runterkommen und oben eine große Himmelstür mit sehr viel hellem, warmem Licht aufgehen. Ich sagte zu den Seelen: „Nun geht alle da hinauf, es ist sehr schön dort und Gott nimmt euch alle einzeln in den Arm. Alle gingen hoch bis auf eine Seele – sie hatte Angst und sagte zu mir: „Darf ich auch noch mit?“ Ich sah, es war meine Oma. Ich sagte: „Ja klar darfst du gehen.“ Dann kam ich an meiner Haltestelle an und ich machte es so, wie ich es jeden Tag machte mit den Seelen und das sogar während des Busfahrens. Fragt mich nicht, wie ich das gemacht habe, es kam von ganz allein.

Als die Engel mit mir Bus fuhren

Es war schon Abend, als Erzengel Michael wieder über meine Schülerin schrieb. Er sagte: „Hallo, mein Freund, geh heute früh zu Bett, denn heute Nacht um 2 Uhr holen wir dich.“ Mehr sagte er nicht. Ich freute mich, denn ich war immer gerne oben oder freute mich auch so über die Engel. Ich sagte: „Ja, mache ich.“ Ich sagte zu meiner Schülerin: „Was haben die denn vor?“ „Weiß ich auch nicht“, sagte sie. Ich dachte immer über etwas nach, wenn mir die Engel etwas sagten. Ich versuchte, selbst darauf zu kommen, was sie wohl von mir wollten, aber ich kam einfach nicht darauf. An diesem Abend ging ich sehr spät zu Bett, viel zu spät, um 4 musste ich ja schon wieder aufstehen. Die Uhr war schon etwas über Mitternacht bis ich einschlief. Kurz darauf klingelte auch schon der Wecker: „Oh Mann“, dachte ich, „bin ich müde“. Ich gab meiner ehemaligen Freundin wie jeden Morgen einen Kuss, ich war aber irgendwie benommen, fühlte mich so leer, als wäre ich gar nicht da, aber denken konnte ich normal.

Wie immer schaltete ich das Handy an, ob es etwas Neues gab, aber nichts dieses Mal. O. k., dachte ich, dann ist auch nichts. Um 6.00 meldete sich meine Schülerin: „Na, wie war’s oben? Was hast du gemacht?“, fragte sie? Ich fuhr aber schon Bus, als meine Schülerin schrieb. „Nichts“, schrieb ich zurück, „alles normal“. Nur dass mir etwas schwindelig ist und ich etwas benommen bin. „Komisch“, sagte meine Schülerin, „die Engel sagten, du fährst heute keinen Bus.

„Doch“, sagte ich, ich fahr sogar gerade. Meine Schülerin sagte: „Nein, die Engel sagen, sie fahren den Bus.“ Da war mir alles klar, sie waren in mir. Irgendwann wurde ich nach einer Weile wieder normal. Ich sah viele Engel umherschwirren. Sie erzählten ständig und sangen, wir fahren Bus, wir fahren Bus. Ich musste mir das Lachen verkneifen, es waren ja Fahrgäste im Bus. Immer wenn ich an einer Haltestelle ankam und jemand einstieg, dann machten sie Grimassen, sodass ich fast laut loslachte. Sie zogen ihre Münder sehr weit auseinander und standen ganz dicht neben den Fahrgästen. Ich sagte: „Lass es bitte, es ist mir peinlich, hier laut vor mich hin zu lachen. Die Leute denken sonst, ich bin irre." Da machten sie erst recht weiter. Um sie davon abzulenken, fragte ich sie, wie viele Engel denn hier seien. Sie sagten: „55 Engel sind an deiner Seite, wir bleiben auch bei dir." Ich sprach zwischenzeitlich mit Erzengel Uriel, er sagte: "Ich bleibe immer an deiner Seite, wenn Michael nicht kann." Ich sagte: „Wo ist denn Michael?"

„Er kann nicht, er hat zu tun bei den Krisen in Russland, da brauchen sie seine Energien mehr im Moment. „O. k.", sagte ich, „der Arme tut mir leid, immer ist er in Krisengebieten."

Ich erzählte es meiner ehemaligen Freundin und ärgerte mich zugleich darüber, dass ich immer was erzählte, denn sie glaubte mir nie etwas. Ich war dann meistens sehr traurig darüber. Aber mit wem sollte ich darüber reden außer mit meiner Schülerin? Aber sie wohnt so weit weg und ich dachte, meine ehemalige Freundin versteht es und war neugierig darauf, was alles passiert. Ich sagte: „Schatz, ich hatte dir heute Morgen keinen Kuss gegeben, es waren die Engel, die dich küssten." Sie sagte nichts, sie schaute mich nur an. Ich sah in ihren Augen, dass sie dachte, ich wäre total irre. Ich ging dann auch weg und war traurig, dass sie mir nicht glaubte. Nun wusste ich aber immer noch nicht, was sie mit mir machten, es sagte keiner etwas, auch meine Schülerin wusste nicht, was sie machten. Aber solange ich mich gut fühlte, war es mir recht. Ich dachte, egal, sie haben bestimmt aus mir etwas Besonderes gemacht und das dauert immer erst, bis es wirkt.

Am Abend, als ich im Bad war, war Michael bei mir. Ich unterhielt mich viel mit ihm, es machte mir sehr viel Spaß, mit ihm zu reden.

Zudem nutzte ich immer sofort die Gelegenheit, solange ich sie gut hören konnte. Ich weiß heute nicht mehr genau, was wir redeten, aber es ging sehr lange. Er sagte nach einer Weile, er müsse jetzt los und ich erwiderte: „Wo willst du denn hin?“ Er sagte: „Nach Afrika, da brauchen sie mich jetzt.“

Ich sagte: „Ich dachte, du kannst überall gleichzeitig sein?“

„Nein“, sagte er, „in so einem Fall nicht, dort brauchen sie vermehrt meine Energie und dann geht das nicht.“

„Ach so“, sagte ich, „jetzt versteh ich es besser, ich kannte es nur aus anderen Büchern, wo stand, dass Engel überall gleichzeitig sein können.“

„So mein Freund, ich muss jetzt los, mach‘s gut und schlaf schön“, sagte Michael.

„Ja danke, Michael, mach du es auch gut.“ Am nächsten Tag machte ich den Fernseher an und wollte Nachrichten schauen, und ich dachte, ich spinne, da berichteten sie aus Afrika, da waren Unruhen und da starben am Tag bis zu 15000 Menschen. Somit glaubte ich vermehrt an die Engel, was ich aber ohnehin schon tat.

Als Gott mir die zweite Prüfung auferlegte

Meine Schülerin schrieb mich mal wieder an, sie meinte, sie sieht immer einen blauen Punkt. Ich sagte: „Wie, einen blauen Punkt?“

„Na einfach einen blauen Punkt, keine Ahnung, was das bedeutet.“ Andrea redete immer auf Bayrisch und schrieb teilweise auch so, das fand ich immer total süß, wie die in Bayern reden. Sie fragte, ob da jemand verstorben sei ihm Haus. „Warum“, fragte ich,

„Weiß ich nicht, wir haben es gekauft und mir ist nur bekannt, dass der Hausbesitzer an einer Krankheit verstorben sei.“ Dann sagte sie, hier wäre eine Seele und sie meint, da ist Geld versteckt. „Und wo?“, fragte ich?

„Weiß ich nicht“, sagte sie, „er sagt im Garten vergraben, mehr nicht. Ich sah immer nur einen blauen Punkt.“ Hmm, dachte ich und sagte zu meiner Schülerin: „Hier ist ein alter, kaputter Pool im Garten, der ist blau. Die Seele sagt, dass er mit dir reden möchte. Ich sagte: „Ich kann aber jetzt nicht, ich habe zu tun.“

„Es sei sehr wichtig, dass du jetzt mit ihm redest.“

„Oh“, sagte ich schon genervt, „wie soll ich das hier machen? Ich habe keine Ruhe. Die Kinder von meiner Ex Freundin sind da.“

„Dann geh kurz weg“, sagte meine Schülerin.

„O. k. warte, ich nehme einen Zettel und Stift mit und geh in den Wald.“ Wenn ich schreibe, dann kann ich besser die geistige Welt hören. Der Wald liegt 10 Minuten von hier entfernt. Also zog ich meine Schuhe an und ging los. Meine Ex-Freundin fragte: „Wo willst du denn hin?“ Ich sagte: „Ich kann es dir nicht sagen, bitte warte, ich erkläre es dir, wenn ich wieder zurück bin.“ Also ging ich los, gleich nach drei Minuten war auch die Seele an meiner Seite.

Ich sagte freundlich: „Hallo, wie heißt du?“ Er sagte mir seinen Namen, ich kannte ihn zu Lebzeiten, er sagte, er kenne mich auch.
Ich fragte ihn, was er denn wolle, er sagte mir ganz genau, wo das Geld vergraben war im Garten. Ich sagte zu ihm, es gehört mir aber nicht, es gehört deiner Frau. „Nein“, sagte er, es gehört dir, du hast es dir verdient.“
„Und warum, fragte ich?“
„Weil du es dir verdient hast, das habe ich schon geplant, bevor ich geboren wurde. Alles ist geplant, es gehört dir.“ Ich verstand das alles nicht. Ich sagte: „O. k.“, dann ging ich zurück zu meiner Ex-Freundin und erzählte ihr nur, dass die Seele mit mir über das Haus gesprochen hätte. Ich durfte mit niemanden darüber reden, sagte er. Auch Michael sagte, es darf niemand wissen. Ich dachte, o. k., es wird schon seinen Grund haben, warum es keiner wissen soll.
Ich erzählte es meiner Schülerin. Sie sagte, sie hätte genau die gleichen Informationen, wie es mir die Seele erzählt hatte. Michael sagte: „Fange morgen früh gleich an zu graben.“ Es sei äußerst wichtig, das Geld zu finden, bevor jemand nach Hause kommt. Es wurde Abend, ich ging in den Keller in mein Büro und schrieb mit meiner Schülerin, weil ich wusste, die Engel schreiben mit mir gleich. Es war aber Gott, der schrieb. Er sagte: “Mein Sohn, morgen musst du hineinfühlen, es ist äußerst wichtig, dass du in dich gehst und fühlst, mein Sohn.“
„Ja“, sagte ich, „ich werde es finden.“
„Nun gut mein Sohn, dann wünsche ich dir viel Glück, aber du musst es finden. Wenn du in dich gehst, dann zieht es dich wie ein Magnet dorthin, wo es vergraben ist.“
„O. k.“, sagte ich, „ich habe es verstanden und ich werde es finden.“ Am nächsten Morgen gleich nach meiner Arbeit schrieb ich meine Schülerin an. Bei ihr hatte ich immer ein gutes Gefühl, ich vertraute ihr sehr, denn die Engel redeten

mehr mit ihr als mit mir. „Hast schon angefangen?“, fragte meine Schülerin?“ „Nein“, sagte ich, „mach keinen Stress, ich bin gerade erst rein und esse jetzt erst gemütlich Frühstück. Dann muss ich mit meinem Hund noch los und zieh mich um. Wenn ich so weit bin, dann melde ich mich.“ Ich war innerlich so unruhig und nervös, dass ich mich selbst unter Stress stellte und mich beeilte. Ich war mir so sicher, ich finde den Schatz, wie Michael es immer nannte. Er machte Scherze zwischendurch, er sagte: „Na Stumpfischlumpfi, weißt du schon, wie du das Geld anlegen willst?“

„Ne, anlegen geht nicht“, sagte er, „dann musst du es verstecken. Aber denke daran, es darf keiner wissen, verstanden?“

„Ja, habe es verstanden“, sagte ich. „Du sollst mit dem Geld zu deiner Schülerin fahren, es ist wichtig, dass du zu ihr fährst“, sagte Michael. Ich wusste bis dahin nicht, was ich bei Andrea sollte, ich dachte, ich bekomme wieder etwas Schönes, ein Geschenk, ich bekam oft von der geistigen Welt Geschenke und freute mich sehr darüber. Ich holte den Spaten und eine Schaufel aus der Garage, dann schrieb ich meine Schülerin an und fragte sie, wo ich denn buddeln sollte? „Geh in dich“, sagte sie, „fühle hin.“ Ich versuchte es bestimmt eine halbe Stunde durch den ganzen Garten, und der Garten war nicht gerade klein. „Ich fühle einfach nichts“, sagte ich zu ihr.

„Mann, streng dich an“, sagte sie. Ich versuchte es wieder und es passierte nichts. „Ich sah den blauen Punkt wieder“, sagte meine Andrea.

„Wo?“, fragte ich?

„Habt ihr eine Hecke?“, fragte Andrea.

„Ja“, sagte ich, „neben dem Pool.“

„Da ist eine Hecke, die anders aussieht wie die anderen“, sagte sie.

„Woher weißt du das?", fragte ich.

„Kommt in meinem Kopf“, sagte sie.

„Ja“, sagte ich, „da ist einer anders.“
„Dann buddel da“, sagte sie.
„Wo denn“, sagte ich, „von welcher Seite?“ Der Busch ist sehr groß in der Hecke.
„Wenn du vor dem Haus stehst, dann links, so kommt es in meinen Kopf.“
„Hmm, o. k., dann fange ich jetzt an.“
Ich buddelte den halben Vormittag, der Boden war sehr hart und lehmig. Ich sagte zu Andrea: „Wie tief muss ich denn graben?“ Dann sagte Michael, einen Meter. Oh Mann, dachte ich, habe erst fünfzig Zentimeter, und ein Meter breit. „Das schaffe ich nicht".
„Es ist schon fast 12 Uhr, die Kinder kommen gleich von der Schule.“
„Dann mach hin und beeile dich“, sagte Andrea. Ich sagte: „Ich schwitze wie verrückt, ich kann nicht mehr, wir haben 28 Grad Wärme hier.“
„Stell dich nicht so an, mach weiter, wenn einer kommt, sag einfach du pflanzt was um.“
„Mann, hier ist nichts“, sagte ich schon energisch, aber ich wollte Gott nicht enttäuschen, ich wollte es finden, damit er stolz auf mich ist. Es wurde dann auch schon fast 16 Uhr. „Ich gebe auf“, sagte ich, „ich mache morgen weiter.“
„O. k., sagte Michael, „es reicht für heute, mache Schluss und mache morgen weiter.“
„Na toll“, sagte ich, was soll ich bitte meiner Ex-Freundin erzählen, wenn sie das hier sieht? Da ist mittlerweile ein riesiger Sandhaufen entstanden und ein Loch von einem Meter tief und zwei Meter breit. Michael machte Scherze: „Sag einfach, du suchst nach Ostereiern.“ Ich scherzte die ganze Zeit mit, wir machten einen Spaß daraus. „Sag, Schatz, ich habe hier zwei Eier gefunden, zwei bunte Ostereier“. Wir lachten ununterbrochen, es war herrlich. Bloß so langsam wurde mir nicht mehr

zum Lachen, meine Ex-Freundin kam. Ich ging ihr sofort entgegen, um ihr vorweg schon davon zu erzählen, ich log sie an und sagte: „Ich muss da buddeln, weil die Wurzeln zum Pool wachsen und den Pool beschädigen. Ich kappe die Wurzeln ganz unten, dann passiert nichts mehr.“ Ich fühlte mich nicht gut, ich hatte sie angelogen, aber ich sollte niemandem etwas sagen. Aber meine Freundin gab sich damit zufrieden. Sie wollte diesen Pool unbedingt wieder nutzen und er war vollkommen kaputt. Über 10.000 Euro steckte sie später da rein. Daher ließ sie mich machen, was ich für richtig hielt. Der Abend ging auch zu Ende und wir gingen zu Bett.

Am nächsten Tag ging es dann weiter, ich buddelte wie verrückt, den halben Busch hatte ich schon untergraben. „Ich hör auf“, sagte ich, „dann habe ich eben Gott enttäuscht.“ Ich war schon langsam sauer. Michael sagte: „Mein Freund, wir rufen die ganze Zeit schon zu dir, aber du hörst uns nicht. Weil du so vertieft bist beim Buddeln.“ Es ist die andere Seite vom Busch. Na toll, dachte ich, ich machte alles wieder zu und fing drüben an. Mittlerweile war ich genauso tief wie auf der anderen Seite. Ich sagte zu meiner Schülerin: „Hier ist nichts. Sie veräppeln uns nur.“
„Nein, buddel weiter links“, sagte Michael, „dann weiter rechts. Gib nicht auf“, sagte Michael, „du hast es gleich“. Das sagte er in regelmäßigen Abständen. Irgendwann war es wieder 16.00 Uhr. Meine Freundin kam und fragte mich: „Was machst denn da?“
„Da ist ein Kabel vom Pool“, sagte ich.
„So tief?“, fragte sie.
„Ähm, ja“, sagte ich. Der ist kaputt und guckte ein Stück raus, da dachte ich, ich hole alles an Kabeln raus und repariere es. Es ist zu gefährlich, wenn so ein kaputtes Kabel so dicht am Pool liegt. Ich hörte auf und machte am nächsten Tag weiter, der Tag

verging und wir gingen wieder zu Bett. Am nächsten Morgen kam ich von der Arbeit und freute mich. „Denn das Ziel ist greifbar nahe“, sagte Michael. Oh wie oft habe ich diesen Satz schon gehört. Ich fing auch sofort an, es war jetzt schon heiß und es war gerade mal halb zehn in der Früh. Die Nachrichten hatten für den heutigen Tag 35° C angesagt. Irgendwann sagte ich zu meiner Schülerin: “Ich gebe auf, Andrea, ich verzichte auf den Schatz, ist mir egal, die veräppeln uns nur.“
„Nein“, sagte Michael, „du bist schon so nah dran, mach weiter, es ist gleich geschafft.“ O. k., dachte ich, wenn sie es sagen, dann ist es auch so, sie wollen mir ja nur helfen. Es vergingen wieder Stunden, ich war so sauer wie schon lange nicht mehr. „Jetzt reicht es aber“, sagte ich. Meine Schülerin war auch sauer, ich hörte nichts mehr von ihr, bestimmt 20 Minuten lang. Dann kam sie wieder und meldete sich. „Ich war oben bei Gott, ich habe mich beschwert. Es war ganz still da oben“, sagte meine Schülerin. Meine Schülerin sagte oben: „Wenn sie uns verarschen wollen, dann sollen sie es sagen. Mathias glaubt euch jetzt nichts mehr, habt selber Schuld.“ Drei Tage ging ich in mich und meldete mich bei niemandem mehr. Ich verstand die Welt nicht mehr oder den Himmel. Michael meldete sich. „Mann, ich sage dir, deine Schülerin hat aber eine Laune gehabt, selbst Gott war sprachlos.“ Ich fühlte mich so schrecklich, ich war so sehr enttäuscht von oben. Ich wollte nichts mehr mit ihnen zu tun haben und so zog ich mich sehr lange von allen zurück. Ich war sehr traurig über das alles und fragte mich, warum sie es gemacht haben? Warum sollte ich etwas suchen, was es gar nicht gibt?
Ich denke, sie sind liebe Engel, warum machen sie dann so etwas? Ich meldete mich auch bei meiner Schülerin nicht mehr. Sie konnte nichts dafür, sie war nur die Vermittlerin, sie schreiben ja durch sie, was mich auch immer aufregte. Mal reden sie mit mir, und dann wieder durch sie zu mir. Aber wenn ich mit

meiner Schülerin schreibe, dann melden sie sich auch und das wollte ich nicht. Ich wollte meine Ruhe haben, zumindest für eine Zeit lang. Einen Tag später bekam ich von meiner Schülerin eine Mail, da standen als Überschrift und voller Zorn einige Fragen an die geistige Welt meiner Schülerin. Die Fragen beantwortete Gott persönlich und es gab auch eine Antwort von Michael. Gott entschuldigte sich bei mir. Er sagte, es war eine Prüfung, die ich auch bestanden hätte. Kein anderer hätte so etwas auf sich genommen und er sei sehr stolz auf mich. Er sagte, er wollte sehen, wie weit ich gehe, wie weit meine Schmerzgrenze liegt, ich habe alle Prüfungen bestanden. Es musste sein, es liegt viel an meiner Zukunft. Michael schrieb auch einen Text hinterher: „Mein Freund, es tut mir sehr leid, dass ich es machen musste, aber ich bin Gott unterlegen und musste es machen. Ich hoffe, du bist mir nicht allzu böse und verzeihst mir. Wir lieben dich sehr, bitte verzeih uns. Wenn du nicht willst, dass ich dich meinen besten Freund nenne, dann verstehe ich es sehr gut."
Ich war beeindruckt, ich war gerührt von den Aussagen der geistigen Welt. O. k., ich nahm die Entschuldigung an, es sollte einen Grund haben, warum ich es machen musste. Wir schrieben weiter und redeten weiter wie bisher.

Ich fing zu zweifeln an

Eines Morgens, als ich von der Arbeit kam, legte ich mich etwas hin. Ich war an diesem Morgen sehr müde und wollte mich etwas ausruhen, bevor ich wieder am Haus arbeitete. Als ich lag, dachte ich an die Engel, es geschah dann auch ganz schnell, ich sah mich wieder aufsteigen, ich war oben. Ich sage immer oben, weil Gott es das Himmelsreich nennt. Es ist eigentlich um uns herum, nebenan sozusagen. Immer wenn ich lag, dann wollte ich zu Andrea, ich wollte ihr im Geiste Energie und Liebe geben. Ich kam immer kurz vorher bei ihr an, dann aber zog mich immer eine viel stärkere Energie zu Gott. Ich sagte, ich wollte eigentlich gerade Andrea besuchen. Gott sagte: „Das kannst du auch später machen, bleib hier, ich will dir etwas zeigen." So wie Gott oder überhaupt alle aus der geistigen Welt reden, so reden sie, wie du selbst denkst. Ich rede z. B. oder denke schnell. Ich dachte immer, sie reden so blöd. Dabei reden sie mit unseren Gedanken. So begann ich, an mir zu arbeiten und achtete ständig auf meine Gedanken. Ich fing an, mehr Liebe in die Wörter zu packen. Ich mache dieses jetzt schon mehr als zwei Jahre, ihr seht, mir wird nichts geschenkt. Denken und sprechen ist eine Energie. Schreiben ist sogar noch stärker. Das, was du denkst und schreibst, manifestiert sich. Es wurde mehr und mehr besser bei mir, immer mehr Positives kam in mein Leben. Also ging ich ungewollt zu Gott, ich sah es wie beim ersten Mal. Dieses Mal wollte ich aber mehr sehen. Ich dachte, wenn ich schon hier bin, dann will ich die geistige Welt auch richtig sehen. Ich sehe immer alles in Weiß und nicht klar. Ich schaute mich erst mal um, es waren wieder Tausende Engel und Seelen da. Die standen wie beim ersten Mal unten am Laufsteg oder wie auch immer man es nennen darf. Ich schaute rechts und links von mir alles an. Ich ging ganz langsam auf Gott zu, er war ca. 20 Meter von mir entfernt.

Diese Zeit wollte ich nutzen, um mehr zu sehen. Ich kam näher an den Thron heran. Dieses Mal waren mehr Erzengel da, sie standen wieder links und rechts und in der Mitte saß Gott auf seinem Thron. Einige Engel kannte ich nicht, ich begrüßte sie so, wie ich auf Erden die Menschen begrüßte. Ich gab jedem Einzelnen die Hand und sagte Hallo. Nun stand ich wieder vor Gott, er stand auf und kam einige Schritte auf mich zu, ich war aufgeregt und zugleich ruhig. Es war anders dieses Mal, ich war viel ruhiger und vertrauter als beim ersten Mal. Ich spürte die Liebe, Gott umarmte mich und sagte: „Hallo Mathias."

Ich sagte: „Hallo lieber Gott. Ich freue mich, hier sein zu dürfen, ich fühle mich hier sehr wohl bei euch, am liebsten möchte ich hierbleiben."

„Du kannst kommen, wann immer du möchtest", sagte Gott zu mir.

„Ja", sagte ich erstaunt? „Darf ich das denn?"

„Ja, du kannst kommen, wann immer du willst." Ich freute mich sehr darüber. Dann gab mir Gott ein Geschenk, ich darf euch das nicht sagen, was es war, ich freute mich total darüber und sagte: „Danke, lieber Gott."

„Nimm es, du hast es dir verdient", sagte Gott. Ich verabschiedete mich und verbeugte mich. Und schon war ich wieder zu Hause. Ich schlief noch eine Weile ein, dann wachte ich auf und überlegte, ob das eben ein Traum war? Ich spinne langsam, was, wenn die sehen, was ich träume? Es ist mir peinlich. Ich fantasiere mir etwas zusammen. Ich rief meine Schülerin an und wollte ihr das erzählen. „Du, Andrea", sagte ich, „weißt du, was ich gerade geträumt habe oder als Fantasie hatte?", sagte ich zu ihr. Ich erzählte ihr alles haargenau. Michael meldete sich auch gleich darauf, er hörte uns immer zu, wenn wir telefonierten. „Na, mein Freund, ist es wahr oder ist es nicht wahr", fragte er.

„Ich weiß es nicht", erwiderte ich. Ich fing an zu zweifeln.

Das ging eine ganze Weile so mit Michael, bis ich total verunsichert war. Nun glaubte ich, ich hätte mir alles nur eingebildet. Meine Schülerin sagte dann: „Du, Mathias, ich hatte heute genau das Gleiche erlebt“, sagte sie. Ich stand da mit großen Augen und staunte nicht schlecht. „Ja?“, sagte ich erstaunt, ich wollte, dass sie es mir erzählte, damit ich vielleicht doch glauben kann. Sie erzählte es mir fast genauso, nur dass bei ihr die Engel wieder sangen. Ich freute mich sehr. Jetzt fing ich an, es zu glauben.

Als ich aufgeben wollte

Meine Zweifel an dem, all das war eines Tages so groß, dass ich es einfach nicht mehr aushielt und aufgeben wollte. Ich kam einfach damit nicht zurecht, dass sie über Andrea schrieben. Mal hörte ich sie und mal nicht. Ich wollte entweder alles oder gar nichts. Michael sagte mal, es hat seinen Sinn, Mathias, habe Geduld. Ich wusste in dieser Zeit ja noch nicht, dass ich daraus lernen sollte. Sie lehrten mir dadurch Vertrauen und Glauben. Aber das sagten sie ja erst Monate später. Sie wollten sehen, wie weit ich bin und wie ich darauf reagiere. Ich war ja immer gleich sauer und genau das wollten sie mir beibringen, nicht so zu sein. Und was sie immer sagten, Geduld solle ich lernen. Während ich dieses Buch hier schreibe, ist es schon so weit, ich habe alles gelernt. Bis auf eines nicht, mir selbst zu glauben. Nun ja, ich wollte also aufgeben und mit den Engeln nichts mehr zu tun haben. Das sagte ich dann auch meiner Schülerin, die natürlich um mich kämpfte wie eine Löwin. Ich ging mit meinem Hund raus, da kam meine verstorbene Nichte und ging eine Weile neben mir. Sie sagte: „Mathias, du darfst jetzt nicht aufgeben. Bitte, bitte, gebe nicht auf, es ist so wichtig, dass du weitermachst, du bist der, der allen das Licht gibt." O. k., dachte ich, sie gab mir wieder Mut. Anschließend ging ich wieder nach Hause und berichtete meiner Schülerin, dass ich weitermachen werde. Heute weiß ich, was ich lernen musste, ich hätte nie gedacht, dass es so viele Dinge sind, die ich noch lernen musste. Ich schreibe es euch auf, dann wisst ihr, dass es bei euch auch so ist. Es ist nämlich bei fast jedem so. Vertrauen zu sich selbst, Glauben an sich selbst, Geduld, Liebe allen gegenüber. Verzeihen und vergeben. Loslassen. Erkennen, positiv denken und handeln.

Am Abend ging ich in den Keller, um zu duschen. Wir hatten drei Duschen, aber ich duschte lieber im Keller.

Als ich fertig war, ging ich die Treppe rauf. Ich hatte nichts an, da pfiffen die Engel mir hinterher. Ich musste lachen. Meine ehemalige Freundin sah es und fragte, warum ich denn lache. Ich sagte: „Die Engel pfeifen mir hinterher.“ Na ja, der Blick von meiner ehemaligen Freundin sagte alles, sie glaubte mir nicht, wie immer. An diesem Abend war es relativ ruhig, nur Michael meldete sich kurz noch mal.

Der Tag der Seelen

Am Abend, als ich zu Bett ging, da sagte Michael: „Mein Freund, wir sehen uns morgen früh." Ups, dachte ich, was kommt nun wieder auf mich zu? Am Morgen, als ich aufstand, wartete ich gespannt auf das, was mich erwartete, aber nichts passierte. Hmm, dachte ich, vielleicht wieder auf dem Bus. Dann fuhr ich los zur Arbeit. Kurz, bevor ich bei der Arbeitsstelle ankam, so ca. drei Minuten davor, passierte etwas, es kamen wieder Seelen. Nein, dachte ich, nicht jetzt, ich bin doch gleich bei der Arbeit und darf nicht zu spät kommen, denn ich war schon sehr spät dran. O. k., dachte ich, dann mach ich das ganz schnell, ich machte es wie beim ersten Mal, nur ich war dabei entspannt. Das wunderte mich unter diesem Zeitdruck, den ich hatte. Ich sah mich wieder dort stehen, eine Treppe nach oben und das Himmelstor. Ich sagte: „Geht alle da hinauf, die Engel öffnen euch das Himmelstor. Gott wartet auf euch und liebt euch sehr, geht ihr Lieben, geht hinauf." Es gingen alle hinauf, auch Kinderseelen waren dabei. Ich stellte mich hinter sie und sah mich wieder so wie beim ersten Mal. Ich öffnete meine Arme weit, so ging ich ein Stück mit hinauf und begleitete sie alle. Das Tor ging zu und ich war trotz allem pünktlich auf der Arbeit. Nach Feierabend fuhr ich auf dem direkten Wege nach Hause.

Als ich ankam, war meine ehemalige Freundin zu Hause. Sie hatte an diesem Tag frei. Ihre Eltern waren vor einigen Jahren verstorben und meldeten sich bei mir. Sie sagten: „Hallo Mathias, danke, dass du dich um unsere Tochter gekümmert hast und sie liebevoll begleitet hast. Wir sind sehr stolz auf dich, alle sind wir hier sehr stolz auf dich." Ich wusste immer noch nicht, warum sie es waren, sie sagten es mir ja nie. Sie sagten, sie möchten mit mir zusammen ein Gespräch im Beisein meiner ehemaligen Freundin führen.

Ich sagte: „O. k., ich werde sie fragen, ob sie es möchte.“
Ich fragte meine Ex-Freundin und sie weinte und sagte: „Ja, sehr gerne.“ Wir machten eine Zeit aus und setzten uns dann auch hin. Ich bat meine Ex-Freundin, eine Kerze anzuzünden. „Das bringt Licht und sie fühlen sich etwas wohler hier.“ Meine Ex-Freundin sagte: „Wo sind meine Eltern?“ Ich sagte: „Sie stehen hier, komm setz dich.“.
Wir setzten uns auf das Sofa, links neben uns setzten sich ihre Eltern hin. Der Vater sagte dann: “Sag ihr, ich liebe sie und bin ab heute jeden Tag an ihrer Seite, sie soll es fühlen, sie wird es spüren, dass ich da bin, ich halte ihre Hand.“ Ich sagte es ihr und sie spürte es, sagte sie. „Du sollst nicht so viel an sie denken“, sagte ich, „sie sind dann traurig, wenn du so oft traurig bist. Ihnen geht es sehr gut da oben.“
„Du hast einen harten Weg vor dir und ich bleibe solange bei dir, bist du ihn gegangen bist“, sagten die Seelen. „Es war Mathias’ Wunsch, dass es dir gut geht“. So sagte ich es meiner Ex-Freundin. „Was sagt meine Mutter“, fragte meine Ex-Freundin? Ich sagte: „Sie sagt komischerweise gar nichts, sie sitzt da und schaut nur.“
„Ja“, sagte meine Ex-Freundin, „so ist sie. Mein Vater war immer für mich da und meine Mutter sagte nicht viel.“ Sie verabschiedeten sich und wollten gehen, ich sagte es meiner Ex-Freundin. Ich sagte: „Du kannst mit ihnen reden, sie hören deine Gedanken.“ Dann fragte ich den Vater, ob ich ein Foto machen dürfe und ob er sich da sichtbar machen kann. Er bejahte. Ich machte ein Foto, das Bild kam aber erst einen Tag später zur Geltung. Meine Ex-Freundin sagte dann, sie sehe nichts. Bis zur Trennung von uns sagte sie, sie sehe nichts auf dem Bild. Ich habe es immer noch, ganz klar und deutlich. Ich habe dieses Bild aufbewahrt, um es einigen meiner Schüler zu zeigen. Auf diesem Bild zeigte er sich mit einem Anzug.

Meine Ex-Freundin sagtc: „Ja, er hatte immer sehr gerne Anzüge getragen.“ Na ja, entweder sie will es nicht sehen oder sie glaubt es nicht, was sie eh nie gemacht hatte.

Der Tag, als ich zu meiner Schülerin musste

Meine Schülerin sagte zu mir, wir müssen uns noch mal treffen. Ich sagte: „Ich war doch schon mal bei dir. „Aber es ist wichtig“, sagte sie, „die Engel sagen, wir müssen uns noch mal treffen.“ Ich sagte ohne Widerworte: „Ja, o. k., aber ich muss erst mal sehen, wie ich das hinbekomme, ich habe kein Geld für die Fahrt.“ Meine Schülerin sagte: „Das bekommst du von mir. „Auf keinen Fall“, sagte ich, „ich frage meine Ex Freundin, sie wird es mir bestimmt geben.“ Ich besprach es mit meiner Freundin und sagte: „Es ist sehr wichtig Schatz, es geht um mein Buch und es ist sehr wichtig, ich kann das nicht über das Telefon mit meiner Schülerin besprechen. Bitte gib mir das Geld für die Fahrt.“ Sie gab es mir, aber wenn ich ohne Ergebnisse zurückkommen würde, dann glaube sie mir überhaupt nichts mehr. „O. k.“, sagte ich, „du wirst sehen, dass ich ein ganz anderer Mensch bin, wenn ich zurück bin.“

Dann kam der Tag, an dem ich losfuhr, meine Schülerin wohnt über 500 km von mir weg und ich arbeite ja nur Teilzeit. Meine Ex-Freundin sagte immer: „Du musst mehr arbeiten, so mache ich das nicht länger mit.“

„Das geht aber nicht, Schatz“, sagte ich. „Du weißt doch ganz genau, dass ich es nicht kann.“ Ich sagte zu ihr: „Schatz, du weißt, dass ich nichts mehr habe, ich habe drei Kinder, bin geschieden und habe kein Geld. Ich werde nicht mehr voll arbeiten gehen können.“

„Ja, das weiß ich“, sagte sie. Ich meinte zu ihr, wir schaffen das auch so und außerdem liebe ich sie so sehr. Aber dann nach Jahren sagte sie es immer und immer wieder, dass ich mehr arbeiten solle. Es ging mir dadurch schlecht, ich war innerlich traurig, weil ich mich immer mehr als Nichts fühlte. Ich arbeitete so viel, wie ich nur konnte am ersten Haus meiner Ex-Freundin, damit ich innerlich einen Ausgleich schaffte.

Aber sie sah es als ganz normal an. „Es ist normal, wenn du hier wohnst“, kam dann immer. Das Gleiche machte ich am zweiten Haus, ich schuftete bis zum Umfallen, war immer so müde und fertig, aber ich wollte auch damit etwas ausgleichen. Ich merkte immer mehr, dass meine Ex-Freundin ans Geld dachte. Ich bemerkte auch immer mehr, dass die Liebe zu ihr immer weniger wurde, aber ich wollte durchhalten und nahm alles auf mich. Na ja, es ging dann einige Zeit mal gut und mal weniger gut, ich spürte es so deutlich, sie wollte mich loswerden.

Aber jetzt kam der Tag, an dem ich zu meiner Schülerin reiste. Ich blieb eine Woche dort, wurde mit sehr leckerem Essen versorgt und fühlte mich zum ersten Mal so richtig frei. Der erste Tag bei meiner Schülerin verlief ruhig. Die Engel sagten: „Morgen geht es los.“ Ich sollte bei meiner Schülerin eine Heilsitzung machen, weil sie einiges aus der Kindheit noch nicht verarbeitet hatte. Ich freute mich auf die Sitzung. Ich wusste, das kann ich gut. Am Morgen stand ich auf, machte mich fertig und ging zum Frühstück zu meiner Schülerin. Wir aßen und plauderten über die geistige Welt und machten eine Zeit aus, wann wir die Sitzung machen wollen. Dann war es soweit, ich machte die Sitzung und alles verlief wunderbar. An dieser Stelle schreibe ich auch nicht mehr über diese Sitzung, weil alles im oberen Kapitel steht. Es ging um Auflösung und Verzeihen aus der Kindheit und Karma. Ich möchte nicht alles doppelt schreiben, um euch nicht zu langweilen. Als der Tag dann auch vorbeiging, ging ich auch zu Bett, es war schon sehr spät geworden. Am Morgen, als ich aufwachte, war irgendetwas anders, es war so eine Stille überall. Ich lag da noch im Bett und dachte über mich nach, was ich wohl bin und was die geistige Welt so in letzter Zeit mit mir machte. Es war ja schon einiges passiert und ich wusste immer noch nichts.

Auf einmal wurde ich immer trauriger, ich setzte mich auf die

Bettkante und dachte, Mann, fühle ich mich einsam. Es wurde immer stärker, ich fühlte mich so sehr alleine und einsam. Ich fing zu weinen an, immer stärker weinte ich vor mich hin. Ich war dabei sehr leise, damit mich niemand hört im Haus. Meine Schülerin hatte ja noch eine Tochter von 5 Jahren und sie rief mich schon zum Frühstück. Meine Schülerin schrieb auf dem Handy: "Komm zum Essen, meine Tochter wartet schon auf dich." Ich antwortete nicht, ich zog meinen Jogginganzug an und ging ohne Worte in die Küche und holte mir einen Kaffee, dann ging ich nach draußen auf die Terrasse und setzte mich. Schon wieder fing ich an zu weinen und bekam richtig Heulkrämpfe. Es wurde so stark diese Einsamkeit, dass ich sagte: „Ich schmeiße die Arbeit mit den Engeln hin." Da kam meine verstorbene Nichte wieder, sie sagte: „Bitte, Mathias, nicht aufgeben, bitte, bitte", sagte sie, „bitte mache weiter." Ich sagte: „Nein, haben die dich geschickt oder was?" Meine Schülerin kam zu mir, sie fragte, was los sei. Ich sagte es ihr, was ich gerade fühlte. „Ich gebe auf und schmeiße hin, ich will das alles nicht mehr."
„Dann schmeiße ich auch hin", sagte sie. Nach einer Weile ging es mir etwas besser, ich ging in das Gästezimmer, wo ich auch schlief, meine Schülerin kam hinterher und gab mir eine Botschaft von Gott, die sie für mich bekommen hatte. „Mein Sohn, hier spricht Gott, dein Vater, bitte gebe nicht auf, wir wollten sehen, wie du damit umgehst, aber wir hatten nicht damit gerechnet, dass ihr beide gleich hinschmeißt. Bitte mache weiter und vertraue uns, wir lieben euch sehr." Ich machte weiter, sie erklärten, es war auch eine Prüfung. Diese Gefühle waren schon mal in meinem Leben, ich fühlte mich einsam, als ich nach meiner Scheidung fünf Jahre alleine lebte. Jetzt weiß ich, warum sie es noch mal sehen wollten, jetzt bin ich ja wieder alleine und machte das alles durch. Sie wussten ja, dass ich alleine leben werde und testeten mich, wie das in etwa ausse-

hen würde. Aber dazu komme ich noch in den nächsten Kapiteln.
Am vierten Tag sagte meine Schülerin: „Die Engel sagen, du sollst dich jetzt hinlegen."
„O. k.", sagte ich, „sehr gerne." Ich legte mich hin.
„Nein, sagte meine Schülerin, die Engel sagen, du sollst dich ausziehen."
„Was?", sagte ich, „nein, das mache ich nicht."
„Doch sagte sie, es hat einen Sinn. „Aber nicht alles", sagte ich. „Doch", sagte meine Schülerin. Ich machte es aber nicht, meine Unterhose ließ ich an. Dann fing sie an mit der Sitzung, ich spürte die Engel überall am ganzen Körper, es war ein sehr schönes Gefühl. Dann fing meine Schülerin an, mich nach und nach zu massieren, so wie ich es mal bei ihr gemacht hatte. Es ging viel Energie in allen Chakren. Am Ende, als sie fertig war, blieb ich etwas liegen, in dieser Zeit schrieb meine Schülerin eine Botschaft für mich. Ich zog mich wieder an und setzte mich an den Schreibtisch zu meiner Schülerin. Ich war sehr gespannt auf diese Botschaft und was die Engel an mir gemacht haben.
Dann las meine Schülerin es mir vor: „Lieber Mathias, nun bist du heil, du bist frei und kannst machen und lieben, wen du willst." Ich freute mich und fühlte mich sehr befreit. Aber was das Lieben mit jedem angeht, na ja, so einer war ich nicht. Jeder Mensch will doch das einzig Wahre in seinem Leben haben. Aber was Gott sagte, dass ich nicht an meinen Wünschen festhalten sollte, denn dann kann er nicht das bringen, was man sich erwünscht. Die Engel sagten ja, ich werde mit oder ohne Frau glücklich. Und ich hatte ja noch Hautprobleme, hatte immer sehr trockene Haut. Und ein Problem mit Frauen. Es war schon seit einer sehr langen Ewigkeit eine sehr große Angst in mir, was Frauen angeht. Ich hatte kein Vertrauen mehr zu ihnen.

Ich liebe Frauen, nur die Richtige finden, die mich behutsam so nimmt und Verständnis hat, da waren meine Zweifel, ob es so etwas überhaupt gibt. Meine Ex-Freundin hatte dieses Verständnis gehabt, deswegen liebte ich sie auch sehr dafür. Ich machte mir diesbezüglich aber nicht mehr so große Sorgen, die Liebe zu ihr ging ja immer mehr weg. So, nun aber zu meiner Schülerin, sie hatte ja noch Botschaften für mich, die sie schon vor Wochen von den Engeln bekommen hatte. Ich sollte sie jetzt bekommen. Das war auch der Grund, warum ich eigentlich zu ihr kommen sollte. Wir gingen ins Kinderzimmer und setzten uns, meine Schülerin war total aufgeregt und hatte Angst, dass ich es nicht verstehe. Ich verstand zwar nicht, warum sie aufgeregt war, aber ich war auf alles gefasst. Sie übergab mir einige Zettel, ich war so neugierig, denn da stand, wer ich bin und was Gott und die gesamte geistige Welt mit mir über die Monate machten. Aber bevor ich das jetzt schreibe, schreibe ich, was davor passierte. Tage zuvor, ich saß um 20.00 Uhr vor dem Fernseher bei mir zu Haus, schrieb mir meine Schülerin: „Mathias?“

„Ja?“, schrieb ich zurück.

„Du sollst dich jetzt hinlegen.“

„Nein“, sagte ich, „das geht jetzt nicht, meine Ex Freundin sitzt neben mir. Wenn ich jetzt wieder in den Keller gehe, dann wird sie sauer, sie ist eh schon sauer, weil ich immer mit dir schreibe und ständig weggehe.“

„Du musst gehen, es ist wichtig, Gott wartet.“

„Oh Mann“, sagte ich, „ja warte, wie lange dauert es denn?“, fragte ich.

„Eine Stunde“, sagte meine Schülerin. „So lange“, sagte ich, „warum?“ Das weiß ich auch nicht, die Engel sagten nur, du sollst jetzt kommen und ich soll eine Sitzung bei dir machen. Ich sagte zu meiner Ex-Freundin, ich müsse in den Keller, die Engel wollten eine Sitzung machen und das dauert eine Stunde.

Ich wusste, sie war sauer, zeigte es aber nicht. Ich ging in den Keller, wo meine Massageliege steht und legte mich darauf. Sogleich schrieb ich meine Schülerin an, dass ich fertig und bereit sei. „O. k.“, sagte sie, „es geht in zwei Minuten los.“ Ich machte mein Handy aus und noch schnell eine Kerze an. Es ging los, ich spürte so eine mächtige Energie in mir, wie ich es noch nie erlebt hatte. In meinem Brustraum fühlte ich so einen wahnsinnigen Druck, mein Kopf fühlte sich an, als wenn sich mein Gehirn umdrehte. Ich atmete so heftig, dass ich dachte, oh mein Gott, was machen sie mit mir? Ich bekam große Angst, doch ich hielt durch. Ich fühlte meine Seele, ich fühlte, wie sie rausging und doch lag ich da mit vollem Bewusstsein. Ich konnte klar denken und fühlte auch normal. Und doch war meine Seele nicht da. Fünf Minuten bevor ich fertig war, bekam ich ein Zeichen, dass ich aufstehen solle. Ich machte mein Handy an und wollte gerade meiner Schülerin schreiben und berichten, was ich erlebte. Doch da kam auch schon eine Botschaft von Gott. „Du hast es geschafft, mein Sohn! Hier ist Gott Vater und Mutter Erde. Du bist heil, alle jubeln und freuen sich. Hör hin, sieh hin, alles ist gut. Alles, was Rang und Namen hat, ist bei dir. Danke an deine Schülerin, sie hat durchgehalten, alle Prüfungen bestanden, so konntest du heil werden.“
Wir, die Engel gratulieren dir von Herzen, alle waren anwesend. Jesus, Maria, alle Engel, einfach alle. Ich begriff nichts, keiner sagte, was los ist, ich bedankte mich sehr und freute mich wie verrückt, dass Gott auch da war.
Meine Schülerin machte aber die ganze Sitzung, sie musste alles aufschreiben und es mir überreichen, wenn ich zu ihr fahre. Ich ging zu meiner Ex-Freundin, es war mittlerweile schon sehr spät geworden. Sie lag schon im Bett, ich ging zu ihr und legte mich dazu. Ich überlegte fast die halbe Nacht, was sie wohl gemacht haben. Gott sagte: „Mein Sohn, wenn du zu deiner Schülerin fährst und mit ihr gesprochen hast, dann wirst du

verstehen. Danach wird sich dein Leben gravierend ändern! Du wirst alles anders sehen."

Am Morgen danach ging es mir nicht so gut, ich spürte Engel an meiner Seite, wie schon lange nicht mehr, sie passten auf mich auf. Die ersten drei Wochen war mir ständig schwindelig, alles drehte sich um mich herum. An einem Mittag ging ich dann zum Einkaufszentrum um die Ecke und wollte mir eine Pizza kaufen. Meine Ex-Freundin war im Vorgarten und sah mich. Sie fragte, was los sei. Ich sagte, ich wisse es nicht, mir sei schon seit Tagen so schwindelig. „Ich denke, ich bin übermüdet", sagte ich. Natürlich konnte ich ihr nicht sagen, dass es von der Sitzung kam, sie hätte wieder dagegen angeredet. Dann stand ich an der Kasse, drei Menschen vor mir, ich sah die Kassiererin an, während ich wartete, da hörte ich, was sie dachte, sie meckerte im Gedanken, wollte Feierabend haben und immer mehr stellten sich hier an. Dann machte ich mich wieder auf den Heimweg, da sah ich Vögel, ich liebte Vögel sehr und beobachtete sie und sagte in Gedanken: Kommt her ihr Lieben, habt keine Angst vor mir.

Dann kam im Kopf: Nein, das machen wir nicht, wir wollen dich nicht schmutzig machen.

Jetzt dachte ich echt, ich spinne. Ich fragte Michael, ob ich es gerade gehört habe mit dem Vögeln. Er meinte, dass er dazu nichts sagen würde. Ich zweifelte immer noch und überlegte, ob ich alles hören kann. Das wollte die geistige Welt nicht mehr von mir hören. Ich solle endlich vertrauen. Später schrieb ich meiner Schülerin. Ich erzählte ihr immer alles, ich hatte großes Vertrauen zu ihr. Dann sagte ich ihr auch, dass ich mich seit der Behandlung schlecht fühle. Sie sagte, die Engel sagen, es müsse erst einmal alles heilen und sich setzen, das dauere drei bis vier Wochen. Solange höre ich jetzt auch nichts mehr, sollte sie mir sagen. Zurück zu meiner Schülerin: Sie übergab mir dann die Zettel, da stand alles drauf, was ich wissen sollte

und was bei der Sitzung passierte. Meine Schülerin hatte schon seit Tagen nicht richtig geschlafen, so viel Angst hatte sie. Sie hatte Angst, dass ich es nicht verstehe, was auf den Zetteln stand. Die Engel beruhigten sie aber jedes Mal und sagten zu ihr: „Mathias wird es verstehen, wir wissen, dass er es verstehen wird.“
Dann bekam ich endlich die Zettel, las mir alles ganz in Ruhe durch und machte es dadurch noch spannender für meine Schülerin. Ich wollte die Engel damit nervös machen. Aber sie wussten schon, was ich vorhatte, sagten sie zu meiner Schülerin. Ich versuchte, meine Gedanken still zu halten, aber es gelang mir nicht und somit konnten sie ja immer wissen, was ich vorhatte. Als ich fertig war mit dem Lesen, staunte ich nicht schlecht, dass sie meine Seele aus meinem Körper holten, das stimmte, das fühlte ich ja an diesem Abend. Aber was sie damit machten, das war der Hammer. Aber das darf ich nicht schreiben. Die Engel sagen, dass wissen nur einige auf der Welt oder besser ganz wenige. Meine Schülerin sagte darauf: „Mathias, ich hätte es niemals geglaubt, wenn ich es selbst nicht gesehen hätte.“ Ich machte die Sitzung bei dir und sah alles ganz genau, was da passierte. Gott sagte: „Ihr werdet eure Aufgabe gut meistern. Wir, die geistige Welt, feiern euch, wir lieben euch sehr und danken euch sehr dafür. Du, Mathias, wirst ein guter Heiler und noch viel mehr, du liebe Andrea wirst auch eine gute Heilerin.
In Liebe zu euch, wir alle aus der geistigen Welt
Gott Vater und Mutter Erde“

O. k., dachte ich, ich freute mich natürlich. Jetzt verstehe ich nach und nach, warum ich aus der Vergangenheit alles so erlebte. Es kommt jetzt nach und nach das fehlende Puzzleteil. Alles war erfahren, die negativen und positiven Erlebnisse, die ich hatte.

Ich lernte schon einiges, was in Zukunft auf mich zukommt, ich werde nach und nach darauf vorbereitet. Ich reiste nun wieder zurück nach Hause und erzählte nichts von dem, was ich erlebte. Meine Ex-Freundin dachte, ich wäre wegen dem Buch da und dass ich geheilt werde, um das Rauchen aufzugeben. Ich rauchte aber noch und sie war sehr enttäuscht und glaubte seit dem Tage nicht mehr an mich und schon gar nicht an die Engel. Das blieb auch so bis zu meinem Auszug aus dem Haus. Mehr dazu aber im nächsten Kapitel.

Die Trennung von meiner Partnerin

Ich war also wieder zu Haus, die Stimmung war angeschlagen, ich ging wie immer morgens zur Arbeit, machte meine Schicht und fuhr wieder müde nach Hause. Ich musste mich unbedingt hinlegen, nur eine Stunde. Vorher ging ich aber noch schnell mit dem Hund raus und legte mich auch gleich danach hin. Ich schlief sofort ein, wachte aber nach einer halben Stunde wieder auf, ich konnte mich nicht bewegen. Ich wollte immer in den Raum schauen, was los sei, hatte das Gefühl, als wäre da jemand. Als stünde da jemand neben mir, das Sehen fiel mir sehr schwer, denn ich konnte meine Augen kaum aufhalten. Ich kämpfte dagegen an, aber es gelang mir einfach nicht, zu sehen oder aufzustehen. Mir fielen die Augen immer zu. Da spürte ich etwas an meinen Beinen, jemand legte die Decke unter meine Beine, ich war wie gelähmt, konnte machen, was ich wollte. Ich kämpfte mit aller Kraft, um zu sehen, wer da im Raum war. Ich schlief wieder fest ein, hatte keine Kraft mehr. Dann wachte ich wieder auf, und alles dasselbe noch mal von vorne, das dauerte bestimmt zwei Stunden. Als ich wieder aufwachte, war alles wieder normal. Ich weiß bis heute nicht, was es war. Ich blieb eine Weile liegen und dachte, ich geh mal zu meiner Schülerin, da ging ich immer irgendwie geistig hin. Wie genau ich das immer machte, weiß ich gar nicht. Als ich mich konzentrierte, ging ich stattdessen nach oben, ich versuchte, wieder nach unten zu kommen, es ging aber nicht, ich teilte Gott mit, dass ich eigentlich zu meiner Schülerin wollte, aber er sagte nur, dass ich da immer noch hin könne. Das war ja öfter so gewesen. Dann bleibe ich eben hier und schaue mich etwas um.
Gott kam auf mich zu und nahm mich in den Arm, dann legte er seinen Arm um mich und zeigte mir unendlich viele Babys, es waren um die Tausende oder noch viel mehr. Das sind die

neuen Kinder der Zukunft, alles Kinder, die keinen Hass oder Neid kennen werden. Das sind die Kinder der Liebe, alles wird neu, es ist an der Zeit, dass die Kriege und das Dunkle von der Welt gehen und nun vermehrt die Liebe um die Welt geht. Wir müssen Mutter Erde retten. Wenn es um Mutter Erde geht, dann schreite ich mit ein, teilte ich Gott mit. Ich fühlte so eine große Liebe in diesem Moment, das könnt ihr euch nicht vorstellen. Ich schaute mich um, sah keinen einzigen Engel und wunderte mich, wo denn all die Engel waren? Gott sagte, sie hätten alle zu tun und wären unterwegs. Dann ging ich alleine weiter, ich wollte mehr sehen. Ich kam an einen See, von dem hatte meine Schülerin schon mal berichtet. Ich ging dann in den kristallklaren See baden. Ich trank auch von dem Wasser. Dann ging ich wieder zum Ufer und setzte mich an einen großen Bergkristall. Meine Schülerin kam dazu, wir setzten uns nebeneinander und umarmten uns. Wir genossen das Licht, das uns anstrahlte und uns wärmte. Nach einer Weile gingen wir zurück und ich lag wieder auf meinem Sofa.

Ich erzählte wieder nichts meiner Ex-Freundin, denn dann hätte sie es niemals geglaubt und zudem verlangt, dass ich den Kontakt zu meiner Schülerin sofort abbreche. Gott sagte jedes Mal, wir müssten immer zusammenbleiben, zusammenhalten und uns blind vertrauen. Später ging ich wieder in den Garten, da war ja noch genug Arbeit, die Terrasse musste umgebaut werden, sie war aus Holz und total vermodert. Dann war da noch ein sehr großer Pool, den wollte meine Ex-Freundin unbedingt behalten, der war aber auch völlig kaputt. Auch den machte ich wieder neu. Ich machte eine Pause, ich schrieb meine Schülerin an und wollte etwas plaudern. Wir kamen wie immer auf das Thema geistige Welt. Sie sagte: „Du hast gerade etwas bekommen von oben.
„Ja?“, fragte ich, „was denn?“

„Fühle selber oder frag selbst oben nach.“ „Ich hör nichts“, sagte ich, sie sagen nichts.
„Doch, hör hin“, sagte sie. Dann kam Gottes Energie, ich sagte, ich hätte Gottes Energien bekommen. „Ja“, sagte meine Schülerin, „und noch etwas.“ Ich lauschte wieder und fragte oben nach. Dann kam Jesus’ Energie. Ich sagte zu meiner Schülerin, ich hätte Gottes und Jesus’ Energien bekommen. „Ja genau, es ist ein Geschenk von oben“, sagte sie. Ich freute mich sehr darüber, ich hatte absolut nichts davon mitbekommen, ich denke, das war, als ich schlief. Ich bedankte mich sehr bei der geistigen Welt. Da sagte Gott: „Bitte sehr, mein Sohn, nutze sie sinnvoll.“
„Ja das mache ich“, erwiderte ich.

Ich probierte es gleich aus und gab meiner Schülerin eine Behandlung. Alles, was ich machte, spürte sie. Ich behandelte sie am ganzen Körper, ich massierte im Geiste ihre Stirn und Arme. Sie bestätigte mir anschließend alles mit Ja. Sie sagte immer genau das, wo ich gerade geistig gearbeitet hatte. Ich behandle ja schon seit Längerem und alle sagten, sie spürten es sehr intensiv. Das freute mich sehr, dadurch baute sich in mir sehr viel Vertrauen und Glaube für die geistige Welt auf und vor allem Sicherheit bezüglich meines Könnens. Ich war sehr stolz auf mich selbst. Ich fing an, bei jeder Sitzung immer eine Botschaft zu schreiben, es kam immer eine DIN-A4-Seite, manchmal sogar zwei Seiten. Ich schrieb immer mehr Botschaften für die Menschen. Sie fragten mich etwas und ich schrieb das, was die Engel mir durchgaben. Es ist aber nur eine Hilfestellung. Die meisten Menschen erwarten immer eine Lösung, eine konkrete Antwort, aber das geht nicht, die Engel sagen nämlich immer nur das, was gerade jetzt oder für die Zukunft für den Menschen wichtig ist. Auch ich bekomme nicht immer die Antworten, die ich gerne hätte. Wir Menschen sollen auch selber nach Lösungen suchen, wir sollen es selbst erkennen. Das ist eine Hilfestellung oder eine Warnung, dass man sich gerade auf dem falschen Weg befindet oder dass man unbedingt eine Sitzung braucht. Es kann so viel sein, aber jede Botschaft hat eine Hilfe für jeden. Ich sage es nie oft genug, Heilung bekommt man nur, wenn man auch an Heilung glaubt. Ihr müsst es wollen, ihr müsst daran festhalten, dass ihr gesund werden wollt. Dann erst kann ich und die Engel der Heilung etwas machen. Uns sind die Hände gebunden, es ist wie eine Mauer. Diese Mauer kannst nur du selbst durch Glauben und Vertrauen brechen. Heilung ist Seelenheilung, ich selbst werde auch mal krank oder habe das ein oder andere Leiden, dafür sind wir Menschen. Aber die Seele und die komplette Auflösung des Karmas aus anderen Leben sind das Wichtigste für deinen Körper, erst dann folgen die Körpersymptome. Der Mensch muss Ziele haben, Wünsche haben, seinen Träumen nachgehen. Erst dann, wenn der Mensch daran glaubt, gehen die Wünsche in Erfüllung. Und so war es mit dem Buch, was ich unbedingt schreiben wollte. Es war mein Wunsch, Menschen zu zeigen, wie sie erwachen und ihr altes Leben abwerfen können.

Ich fing dann auch an, mein Buch zu schreiben, jeden Abend bis spät in die Nacht schrieb ich. Ich wollte es schaffen, solange ich noch hier bei meiner Ex-Freundin wohnte. Die Stimmung wurde täglich drückender und auch wenn sie es nicht sagte, spürte ich, dass es zu Ende ging. Zeitgleich wollte ich dieses Haus aber so viel wie nur möglich fertig bekommen. Ich war es ihr schuldig, das dachte ich zumindest. Gott sagte dann: „Nein, wenn einer dir was schuldig ist, dann deine Ex-Freundin." Ihr müsst wissen, alles was wir denken, steuert uns Menschen. Wenn wir uns was einreden, dann kommt es auch so. Gott sagt das auch immer wieder. Und darum wiederhole ich dies auch so oft in diesem Buch: Denken erschafft dein Leben. Ich wusste, auch ich bin im Recht, denn sie hatte ja von Anfang an gewusst, dass ich nicht viel habe und dass wir auch so glücklich leben können. Aber dann wollte sie mich loswerden, ich war eine Last für sie geworden. Ich sagte immer: „Habe Geduld, eines Tages wirst du sehen, dass ich mit allem recht hatte, ich lüge nicht, alles ist wahr, was ich erlebe. Ich werde es schaffen und all den Menschen da draußen helfen können. Mir ist es wichtig, dass ich hiermit allen helfen kann, dass alle Menschen ihre Sorgen, oder was auch immer sie haben, damit lösen können. Gott schenkte mir Reichtum im Herzen, das ist das Wertvollste, was es laut Gott auf Erden gibt. Wer reich im Herzen ist, der wird auch außen reich, sagte Gott zu mir. Somit kann ich die Menschen und all die Seelen befreien. Ich habe leider keine Praxis mehr und bin auf der Suche, somit kann ich auch nicht unbedingt allen helfen. Das, was sehr gut geht, das sind die Fernausbildungen und Fernbehandlungen. Das ist aber auch nicht unbedingt eine Lösung, und somit lest dieses Buch so gewissenhaft, wie ihr nur könnt. Bevor dieses Buch gedruckt wurde, wurden unendlich viel Liebe und Heillicht in dieses Buch gelegt: Jeder hat sehr viele Engel jetzt in diesem Augenblick an seiner Seite und bekommt Heilung und noch vieles mehr. Alle, die sehen können, fühlen diese unglaublich starke Energie um dieses Buch, was du gerade in den Händen hältst. So sagten es die Engel. Schließe deine Augen und fühle es. Fühlst du, wie das Licht in dich hineinfließt? So werdet ihr eure Heilung erfahren, dort steht alles drin, was ihr wissen müsst, wie ihr geheilt werdet, denn nur so kann ich alle Menschen erreichen, die nicht die Möglichkeit haben, zu mir zu finden. Noch mal: Lest es gewissenhaft durch und lernt von uns, versteht, was wir und die geistige Welt euch hiermit sagen wollen.

Ich schrieb also an diesem Buch und suchte mir anschließend Helfer, die mein Buch korrigierten. Ratet mal, wer das wieder gemacht hat? Es war eine Freundin, die nie nein sagt und immer für mich da ist. Es war Barbara mal wieder. Eine unglaublich tolle Frau, die genauso für die Menschen da ist. Alles ging soweit gut, ich schickte das Buch nach und nach zu den Verlagen. Sechzehn waren es, aber keiner antwortete, ich war traurig darüber, es vergingen Wochen. Ich hatte keine Lust mehr, ich wollte alles hinschmeißen und aufgeben. Meine Ex-Freundin freute sich darüber, dass ich aufgeben wollte. Dann könnte ich ja mehr arbeiten gehen und mehr Geld nach Hause bringen. Sie sah dadurch eine Chance, uns wieder zu vereinen. Ich sagte: „Nein, das mache ich nicht und das weißt du auch." Die Engel sagten, dass wenn ich wieder mehr arbeite, dann werde ich wieder krank. „Entweder du nimmst es so an oder nicht", sagte ich dann verärgert.
„Dann musst du gehen, wenn du besser alleine leben kannst", sagte meine Ex-Freundin.
„Ja, das kann ich auch", sagte ich, „immer nur schufte ich hier. Es ist dein Haus, du willst mehr Geld und ich arbeite hier Tag und Nacht, für was mache ich das überhaupt?", sagte ich.
„Für uns", sagte sie.
„Nein, für deine Kinder", sagte ich, „du willst, dass deine Kinder das Haus bekommen, meine Kinder kommen schon nicht mehr zu mir. Meinst du, meine Kinder spüren nicht, wie du sie ablehnst? Du wolltest, dass ich nicht im Grundbuch stehe, wegen meiner Kinder." So gab das eine Wort das andere. Es ging dann mal wieder romantisch und mal weniger romantisch zu. Aber eines Tages schrieb mir meine Schülerin wieder. Sie sagte: „Ich habe eine Botschaft für dich." Oh schön, ich liebte Botschaften. Es war Gott, er schrieb: „Mein Sohn, du hast nur noch eine Lebensaufgabe, die letzte, du musst sie schaffen, es ist längst überfällig, ich sage nur deine Freundin." Ich kam da

nicht gleich drauf, was er damit meinte, aber ich hörte von einigen, dass sie mich loswerden wollte und ich noch vieles am Haus fertigstellen sollte, bevor sie mich rauswarf.
Ich dachte tagelang über diese Botschaft nach, ich kam da einfach nicht drauf. Dann sagte Gott: „Wie hast du dich gefühlt, als du bei deiner Schülerin warst? Hast du dich frei gefühlt?“ Ja, das hatte ich mir schon gedacht, dachte ich, die Beziehung ist zu Ende. Das ist es, was Gott meinte. Aber ich hielt mich an meine Ex-Freundin, ich hatte Angst, es nicht zu schaffen. Die Engel sagten immer und immer wieder: „Doch, Mathias, du wirst es schaffen, bitte glaube an dich, du schaffst es!“ Ich lag mit meiner Ex Freundin an einem sonnigen heißen Tag auf der Terrasse und wir sonnten uns. Ich schrieb mit meiner Schülerin nebenbei. Da sagte meine Ex Freundin: „Es reicht, wenn du gehen willst und als Single leben willst, dann geh.“ Sie rastete total aus. Ich wurde sauer, ich sagte zu ihr: „Gut, du hast es jetzt schon so oft gesagt, dass ich gehen soll, dann geh ich auch.“ Ich machte ernst und gab mir eine Woche für den Auszug. Seit dem Tag machte ich nichts mehr im Garten oder überhaupt etwas. Ich saß tagsüber oft im Garten und überlegte, ob das alles richtig ist, was ich tue. Da meldete sich ein Engel, den ich nicht kannte, er redete so merkwürdig, ich verstand ihn kaum. Ich musste lachen, weil es sich so witzig anhörte. Er meldete sich mit „Ich bin …“
Ich sagte: „Was? Ich bin? Wie heißt du“, fragte ich? Er antwortete mit *ich*. Ich dachte schon, sie ärgern mich, weil sie es oft taten. Ich sagte: “*Ich* ist aber kein Name, nun sag schon, wie du heißt.“ Er sagte: „Das habe ich doch gesagt, ich heiße ich.“ Hmm, dachte ich, die haben aber Namen da oben. Er redete wie ein Ausländer und vergaß auch einige Wörter zwischen den Sätzen. Ich musste so laut lachen, dass die Nachbarn schon zu mir rüberguckten. „Ich bin ein neuer Engel“, sagte er. „Ja?“, antwortete ich erstaunt.

„Ja“, sagte der Engel. „Ich bin wunderschön, ich habe Regenbogenfarben und bin der neue Engel der Liebe.“
„Wieso hast du denn keinen Namen“, fragte ich nochmals, jeder Engel hat einen Namen.
„Ich habe doch einen Namen“, sagte er, „ich bin ich.“
„Aber *ich* ist kein Name“, sagte ich noch mal. Da antwortete er: „Amen ist auch kein Name. Ja das stimmt, dachte ich, Amen ist auch ein Engel und kommt bei Gebeten dazu. „O. k.“, sagte ich, „schön, dass du bei mir bist.“ Der Engel sagte: „Ich bin bei dir, aber mehr bei deiner Schülerin jetzt. Rufe mich und ich komme zu dir“, sagte der Engel. Ich freute mich über diesen Engel, aber ich konnte ihn nicht sehen. Ich fragte den Engel, ob ich ihn auch sehen darf, er sagte ja, aber erst später und dass ich bald alles sehen werde. Ich fragte, ob Gabi (Name geändert, ist ein Medium) ihn auch sehen kann oder überhaupt alle neuen Engel. Er sagte „Nein, ihre Augen sind dafür nicht geschaffen, sie sieht andere Engel.“ O. k., ich war dann soweit zufrieden mit der Antwort. Gabi war immer mein Vorbild, ich bewunderte sie. Sie ist auch von Kindheit an ein Medium und schrieb einige Bücher. Dann ging ich in die Küche, ich wollte mir unbedingt einen Kaffee machen. Da schrieben die Engel wieder durch meine Schülerin, ich konnte kaum dazwischenfragen oder antworten.

„Mathias, wir wissen, dass du verunsichert bist, wir wissen, dass du oft zweifelst, wir wissen, dass es mit dir schwer werden wird, wir wissen, dass du nicht weißt, wer du bist, wir wissen, was du denkst, wir wissen, dass du nicht weißt, wer hier schreibt.“ So ging es eine Zeit lang weiter, dann war plötzlich alles still. Meine Schülerin fragte dann daraufhin, was das denn eben gewesen wäre? „Ich weiß es nicht, ich dachte, du weißt es!“
„Nein“, sagte sie, „… es ging von ganz alleine.“

Ja, ich zweifelte immer öfter, fragte mich immer öfter, ob ich das alles nur träumte. Es war so viel passiert in letzter Zeit, ich verfiel wieder in meine Zweifel. Ihr müsst wissen, dass wir ein Ego in uns haben, das Dunkle sozusagen, es versucht, uns immer und überall von dem Guten zu lösen, sodass wir nur an das Schlechte glauben. Ich war mal wieder so weit, meine Schülerin war schon sehr genervt deswegen, denn sie musste mich immer zurückholen. Sie gab mir eine Sitzung nach der anderen, aber es hielt nicht lange an. Gott sagte dann nach der Sitzung folgendes zu mir:

Lieber Mathias,
du, unser Sohn, hier ist Gott Vater und Mutter Erde.
Was ist los mit dir? Warum holst du das Alte immer wieder zurück? Lass es los, du brauchst es nicht mehr. Deine Schülerin nimmt es dir und du holst es wieder zurück, aber warum? Wir wissen bald keinen Rat mehr, wir sind besorgt um dich.
Schau dich um, deine Gegend glaubt nicht an dich, glaubst du denn selbst an dich? Es sind Spiegel, die dir vorgehalten werden. Geh in dich hinein, lasse das Ego los und schau es dir an, was dir dein Inneres sagen möchte und höre gut zu. Ich bin ein geduldiger Gott, aber was soll ich machen, wenn die Menschen nicht lernen wollen, dann müssen sie in ihrem Leben so stehen bleiben. Mathias, du unser Sohn, du bist wichtig, du bist das Glied zwischen Himmel und Erde, du musst im Gleichgewicht bleiben. Lasse das Alte los, hol es nicht immer zurück. Du kannst frei sein, lass los und gewinne. Die Menschen brauchen dich als Heiler, du wirst ein guter Heiler sein und noch mehr. Also bitte, geh in dich und schaue, wo du steckst. Wenn dein Ego es noch mal versucht, dann sage Stopp, ich bin der Chef, ich lasse nicht zu, dass du über mich Besitz ergreifst. Kämpfe dagegen an und gewinne Größe.

Mir ging es zwischenzeitlich wieder viel besser, der Tag des Auszugs rückte nun immer näher. Michael meldete sich und sagte: „Mein Freund, wähle zwischen Weg A oder Weg B." Ich sagte: „Wie jetzt, das verstehe ich nicht?"
„Du kannst dir einen Weg aussuchen, den du gehen möchtest, es ist dein neuer Weg."
„Was ist denn Weg A und Weg B", fragte ich?
„Das musst du alleine rausfinden", sagte Michael.
„O. k., warte, ich lege mich hin und fühle da rein, warte, ich melde mich gleich." Ich fühlte bei Weg A rein, dann bei Weg B, dann wieder Weg A und Weg B. Weg B fühlte sich voller Liebe an, so als wenn ich oben bin, Weg A nicht so gut. Ich meldete mich bei Michael und sagte, ich nehme Web B. Er sagte: „Bist du sicher? Willst du nicht lieber Weg A nehmen?"
Oh Mann, dachte ich, wenn er das so sagt, will er mir bestimmt nur helfen.
„Dann nehme ich halt Weg A", sagte ich.
„Ja was denn nun", sagte Michael, "A oder B?"
„So, mir reicht es", sagte ich energisch, "ich gehe nach meinem Gefühl und sage Weg B und fertig." „Gut", sagte Michael, „du hast nun gewählt. Es soll Weg B sein." Danach klatschten sie alle und freuten sich, alles jubelte oben. Das ist nun dein neuer Weg, das wird der Weg des Lobes sein. Ich war also richtig mit meiner Entscheidung. Ich freute mich sehr darüber. Jetzt war auch schon der Tag des Auszugs nähergekommen. Meine Ex-Freundin weinte sehr heftig, aber sie weinte nicht um mich, sie weinte um ihr Haus. Sie hatte Angst, es nicht zu schaffen, aber ich kannte ihre Zukunft und wusste, dass sie es schaffen würde. Ich hatte Gott ausdrücklich darum gebeten, dass sie es nicht schwer haben soll, wenn ich gehe. Es waren die neuen Engel an ihrer Seite, die versuchten, sie zu trösten und es gelang ihnen auch ab und zu.
Der Verlust, mich zu verlieren war zwar auch da, aber innerlich

wollte sie mich schon sehr lange loswerden, sagten die Engel. Nun war der Tag gekommen, es herrschte eine absolute Stille, oben wie auch unten. Ich schrieb meine Schülerin an und fragte sie, was denn heute los wäre? Sie meinte, die gesamte geistige Welt würde auf mich warten, sie warteten schon gespannt, ob ich nun gehen würde oder nicht. „Doch", sagte ich, „heute gehe ich auf jeden Fall."
„Es hat ja keinen Zweck mehr hier zu bleiben, meine Ex Freundin will es einfach nicht verstehen." Sie meinte, ich verlasse sie wegen der Engel. Ja, das stimmt einerseits, aber der Hauptgrund ist, dass Gott mir eine Aufgabe gab und das würde sie niemals verstehen, geschweige denn auch glauben. Ich darf mit niemandem darüber reden, nur mit meiner besten Freundin Barbara, ihr vertraute ich alles an, sie verstand das alles und glaubte mir auch.

Am Abend kam noch eine Botschaft von oben, die mir meine Schülerin noch schnell übermittelte.

Lieber Mathias,
so, ab morgen geht dein Weg ein Stück weiter der Freiheit entlang, dies wurde auch Zeit! Achte in Gedanken immer auf deinen Weg B. Es langt, wenn du nur an Weg B denkst, gerne kannst du ihn auch ausmalen, wie er sein soll. Aber den Weg B in Gedanken zu behalten, das ist wichtig! Wenn dein Ego kommt, denke an Weg B, schreibe ihn auf einen Zettel, leg Weg B ins Auto und überall hin. Aber denke an ihn. Diesen Weg möchtest du gehen, darum bleibe standhaft auf dem Weg. Auch wenn Abzweigungen kommen und dein Ego sagt, komm hier her, sage, nein Weg B und lass dich nicht abbringen von diesem Weg. Dieser führt dich in ein neues Leben, aber bleibe auf diesem Wege. Bitte uns, dir zu helfen, deinen Weg vorwärts zu gehen, wir helfen dir dabei, deinen neuen Weg vorwärts zu

gehen, wir helfen dir.
Höre auch auf das, was wir sagen, fühle täglich in dich und frage, bin ich noch auf meinem Weg? Früh beim Aufstehen, bitte uns und frage, ob du noch auf deinem Weg bist. Weg B muss in dein Unterbewusstsein eindringen, es muss hochkommen, wenn dich dein Drache wieder abbringen möchte. Sofort muss Weg B in den Kopf kommen. Also denke oft daran und freue dich auf das Leben, denke immer an die Energie, die du spürtest, als du dich entschieden hast.

Heute kamen außergewöhnlich viele Botschaften von der geistigen Welt, das war für mich sehr aufregend.

Lieber Mathias,
wir sind so unendlich stolz auf dich. Wir werden heute Abend zu deinen Ehren ein Fest geben. Alle werden anwesend sein, es wird Ruhe herrschen, deine Schülerin vernahm dies schon, alle Seelen werden dabei sein, alles, was Rang und Namen hat. Es wird sich einiges ändern, die Liebe wird nun noch stärker um die Welt gehen. Gehe zur Tür hinaus mit dem Weg B. Du weißt, Engel sind an deiner Seite und wenn du genau hinsiehst, ist der ganze Weg voller Engel. Sie winken dir zu. Freuen sich und jubeln, mein Sohn. Die Freude spürt ihr schon den ganzen Tag. Auch wenn du gehst, wirst du dich freuen, aber auch gleichzeitig traurig sein, mein Sohn. Wir alle sind so stolz auf dich und auf deine Schülerin. Du hast deine Aufgabe wunderbar gemeistert, abgesehen von den Problemen, aber das zählt nun nicht mehr. So spüre deine Kraft und Liebe in dir, um dich, und überall. Wir alle lieben dich.
In Liebe Mutter Erde und Gott Vater, alle Engel, Geistwesen, Feen, Seelen, alle.
Wir warten gespannt.
Bis dann, du unser Meister. (Mittlerweile bin ich noch höher

aufgestiegen und trage oben einen anderen Titel.)
Kurzer Rückblick:

Der Tag, als ich gehen wollte, war ein Freitag, meine Ex-Freundin kam pünktlich von der Arbeit. Wir machten aus, dass ich bis zum Abend blieb, wir saßen den ganzen Tag auf dem Sofa Hand in Hand und sagten kaum etwas. Es war ja Liebe da auf meiner Seite, sehr viel sogar. Ich wünschte, es wäre anders gekommen, denn wir hatten auch sehr viele schöne Zeiten erlebt. Sie wünschte sich, ich wäre wieder normal, der alte Mathias. Aber ich war normal, es war ja alles nicht gelogen und ich habe das alles erlebt. Sie wollte nichts mit den Engeln zu tun haben und ich wollte es niemals aufgeben. Ich weiß, dass die Welt mich braucht und hatte Gott mein Wort darauf gegeben. Ich wollte zu 100 % zu Gott stehen, er hat mich erschaffen, ich und auch ihr alle seid seine Kinder. Das darf man nicht vergessen, alle Schwierigkeiten, die wir auf Erden haben, das sind alles Erfahrungen, die wir bewältigen sollen, es ist ja unsere Aufgabe hier. Ich denke, wir haben schon genug kaputt gemacht auf Erden und sind es Gott schuldig und ganz besonders unserer geliebten Mutter Erde, es wieder gutzumachen. Das fängt mit Lieben an, liebt euch, schätze deinen Gegenüber und verzeih denen, die dir wehgetan haben. Egal, was er oder sie dir auch angetan haben, es war seine und deine Erfahrung, es so zu erleben. Aber verzeih und du bist frei und wirst ein glückliches, gesundes, erfolgreiches Leben haben. Das verspreche ich dir. Nun ging es auf 18.00 Uhr zu. „Ich sagte: „Ich gehe jetzt, Schatz, ich liebe dich über alles, bitte glaube mir.“
„Ich dich auch“, sagte sie. Aber es ist besser so, wir verstehen uns nicht mehr.“ Mehr sagten wir nicht mehr, ich brachte meine sieben Sachen zum Auto. Sie blieb an der Tür stehen und schaute traurig zu, ich hatte das Gefühl, sie war zwar traurig, aber auch erleichtert.

Ich hatte komischerweise keinerlei Traurigkeit in mir. Mein Gedanke war nur, dass sie es schafft und dass die Engel ihr halfen, weil ich nicht wollte, dass sie leidet. Ich liebte sie ja noch. Ich stieg in mein altes Auto und fuhr los.

Gott sagte:

Mein lieber Sohn,
ich, wir alle sind so stolz auf dich! Du bist heute gegangen, nun wird alles anders werden. Halte deinen Weg B immer vor Augen, du wirst es schaffen. Wir begleiten dich auf deinem Wege. Alle stehen sie da und jubeln und freuen sich. Wir feiern dann ein Fest zu Ehren des Meisters, der seinen neuen Weg antreten wird. Wir sind immer bei dir. Du hast deine Sache gut gemacht, mache weiter so. Wir helfen dir, nun laufe immer geradeaus auf deinem Weg B.
Wir lieben dich alle, du schaffst es, halte nur fest daran und glaube daran!

In Liebe
Gott Vater Mutter Erde und die gesamte geistige Welt

Ich schrieb meine Schülerin an. Das war jetzt die Einzige, an die ich mich noch halten konnte, ich hatte ja noch eine beste Freundin, Barbara, aber sie war nicht da, sie wohnte in Berlin. Meine Schülerin meinte dann, sie sehe mich sehr, sehr hell, es blendet schon so sehr, dass sie die Augen schließen musste. Gott meinte, ich sei jetzt innerlich gewachsen und stärker geworden.
Ich fuhr zu meinen Eltern, da durfte ich dann eine Zeit lang wohnen.

Als die Engel mir dabei halfen, eine Wohnung zu finden

Ich begann sofort, mir eine Wohnung zu suchen. Es war nicht leicht, hier eine zu finden, denn Lüneburg war eine Studenten-Stadt und alle waren auf der Suche. Als ich bei meinen Eltern wohnte, da war es in mir sehr einsam, ich hatte ja noch einen Hund, den ich über alles liebte. Ich verbrachte sehr viel Zeit mit meinem Hund und vermisste ihn sehr. Abends weinte ich oft im Bett, ich vermisste auf einmal alles, besonders die schönen Zeiten. Ich schrieb mit Barbara oft, wir verabredeten uns meistens an einem Wochenende, da war sie meistens in meiner Gegend. Als wir uns verabredeten, da erzählte ich ihr immer das Neueste, was alles geschehen war. Ich jammerte ihr alles Mögliche ins Ohr, sie hielt es immer aus und hörte mir zu. Außerdem gab sie mir auch gute Tipps und beruhigte mich damit. Sie wusste, ich hatte nichts, keine Möbel, einfach nichts für einen Haushalt, sie sagte mir, sie würde mir helfen und mir das geben, was ich brauche. Ich wollte es nicht, aber die Engel sagten: „Nimm es an, halte dich an Barbara, sie wird dir guttun." Mir war es aber immer sehr unangenehm, etwas anzunehmen. Ich wollte alleine auf den Beinen stehen, aber bis ich es geschafft hatte, das dauerte noch. Die Engel sagten, sie helfen mir dabei, alles wird gut. Ich suchte weiter, die Wohnungen waren meist schon immer weg, wenn ich anrief. Bis ich endlich eine Wohnungsgesellschaft gefunden hatte. Ich fuhr dann auch gleich hin, setzte mich in das Wartezimmer, wo auch noch 20 andere Suchende warteten. Dann war ich an der Reihe und ich ging nach Aufforderung in das Zimmer. Die Dame gab mir nur einige Unterlagen mit, wo man sich bewerben musste. Ich ging frustriert wieder raus und fuhr mit dem Fahrstuhl hinunter.

Ich teilte meiner Schülerin mit, es hätte nicht geklappt mit der Wohnung, die ist eh zu teuer. Da sagten die Engel: „Geh links, dann wieder rechts dann links und gerade aus. Dann bist am Ziel." Ich sagte: „Wie das denn bitte? Hier ist überall links und rechts, egal wo ich mich hinstelle und drehe. Ich verstehe es nicht, was ihr sagt. Aber sie sagten nichts mehr, ich sollte da selbst draufkommen. Oh, wie mich das immer ärgerte, nie sagten die Engel genau etwas. Sie geben immer nur Hinweise und alleine muss ich selbst darauf kommen. Ich kam aber nicht drauf, ich suchte die ganze Gegend ab, aber ich fand nichts. Nach einer Weile stieg ich in mein Auto und fuhr suchend langsam zurück. Ich dachte, hmm, fahr da mal rein. Dann fuhr ich links in die Seitenstraße, die sich da befand. Diese Straße war sehr lang, da stand links von mir ein Schild mit einer Verwaltung und einer Telefonnummer. Ich rief da auch gleich an und erfragte die Adresse. Er sagte: „Fahren Sie 100 Meter weiter und auf der rechten Seite ist mein Büro." Oh, Mann, ich freute mich und war auch schon am Büro. Ich ging hinein und schilderte mein Anliegen. „Nein, das tut mir leid", sagte der Herr, „so was haben wir nicht mehr." Ich suchte eine 2-Zimmer-Wohnung und er hätte nur 3-Zimmer-Wohnungen. Und dazu noch viel zu teuer. Ich bedankte mich und fuhr traurig nach Haus. Die Tage vergingen, ich wurde immer frustrierter und fing schon wieder an zu zweifeln. Ich dachte, die Engel veräppeln mich mal wieder und ließen mich im Stich. Ich sagte zu meiner Schülerin am Abend, dass ich aufhöre mit den Engeln. Ich gab den Engeln die Schuld für mein Misslingen. „Sie helfen nicht", sagte ich, „ich gab alles auf, jetzt habe ich nichts mehr, sitze hier bei meinen Eltern mit 46 Jahren und habe nichts", sagte ich zu meiner Schülerin. „Sie sind zu nichts nütze", sagte ich voller Zorn, „die können ohne mich weitermachen". Ich will mit ihnen nichts mehr zu tun haben, kann Gott sehen, wie er es macht. Ich jammerte, was das Zeug hergab.

Gott meldete sich und sagte, ich soll mich nicht von meinem

Ego leiten lassen, sondern dagegen ankämpfen. “Alles wird gut, du musst uns vertrauen.“ Dann vertraute ich auch wieder und versuchte, die Ruhe zu bewahren. Die Engel hielten sich zurück, ich hörte und sah auch nichts mehr. Das machte mich noch trauriger, als ich eh schon war. „Ist das mein neues Leben“, fragte ich meine Schülerin? „Das weiß ich doch nicht“, sagte sie. Nach und nach stritten wir auch schon, ich gab immer wieder anderen die Schuld für das, was mir nicht gelang. Die Engel gaben meiner Schülerin immer alles durch, was für mich jetzt wichtig sei und sie schrieb es mir dann immer. Wir alberten ab und zu mit den Engeln rum. Wir gaben uns Tiernamen und redeten auch so miteinander. Wir lachten alle so unglaublich viel. Irgendwann auf der Arbeit traf ich einen Arbeitskollegen und erzählte ihm, dass ich eine Wohnung suche. Er sagte: „Du, Mathias, mein Bruder wohnt hier in der Nähe, fünf Minuten von der Arbeit, da wohnt auch meine Mutter. Die Wohnung wird jetzt frei und ist auch sehr billig, ruf meinen Bruder mal an.“
„Oh danke sehr“, sagte ich zu ihm. Ich freute mich sehr über diese Nachricht. Ich dachte, in dieser Zeit nicht mehr an die Engel und wusste auch nicht, dass sie dahintersteckten. Ich traf mich auch mit dem Bruder, er sagte: „Komm, hier hast du die Telefonnummer von der Verwaltung, los ruf da jetzt an.“ Ich rief da auch gleich an. Sie meinte, ich solle vorbeikommen und alles an Unterlagen mitbringen. Dann sagte der Herr, der da saß: „Es tut mir leid, Herr Stumpf, es sind noch tausend andere auf der Warteliste.“ Mann, ich war wieder mal traurig. Er sagte: „Tragen Sie sich ein, manchmal geht es sehr schnell, so ca. drei Monate bis ein halbes Jahr. Toll, dachte ich, ein halbes Jahr, so lange kann ich nicht warten. Ich sagte es aber nicht und tat es, es konnte ja auch nicht schaden.

Ich erzählte es meinen Arbeitskollegen. Er sagte: „Geh wieder hin, Mathias. Sag, du kommst von mir und du willst diese Wohnung übernehmen. Ich fuhr dann am nächsten Tag wieder hin, da saß dieses Mal eine Dame. Der Herr hätte gerade Urlaub, erfuhr ich. Ich erzählte ihr von der Wohnung und von meinem Arbeitskollegen. Sie sagte: „Moment, ich schaue mal nach. Sie sagte dann, da wäre ein Termin mit einer aus der Warteliste, eine Dame guckt sich die Wohnung an. Erst muss sie da gewesen sein, dann könnte sie erst etwas dazu sagen. O. k., ich ging dann wieder und erzählte meinem Kollegen davon. Eine Woche später fragte ich noch mal meinen Kollegen: „Ist die Dame schon da gewesen und hat sich die Wohnung angeschaut?"

Er sagte: „Nein, sie ist nicht erschienen." Ich fuhr sofort zu der Verwaltung, sie wussten von nichts, dass die Dame nicht erschienen war. Dann sagte die Dame: „Herr Stumpf, Sie bekommen die Wohnung zum nächsten Monat. Wenn die Dame nicht will, hat sie Pech gehabt. Wir schicken Ihnen den Vertrag dann zu." Ich bedankte mich recht herzlich und schrieb das auch sofort meiner Schülerin und Barbara. Sie freuten sich alle mit mir mit, auch die Engel freuten sich mit. Nun ging alles ganz schnell, der Vertrag kam relativ schnell an. Ich unterschrieb ihn auch gleich und brachte ihn persönlich zurück. Damit alles auch sicher war. Ich bekam den Schlüssel und begann auch gleich mit den Malerarbeiten. Ich schrieb meinen Sohn an, er wohnte noch bei seiner Mutter und sollte von ihr aus bei mir wohnen. Er freute sich sehr darüber, er war aber nicht da, er war auf einer Klassenfahrt. Ich machte alles fertig und kaufte nach und nach gebrauchte Möbel. Ich war ja froh, überhaupt etwas zu bekommen. Einige Sachen fehlten, ich suchte eine Waschmaschine, nach langer Suche bekam ich aber auch diese. Meine Schülerin sagte dann: „Siehst du, die Engel helfen dir. Ich sagte: „Wo denn? Das hat alles Barbara für mich gemacht."

„Ja, das hat sie“, sagte sie, „aber die Engel schicken dir Menschen, die dir helfen.“ Ich zog dann auch bald ein, nun saß ich hier und fühlte mich sehr einsam. Also ging ich los und holte mir Bier. Ich trank jeden Abend Bier und weinte, ab und zu fuhr ich zu meiner Ex-Freundin, wir verstanden uns noch sehr gut. Ich sagte: „Ich vermisse dich sehr.“ Ich blieb auch einige Wochenenden bei ihr, bis sie nicht mehr wollte. Ich sagte: „Bitte nur noch einmal, das allerletzte Wochenende. Sie sagte: „O. k., aber das allerletzte Mal.“ Ich machte dieses Wochenende das romantischste Wochenende, das ich es jemals bei einer Frau gemacht hatte. Ich gab Rosenblätter ins Bett und Schlafzimmer, machte kleine Liebesbriefe, massierte sie leidenschaftlich und küsste sie von Kopf bis zu den Füßen. Ich liebte sie noch so sehr, aber mein Inneres sagte: Nein, Mathias, das wird nichts mehr.

Ich konnte sie einfach nicht loslassen. Das sagten die Engel immer: „Mathias, lasse los und guck nach vorne. Guck nicht immer zurück, das wirft dich dann weit zurück.“ Aber ich hörte nicht auf sie, ich machte den großen Fehler und ging zu meiner Ex-Freundin. Ich sagte zu Gott aus Verzweiflung: „Bitte, lieber Gott, bitte ändere den Lebensplan, ich liebe meine Ex-Freundin doch.“ Er sagte: „Nein Mathias, das geht jetzt nicht mehr.“ Wir redeten die ganze Zeit immer hin und her, bis ich Gott einen Vorschlag machte. „O. k. lieber Gott, ich habe einen Vorschlag, aber bitte ohne, dass heimlich ein Engel oder jemand von euch dazwischenfunkt. Ich werde alles versuchen, meine Ex-Freundin zurückzugewinnen, aber ihr dürft euch nicht einmischen, o. k.?“

„Das wirst du nicht schaffen, mein Sohn. Es wird dir nicht gelingen, es ist zu spät und wir können den Plan nicht mehr ändern.“

„Ich versuche es aber“, sagte ich, „o. k.?“ Ich ließ nicht locker und redete immer wieder auf Gott ein. „Ja“, sagte er, „aber

wenn es vorbei ist, dann musst du es auch so annehmen."
„Ja", sagte ich. Danach, als das Wochenende vorüberging, litt ich wie schon lange nicht mehr. Ich gab Gott und allen anderen die Schuld für das alles. Ich beleidigte meine Schülerin, ich suchte nach einem Schuldigen, obwohl ja niemand was dafür konnte, auch den Engeln gab ich an allem die Schuld. Ich wollte mit niemanden mehr etwas zu tun haben. Meine Schülerin zog sich von da an zurück, sie redete nicht mehr mit mir, verständlicherweise. Ich entschuldigte mich immer und immer wieder, wurde nach Monaten wieder normal und trank keinen Alkohol mehr. Die Engel sagten, dass zu meinem Weg B auch gehöre, dass ich kein Bier mehr trank und nicht mehr rauche, Kaffee auch nicht mehr. Die Engel fingen an, mit mir wieder zu lernen, ich solle wieder das Fühlen lernen, danach das Sehen und dann das Hören. Alles nach und nach und mit viel Geduld. Nach Monaten ging es mir besser, ich dachte sehr viel über meine Vergangenheit nach. Ich merkte sehr schnell, dass überhaupt keine Liebe da war für meine Ex Freundin, ich vermisste sie nicht mehr. Nein, es war nur die schöne Zeit, die ich selbst hatte, die ich vermisste. Ich war ja wieder alleine und lebte in einer 2-Zimmerwohnung mit 46 qm und mit meinem Sohn jetzt zusammen. Vorher war ich immer in einem Haus untergekommen und baute es so um, wie ich es gerne gehabt hätte.
Na ja, auch daran gewöhnte ich mich mittlerweile. Die Engel sagten, dass wenn ich den Weg weitergehe, dann wird alles gut werden. Darauf vertraute ich.
Ich traf mich dann wieder mit Barbara, sie half mir immer noch und machte es sehr gerne: Sie sagte: „Ich glaube an dich, Mathias. Ich weiß, dass du alles schaffen wirst, ich helfe dir sehr gerne." Ich bin so froh, dass ich so eine tolle Freundin habe, ich dankte den Engeln immer für diese Hilfe, sie schickten mir die Menschen, die mir halfen, all das durchzustehen. Ich hätte mir dieses Leben ausgesucht, sagte mir Gott, er wollte mich

immer davon abhalten, aber ich wollte all dies erfahren, bevor ich geboren wurde. Alle Menschen, die mir jetzt halfen, zum Erfolg zu kommen und zu überleben, haben die Engel vor meiner Geburt geplant. Ich weiß ja jetzt, was auf mich zukommt, ich freue mich auf meine Zukunft und lebe jetzt bescheiden weiter. Eins habe ich gelernt: Das Materielle ist nicht das Wichtigste auf Erden, die Liebe im Herzen ist das Wichtigste, denn wenn man innen reich ist, dann kommt der Reichtum auch von außen, so sagte es Gott jedenfalls einmal zu mir. Ich muss erst alles wieder lernen, was ich vergessen habe von Geburt an, es ist wie ein Außerirdischer, der hier auf Erden das Leben kennenlernen muss. Es kamen mal Wesen zu mir in die Wohnung, sie nannten sich Usimos. Sie redeten auch anders, ich verstand gar nichts. Irgendwann fragte ich sie, ob sie durch meine Schülerin schreiben können, denn dann verstehe ich sie besser. Meine Schülerin schrieb wieder ab und zu mit mir. „Ja“, sagten sie, „das geht.“ Dann schrieb meine Schülerin: „Das ging gut, sie sagten, sie kämen von einem Planeten mit dem Namen Usimo, und das liegt irgendwo bei der Sonne oder so, genau weiß ich das nicht mehr.“ Ich fragte, was sie denn wollen, sie sagten, sie wären hier wegen mir, Gott schickte sie zu mir. „Und warum“, sagte ich? „Weil wir dir in den Hintern treten sollen.“

„Warum denn das“, fragte ich lachend?

„Weil du immer sagst, du hörst nichts.“ „Na, wenn ich nun nichts höre“, sagte ich. „wie seht ihr denn aus?“, fragte ich, „ich sehe euch nicht.“

„Wir sind auch aus Licht, wir machen uns nicht sichtbar, wir sind alle auf der Erde und fühlen uns hier nicht wohl. Es ist alles so negativ hier und wir sind froh, wenn wir wieder weg sind. Bei uns gibt es nur Liebe und Licht.“

„Wie seht ihr denn aus“, fragte ich?

„Ich bin grün und bin oft bei dir, ich sitze oft auf deinem Sofa,

aber du nimmst mich nie wahr.“ „Darf ich euch denn mal sehen“, fragte ich.
„Ja, das darfst du.“
„Ich würde gern mal zu euch kommen auf euren Planeten.“
„Ja, das darfst du“, sagte er.“
„Und wie“, fragte ich?
„Jetzt, wenn du willst, es geht aber nur dieses eine Mal, jeder darf nur einmal in seinem Leben zu uns, dann nie wieder. Leg dich hin und konzentriere dich.“ Ich machte, was er sagte, nach einer langen Zeit sagte ich, es würde nicht gehen, ich kann mich einfach nicht konzentrieren. Aber er meldete sich seitdem nie wieder. Ich war so traurig darüber, dass es nicht ging. Meine Schülerin wollte immer noch nichts mit mir zu tun haben, ich versuchte immer wieder, den Kontakt wieder herzustellen, aber sie blockte immer ab. Bis sich Gott meldete und sagte, wir würden vorerst getrennte Wege gehen. Das war's, jetzt war erst mal alles still. Ich hatte es alles versaut, dachte ich. Gott sagte, wir sollten ab jetzt ruhen und uns ausruhen, wir sollen Kraft sammeln für später. Ich hörte seitdem nichts mehr aus der geistigen Welt. Es vergingen einige Monate, bis sich Erzengel Michael ab und zu mal meldete, aber immer nur kurz angebunden.

Ich lebte einiges noch mal durch

Als ich seit einiger Zeit in meiner Wohnung lebte, zog einer meiner Söhne zu mir, wir teilten uns die kleine Wohnung und ich machte aus dem Wohnzimmer auch mein Schlafzimmer. Das ging auch soweit ganz gut. Meine Wohnung befand sich nur fünf Minuten von meinem Arbeitsplatz entfernt und so konnte ich daher schnell auf der Arbeit sein. Meine Arbeitszeit reduzierte ich auf 120 Stunden, mehr ging nicht, sonst würde ich wieder krank werden. Da ich meinen Sohn habe, der 14 Jahre alt ist, muss ich mich mehr um ihn kümmern. Ich kümmerte mich, soweit ich konnte, um meinen Sohn. Der wiederum war aber selten zu Hause, er war letztlich mehr bei seiner Mutter als bei mir. Mir war es einerseits ganz recht, denn ich musste sehr kalkulieren. Das Geld reichte hinten und vorne nicht. Ich fiel dadurch immer öfter in ein Loch, mir ging es fast jeden Tag schlecht. Über Jahre reichte das Essen nie, die letzten 2 Wochen zum Monatsende gab es immer Nudeln jeden Tag. Ich arbeitete viele Überstunden und fuhr jeden Samstag zusätzlich Bus. Aber es reichte trotz allem nicht. Barbara, meine engste Freundin, der ich bei allem vertraute, half mir immer. Ohne Barbara würde ich es einfach nicht schaffen. Es fehlte jeden Monat etwas. Meine Mutter half mir auch zwischendurch, sie gab mir immer Essen, wenn es mal ganz eng wurde. Abends war es meistens immer so weit, ich verstand die geistige Welt nicht mehr. Ich hatte das Gefühl, allein gelassen zu sein und zweifelte an allem. Ich vertraute mir selbst nicht mehr und fragte mich immer wieder, ob das alles real war, was ich erlebte. Ich fing an, auf die Engel zu schimpfen, gab ihnen die Schuld, dass ich so lebte. Ich fing an, viel zu weinen, ging kaum aus der Wohnung, es schmerzte richtig, es tat so weh. Einsam fühlte ich mich und ich fragte mich oft, warum ich das eigentlich alles mitmachte. Kunden meldeten sich und wollten

Beratungen oder Sitzungen. Ich lehnte alle ab, ich sah mich nicht mehr als Medium. Wie denn, wenn ich nichts mehr hörte. Ich hatte immer weniger Lust zu leben, ich beschloss aufzugeben. Ich suchte nach einfachen Methoden, um mein Leben zu beenden. Ich schrieb Barbara an und sagte ihr, dass ich aufgebe, ich konnte nicht mehr, meine Lebensfreude war weg. Wozu soll ich weitermachen, fragte ich sie. Mich braucht keiner, es fällt gar nicht auf, dass ich nicht mehr da bin, habe eh keinen mehr.

Aber Barbara redete jedes Mal auf mich ein, sie holte mich oft zurück und sagte: „Du bist gut, lieber Mathias, du kannst es, du musst vertrauen, die Engel wissen, was sie tun. Alles wird gut, mache bitte weiter und gebe nicht auf. Es ist bestimmt eine Prüfung von oben, sie wollen bestimmt sehen, ob du durchhältst." Es passierte aber so gut wie jeden Tag, dass ich aufgeben wollte, es war, als wäre ich nicht ich selbst. Ich schrieb dann einige alte Schüler von mir an und berichtete über mein Befinden und darüber, dass ich nicht mehr kann. Ich wollte Hilfe und versuchte, Botschaften durch sie zu bekommen. Da übergaben sie mir einige Botschaften und sagten, ich solle durchhalten und weiter vertrauen. Ich soll aus eigener Kraft da rausfinden. Das war meine Prüfung also, alles was ich an Schmerz und Leid jetzt wieder erfahre, das hatte ich vor Jahren durchlebt. Aber wie lange soll das noch so gehen, fragte ich mich oft. Ich hatte jetzt noch weniger als vor Jahren. Ich schaffte es aber nicht und verfiel in Depression. So beschloss ich, mal wieder alles zu löschen von meiner Internetseite, mein Buch und alles, was mit Engeln zu tun hatte, in den Müll zu werfen. Dann aber meldete sich unerwartet eine alte, gute Freundin. Von ihr hatte ich schon eine Ewigkeit nichts mehr gesehen und auch nichts mehr gehört. Sie schrieb mich eines Abends an: „Hallo Mathias, wie geht es dir?"

„Mir geht es einigermaßen", entgegnete ich. Ich wollte ihr

nicht sagen, wie es um mich bestellt war und versuchte, es mir nicht anmerken zu lassen. Aber sie wusste, wie es um mich stand, sie war auch ein Medium und konnte es sehen. Ihr Geistführer sagte, sie solle sich schnell bei mir melden und Kontakt zu mir suchen. Sie sagte es mir dann auch, dass sie geschickt wurde und mir helfen soll. Ich sagte: „Wie bitte willst du mir helfen? Keiner kann mir helfen."

„Doch", sagte sie, „die Engel sagen, du sollst zur Ruhe kommen und innere Kraft tanken, sie lassen dich extra in Ruhe und haben das Hören erst mal eingestellt, bis du selbst da rausgefunden hast." Ich verstand wie immer nichts und meinte, ich hätte eh keine Lust mehr auf die Engel und mache nichts mehr als Medium. Sie bettelte aber regelrecht und kämpfte darum, dass ich zu ihr komme. „Wann denn", fragte ich sie.

„Jetzt", sagte sie, „die Engel sagen, du musst unbedingt zu mir kommen und hier deine Kraft schöpfen." Das Medium wohnte von mir um die 200 Kilometer weg und ich wusste nicht, wie ich dahin kommen sollte ohne Geld. Aber Barbara half mir schon wieder.

Meine Offenheit bei einer alten Freundin, die auch ein Medium ist und was dort passierte

Als ich bei meiner Bekannten ankam, erwarteten sie mich schon vor dem Haus. Meine Bekannte freute sich wahnsinnig, mich zu sehen, sie sprang mir regelrecht auf den Arm und drückte mich vor Freude. Ich freute mich auch sehr und begrüßte anschließend ihren Lebensgefährten, der mich auch recht herzlich begrüßte.
Ich erzählte meiner Bekannten alles, was mir bis heute passierte, sie hörte sich erst mal alles an, es war schon spät geworden, wir gingen daraufhin dann auch alle zu Bett.

Am nächsten Morgen saßen wir zusammen am Frühstückstisch, da erzählte ich, was mich belastete. Zu meiner Bekannten sagte ich anschließend: „Kein Verlag nimmt mein Buch. Von 16 haben sich drei gemeldet und der Rest schaut sich das noch nicht mal an.“ Meine Bekannte sagte, ich sollte Geduld haben und vertrauen. „Das höre ich nun schon seit einem Jahr“, sagte ich. Seit dem Tag wo wir wieder vermehrt Kontakt haben, hörte meine Bekannte die Engel mehr als je zuvor. Die Engel sagten, sie habe es mir zu verdanken, dass sie jetzt noch klarer hört. Meine Bekannte stellte mir dann einige außergewöhnliche Fragen. Ich verstand es zuerst nicht und fragte nach, was sie denn meinte. Sie sagte, es sei egal, nicht so wichtig. „Doch“, sagte ich, „es ist wichtig für mich, sage es bitte noch mal.“ Meine Bekannte fragte mich dann, ob ich Erzengel Michael immer bei mir hätte, ich bejahte, er sagte es zumindest. Meine Bekannte fragte: „Sagt er Michael?“
„Ja“, sagte ich, „warum?“
„Dein Geistführer heißt nämlich auch Michael.“
„Aha“, sagte ich verblüfft. „Ich habe noch nie mit ihm gesprochen, nur mit Engeln“.

Meine Bekannte sagte: „Nein, er hat viel mit dir gesprochen, nur hat er sich als Engel gezeigt, weil du kein Vertrauen zu Geistführern aufbauen konntest und nur zu den Engeln.“ Da war ich erst mal sprachlos. Ich habe es nicht bemerkt, er sprach wie ein Engel, aber ich freute mich darüber, denn nun wusste ich, mit wem ich zusammenarbeiten kann. Genauso freute sich auch mein Geistführer: „Nun kann ich mich zeigen und über meine Bekannte mir dir arbeiten“, meinte er. Ich konnte bis zu dieser Zeit immer noch nichts hören. Der zweite Tag ging normal weiter, meine Bekannte zeigte mir ihr Zuhause und die Tiere, die hier lebten, sie wohnte auf einem Hof, wo Tiere vor dem Schlachten gerettet werden, da waren allerlei Tiere, wie Pferde, Scharfe, Ziegen, Hühner, Schweine und vieles mehr. Der Tag ging auch nach und nach zu Ende, die Engel sagten zwischendurch etwas durch meine Bekannte, was für mich jetzt wichtig ist hier. Es war Abend und meine Bekannte fragte mich, wie ich immer heile, wie ich es denn immer mache. Ich erklärte es ihr, sagte aber, dass jeder Heiler anders arbeitet. Somit machte ich bei ihr eine Probesitzung mit Erklärungen dazu. Sie war so voller Energien und die Engel arbeiteten, während ich das Helllicht gab, zeitgleich an meiner Bekannten. Sie konnte dann eine Weile nicht aufstehen, als ich fertig war, denn die Engel arbeiteten noch weiter. Aber sie spürte sehr gut meine Energien, und meinte, so was hätte sie noch nie erlebt. Sie sah meine Energien und nahm sogar das reine Heillicht, was von mir ausging, wahr. Das war das erste Mal, dass jemand meine Fähigkeiten sah. Es stärkte mein Vertrauen zu 100 %. Sie sah, wie ich sie einsetzte und wo sie durch mich flossen. Sie meinte, sie hätte noch nie so ein großes Licht bei einem Menschen gesehen. Sie konnte in jedem Menschen sehen, was er denkt oder überhaupt alles. Am nächsten Morgen am Frühstückstisch erzählte sie, dass ihr die Engel über Nacht die Heilertätigkeiten erklärten und ihr genauso zeigten, wie ich sie anwendete. Das freute mich, dass sie es begriffen hatte, denn ich wollte auch von ihr eine Sitzung bekommen. In mir musste nämlich auch noch etwas aufgearbeitet werden und darüber hinaus suchte ich schon immer einen Heiler, dem ich vertrauen kann. Wir machten für diesen Tag eine Zeit aus, um uns gegenseitig eine Sitzung zu geben. Ich war schon sehr gespannt, wie sie es machte, entschloss mich aber, sie zuerst zu behandeln, da sie noch einige Blockaden hatte. Es war mir wichtig, dass sie absolut geheilt ist, bevor sie sich an mich ranwagte.

Wir gingen dann nach oben, da hatte meine Bekannte ihr Behandlungszimmer. Ich machte meine Sitzung und erzählte ihr noch mal, wie ich vorging, um sicherzugehen, dass sie auch an alles denken würde während meiner Behandlung. Ich machte es ca. eine halbe Stunde, dann hörte ich auf und schrieb eine Botschaft für sie. Das mache ich bei jeder Sitzung so. Die Engel machten solange an ihr weiter, sie konnte sich nicht bewegen, auch wenn sie es wollte, sie wurde von den Engeln behandelt. Sie erzählte mir anschließend, als sie fertig war, was sie sah, ich hob ihre Seele geistig etwas an, ich drehte sie um, um auch von allen Seiten an sie ranzukommen. All das geschah im Geiste und sie bestätigte es mir auch danach. Sie fragte zudem ständig, wie ich das mache. Ich erklärte ihr alles, was sie als Heiler wissen muss. Meine Bekannte war nun geheilt, alles im Körper funktionierte wieder reibungslos. Nun war ich an der Reihe, sie machte also jetzt eine Sitzung, sie machte es sehr gut, ich fühlte alles sehr genau, wo sie mich gerade behandelte. Auch ich bekam am Ende eine Botschaft von den Engeln durch meine Bekannte.

Wir gingen dann auch wieder runter, der Lebensgefährte von meiner Bekannten kam von der Arbeit, ich sagte ihr, dass ihr Freund aber auch eine Sitzung haben sollte. Die Traurigkeit in ihm macht mir Sorge. Kaum hatte ich das ausgesprochen, da

kam ein Kind aus der geistigen Welt, meine Bekannte sah es, ich konnte ja immer noch nichts sehen, Gott hielt mir die Augen und Ohren zu. Ich weiß nicht, warum er dies machte, das innere Kind von ihrem Freund, im Alter von 8 Jahren stand da und hatte große Angst. Wir machten nach Anleitung von den Engeln eine kleine Sitzung, die aber eine sehr große Wirkung auf den Freund hatte. Ich gehe hier nicht ins Detail, wie die Sitzung genau ablief. Aber im nächsten Kapitel erkläre ich, was das innere Kind eines Menschen bewirkt und warum manch einer krank ist und nicht weiß, warum. Dem Freund ging es danach richtig gut, er musste sich aber hinlegen, es ist auch in einer sehr kurzen Zeit viel passiert mit ihm, er musste jetzt lange ruhen. Am Abend hatten wir beschlossen, einen Film anzuschauen, es ging da um Engel, ich kannte diesen Film aber schon. Meine Bekannte sagte, die Engel wollten, dass wir den Film anschauen. „Na gut“, sagte ich. Wir schauten uns den Film also an. Als der Film zu Ende war, da sah meine Bekannte plötzlich zwei Engel auf mich zukommen, einer hinter mir und einer vor mir. Ich fragte: „Was wollen sie?“
„Sie geben dir Heilung in dein Herz und in deinen Kopf“, sagte meine Bekannte. Ich spürte es auch gleich, sie sah, wie sie mir aus meinen Ohren links und rechts Stöpsel zogen. Sie meinte, die Engel sagen, ich sollte sie jetzt selbst fühlen. Ich fühlte sie auch, eine Energie der Liebe. So wurde ich wieder geöffnet und nun muss ich wieder lernen, sie zu hören und zu fühlen. Ich ließ es dann also zu und wartete, was sich die Tage alles ergab.

Das innere Kind

Ich habe in meinen Sitzungen festgestellt, dass, wenn Menschen Ängste in sich haben und sich schwer für die Liebe öffnen können, in ihren Leben ein Trauma gehabt haben. Es muss auf jeden Fall in der Kindheit passiert sein. Einige können sich auch nicht mehr an die Geschehnisse erinnern. Wenn sie erwachsen sind, erst dann merken sie, dass da irgendetwas nicht stimmt. Sie haben immer Probleme weiterzukommen, sind oft verschlossen und ängstlich, sie zeigen es meistens aber kaum nach außen. Das Erlebnis, das sie im Kindesalter hatten, wurde nicht verarbeitet, das Kind im Inneren ist an diesen Tag stehen geblieben und nicht mitgewachsen. Das innere Kind ist ein Spiegel von euch selbst, eine Art Seele, es braucht die Liebe von dir selbst, die es nie bekommen hatte. Ich habe es selbst oft erlebt bei Klienten. Wenn man es erkannt hat, ist es allerdings sehr gut heilbar. Nicht jeder erkennt gleich, dass eine Krankheit von innen kommt. Ich stelle daher immer zuerst Fragen zur Kindheit, wenn jemand zu mir kommt und danach richte ich dann meine Sitzungen aus. Ich behandle immer alles, was der Körper braucht. Ich spreche einige Details mit meinem Geistführer und den Engeln ab. Einige Engel oder auch mein Geistführer sagen oft, was in diesem Moment wichtig ist, danach arbeite ich dann mit dem Klienten. Wenn das innere Kind wieder im Körper ist und sein wahres Alter erreicht hat, dann ist bereits ein großer Schritt getan und der Mensch ist zu 70 % geheilt. Der Rest der Heilung muss einige Tage später vollzogen werden. Es ist dabei äußerst wichtig, dass danach noch mindestens drei Sitzungen folgen, die Chakren, die Karmastränge, die Aura und der Körper. Aber die Heiler wissen am besten, was gemacht werden muss, oder besser gesagt, ich hoffe es. Ist es ein Kindheitstrauma, was meist unbewusst verdrängt wird, kann ein Mensch sich nicht selbst mögen. Er versucht ständig, die Macht eines anderen zu rauben und will ihn kontrollieren. Er möchte diesen Menschen so haben, wie er es sich vorstellt. Das wird immer nach hinten losgehen. Man kann niemanden besitzen oder kontrollieren. Wenn man sich selbst nicht liebt, dann wird man auch niemals jemanden für eine anhaltende Partnerschaft finden. Jeder Mensch geht seinen Weg, das wird sich nicht ändern. Es gibt Menschen, die lassen sich kontrollieren, dann aber wird dieser Mensch krank und schwach. Er lässt alles mit sich machen. Die Liebe zwischen den Menschen ist erloschen. Genau so auch auf dem Arbeitsplatz: Lässt man mit sich machen, was der Vorgesetzte will, wird irgendwann der Körper zusammenbrechen. Das sogenannte Burn-out folgt. Was die geistige Welt uns damit sagen will, ist: Lernt, euch selbst zu mögen, liebt euch so, wie ihr seid. Erst dann, wenn ihr euch liebt, dann zieht ihr die Liebe um euch heran und alles wandelt sich. Gebt den Partner oder Arbeitsplatz auf, er macht euch krank. Es müssen mal andere Wege gegangen werden, um etwas Neues, Besseres zu beginnen. Denn da kommt Gott. Gott sagt euch: „Ihr habt es geschafft zu gehen und nun öffne ich euch eine neue Tür für etwas viel Besseres, was ihr verdient habt.“ Dein inneres Kind wird dadurch befreit und wächst heran. Das heißt, du erfährst nach und nach Heilung. Dir geht es jetzt besser. Nur den Mut zu gehen musst du allein aufbringen. Die Angst sagt dir immer, was ist wenn, was soll ich jetzt machen, oder oder. Aber du sollst wissen: Angst gibt es nicht, die Angst machst du mit deinen Gedanken. Wovor hast du Angst? Es geht immer weiter, denn die Engel und Gott helfen dir, das verspreche ich dir.

Ich reiste wieder ab

Die Zeit verging sehr schnell bei meiner Bekannten. Eines Morgens fragte sie mich, ob ich ihr im Stall beim Ausmisten helfen könnte. "Na klar", sagte ich. Wir zogen uns um und gingen zum Stall. Meine Bekannte bemerkte, dass alle Pferde, die sich auf der Weide befanden, in einer Richtung standen, es waren fünf Pferde. Alle schauten auf ein Pferd, das am Boden lag, es muss sich irgendwo verletzt haben und konnte nicht mehr aufstehen. Wir gingen sofort zu diesem Pferd und beruhigten es erst mal. Wir gaben ihm in konzentrierter Form Energie. Wir hielten unsere Hände direkt an der Stelle, wo es verletzt schien. Es dauerte ca. eine halbe Stunde und das Pferd stand auf. Es zeigte sich so unglaublich dankbar uns gegenüber und freute sich regelrecht. Anschließend gaben wir dem Pferd etwas zu trinken, es hatte furchtbaren Durst, es muss die ganze Nacht so gelegen haben.

Nachdem wir fertig waren mit dem Ausmisten, gingen wir wieder rein. Ich fragte meine Bekannte, ob sie mir noch eine Sitzung geben würde. „Ja, das mache ich gerne", sagte sie. „Geh schon mal nach oben, ich komme gleich", sagte sie. Ich ging nach oben und legte mich schon mal auf das Behandlungssofa. Ich wartete lange, meine Bekannte rief, ich komme gleich, genervt bejahte ich dies. Irgendwann kam sie dann und verschwand immer wieder, das nervte mich immer mehr. Dann plötzlich dachte ich an die Engel, ich sah Engel um mich herum, die an mir arbeiten wollten. Ich spürte eine unglaublich starke Energie in mir, konnte es kaum aushalten, es war unbeschreiblich schön und zugleich etwas schmerzhaft in der Brustgegend. Meine Bekannte kam nun dazu. „Oh, die Engel sind um dich herum", sagte sie. „Sie behandeln dich." Sie schaute es sich vom Sessel aus an, der neben dem Sofa stand.

„Was machen sie mit mir, ich kann es kaum aushalten?“, fragte ich sie. Ich atmete schwer und ich wusste nicht, ob ich lachen oder weinen sollte. „Du sollst es zulassen und warten“, sagen die Engel, „sie sind gleich fertig.“ Als die Engel fertig waren, kam ein Gefühl von Angekommensein in mir hoch, ich musste lachen vor Freude, ich weiß nicht, warum das so war, musste auch etwas weinen zugleich. Ich nahm die Hand von meiner Bekannten, drückte sehr fest zu und bedankte mich. “Danke, dass ich herkommen durfte.“ Daraufhin meldete sich Erzengel Michael: „Du bist fertig, von nun an brauchst du dich vor nichts mehr zu fürchten, nun sehen wir mal, wie standhaft du bleibst“, sagte Michael. „Das hörte ich schon sehr oft, danach kam immer eine Katastrophe auf mich zu. Nun ja, ich fühlte mich in diesem Augenblick sehr wohl und genoss diese Sitzung. Meine Bekannte musste noch zur Arbeit, sie arbeitete drei Stunden am Abend und das zweimal die Woche in einem Supermarkt nebenbei. Sie fuhr dann auch gleich los, ich war jetzt allein in der Wohnung. Ich beschloss, etwas spazieren zu gehen und mir die Zeit etwas zu vertreiben. Es wurde dunkel und es war ein kalter Novembertag. Ich ging die Straße entlang, es war ein kleines Dorf, in dem sie wohnte, kein Mensch hielt sich draußen auf. Es war schon dunkel geworden und sehr kalt, wir hatten Winter und Minusgrade. Michael meldete sich und sagte: „Hallo, mein Freund.“

Ich sagte „Hallo, schön, dass du bei mir bist, ich freue mich,“ Gleich darauf meldete sich auch Gott. Sie hörten sich fast gleich an, ich konnte es kaum raushören, wer es war, ich fragte nach, wer jetzt eigentlich mit mir sprach? „Ich, mein Sohn“. Da wusste ich, es ist Gott, nur er nannte mich mein Sohn. Überbringe deiner Bekannten eine Botschaft. Er legte gleich los, ich hatte Schwierigkeiten, es mir zu merken, denn wenn die geistige Welt zu einem spricht, dann ist man in so einer Art Trance. Ich speicherte es sofort auf dem Handy, als er zu mir sprach.

Wenn meine Bekannte zurück sei, dann sollten wir uns hinlegen und zu ihm kommen, stand in der Botschaft.
Ich war ja schon sehr oft bei Gott und so freute ich mich, dass ich meine Bekannte mitbringen durfte. Als sie zurückkam, konnte ich es kaum erwarten, ihr das zu sagen. Aber sie war hungrig und von der Arbeit genervt. Das dauerte eine Ewigkeit, bis sie sich entschloss, endlich mit nach oben zu gehen. Als wir nun endlich lagen, fragte sie, wie sie das machen sollte. Ich war etwas erstaunt, als sie mich das fragte, sie reiste ja selbst einige Male dorthin. Na gut, ich erklärte es ihr schnell und dann ging es auch schon los.

Wir standen Hand in Hand vor Gott, er lobte uns beide für unsere gute Zusammenarbeit, meine Bekannte bekam ein Geschenk überreicht, genauso wie ich. Ich freute mich sehr darüber, es war jetzt mein drittes Geschenk, das ich überreicht bekommen hatte. Wir bedankten uns und gingen zurück ins Hier und Jetzt. Was mich wunderte an meiner Bekannten, war, dass sie sich gar nicht richtig darüber freute. Danach ging ich wortlos nach unten und legte mich aufs Sofa. Am nächsten Tag war dann mein Abreisetag, ich reiste zurück nach Hause.

Ich verfiel in Depressionen und gab auf.

Die Tage vergingen, nichts tat sich mehr, alles war still. Ich schrieb meine Bekannte an und fragte, was los sei. Sie sagte: „Sie weiß es auch nicht, was ist. Ich glaube, du sollst jetzt ruhen“, sagen die Engel. Das muss wohl so sein, dachte ich mir. Nach einigen Wochen tat sich immer noch nichts. Keine Klienten kamen mehr, nichts passierte. Ich hatte zudem kein Geld mehr, arbeitete immer mehr als Busfahrer, als ich ertragen konnte, hatte langsam die Lust an der Engelwelt verloren. Ich nahm keine Hilfe mehr an, weil ich alleine auf den Beinen stehen wollte. Rechnungen wurden immer mehr, ich wusste nicht, wo das Geld bleibt, das ich verdiente. Die erste Woche, wenn ich meinen Lohn bekam, ging es noch, dann aber wurde das Geld knapp. Ich lebte von Fischkonserven und sonstigen billigen Lebensmitteln. Ich schätzte das Essen sehr, lernte sogar, aus weggeworfenen Lebensmitteln Essen zuzubereiten. Meine Bekannte lebte teilweise immer so. Daher kochte ich bei ihr oft und nahm die Lebensmittel, die sie hatte. Also aß ich, was ich bekam, auch wenn es nicht gerade gesund war. Meine Mutter gab mir oft Essen mit. Ich sagte nicht mehr, wenn ich nichts hatte, ich wollte nicht, dass sich jemand um mich sorgt. Wenn meine Kinder kamen, gab ich mein Letztes, sie brauchten auch dringend eine Hose oder Schuhe. Ich selbst aber auch, ich kaufte mir aber nichts. In mir kam eine Wut auf. Zugleich gab ich der geistigen Welt an allem die Schuld, dass ich so lebte. Ich dachte ans Aufgeben, dachte mir irgendwelche Dinge aus, wie ich von der Erde gehen könnte. Ich hatte keine Lust mehr, so zu leben und auch so zu leiden. Das Amt gab mir nichts und ich hatte drei Kinder, die selbst viele Probleme hatten. Von mir bekamen sie dann mein Letztes. Ich weinte wieder sehr viel, schrieb eine Schülerin an, die vor Langem eine Ausbildung bei mir machte. Ich bat um eine Botschaft, weil die Engel sich bei mir nicht meldeten. Sie schrieb auch prompt zurück. „Du sollst ruhen, aus eigener Kraft da rausfinden.“ Es dauerte Monate und ich litt sehr darunter. Ich ging nicht mehr raus und wenn, dann traf ich mich mit Barbara, um mich auszujammern. Aber Barbara redete Klartext. Sie meckerte regelrecht, dass ich aufhören soll zu jammern, es gäbe schlimmere Dinge auf Erden. Es war mir eine Lehre. Über Tage ging ich in mich und dachte viel über Barbaras Worte nach. Sie hatte recht, Jammern bringt nichts, wird dadurch auch nicht besser. So vergingen wieder einige Tage, nach und nach las ich Gottes Worte, die er mir vor einem Jahr sagte. Ich schrieb mir immer alles auf. Schaue nach

vorne und nie zurück, bekämpfe dein Ego und liebe alles und jeden. Ich fing an, diese Worte umzusetzen, ich machte es mir zur Tagesaufgabe und sendete allen Liebe zu, mich selbst inbegriffen. Es fing an zu wirken, ich fühlte mich immer besser, auch wenn ich nichts hatte und immer noch alleine lebte. Und dann waren da noch die Sorgen meiner Kinder, die auch nicht ohne waren, aber ich wurde immer glücklicher und zufriedener. Ich fuhr Bus, das war ja mein Hauptberuf, dem ich nachging. An diesem Tag hatten wir ein Stadtfest. Ich war glücklich, warum weiß ich nicht, es war einfach nur ein herrliches Gefühl in mir. Ich liebte alle, ich konnte jeden einfach nur umarmen und küssen. Da spürte ich eine sehr starke Energie in mir, die war so groß, dass ich fast vor Glück weinen musste. Ich hörte eine Stimme, es war Gott. Nimm diese Energie und nutze sie, es gibt keinen besseren Ort als hier und jetzt, sende Liebe aus und verbreite sie. Ich bedankte mich sehr bei Gott und sagte: „Ja, das stimmt, es gibt keinen besseren Ort wie diesen jetzt.“ So verlief der Tag im Glück. Ich spürte jeden Tag immer mehr die Kraft in mir. Frieden baute sich auf und mehr und mehr Vertrauen in die geistige Welt.
Es war so weit, eines Morgens fühlte ich, dass ich es geschafft hatte. Ich überlegte, meine ehemalige Schülerin anzuschreiben, hatte aber etwas Angst davor, wie sie darauf reagieren könnte. Schließlich machte ich es einfach und schrieb nur: Hallo, wie geht's dir? Mehr konnte ich nicht, mir fehlten die Worte. Sie antwortete auch zurück und freute sich sogar, dass ich schrieb. Wir schrieben dann regelmäßig, nicht so viel wie damals, aber besser als gar nicht. Eines Abends fragte sie mich, wie ich damit zurechtkomme, wenn die geistige Welt durch sie mit mir schreibt. Ich sagte, es wäre o. k., besser als nichts. Tage später meldeten sich auch die Engel wieder, wir alberten etwas herum, genau wie damals. Ich fand das sehr schön und war glücklich darüber. Ich sagte zu Andrea, dass ich wieder neu beginne,

dass ein Drang in mir ist, was ich alles noch machen möchte. Andrea hatte ein Tief, ganz genau so, wie ich es hatte, sie löschte ihre Internetseite und warf alles hin. Ich versuchte, sie täglich zu beruhigen und sie auch zurückzuholen. Es gelang mir einfach nicht, was ich aber voll nachvollziehen konnte. Ich war mir so sicher, dass sie es schaffen würde und dass sie eine harte Prüfung durchmachte von oben. Auch ich machte mehrere Prüfungen durch, ein Medium, das ich sehr gut kannte, sagte mal in meiner schweren Zeit: „Du machst gerade eine der schwersten Prüfungen auf Erden durch, die es gibt. Du wirst es aber schaffen." Ich hatte es geschafft und das aus eigener Kraft. Ich bekam eine Botschaft von Gott.

Gott sagte, dass er sehr stolz auf Andrea und mich sei, dass er und Mutter Erde mitlitten und es nun vorbei wäre. Wir gingen nun nicht mehr über Berge und Steine, sondern immer nur geradeaus. Ich bekam später noch eine Botschaft von Gott, er gab mir eine neue Aufgabe, die ich von Herzen gerne ausführen würde. Und alles für unsere geliebte Mutter Erde und für euch, alle Seelen und Wesen. Die Engel sagten vor langer Zeit mal zu mir, alle gehen einer Prüfung nach, es muss nur sichergestellt sein, dass ihr vollkommen bereit seid für das alles.
Was ich mit all den Schwierigkeiten, die wir hatten, sagen will, ist, dass ihr es alle schaffen könnt. Gebt niemals auf, egal wie hart es auch in diesem Moment ist bei euch, seht niemals nach hinten, das ist eure Vergangenheit, das habt ihr alles schon gelebt. Das Hier und Jetzt ist das Leben, gestaltet es mit Liebe, das ist euer Vorankommen und nichts anderes. Das alte sind eure Steine, die vor euch liegen. Überwindet diese Steine, ihr schafft es.

Was ist Reiki?

Reiki kommt aus Japan und wurde dann nach Deutschland gebracht. Mittlerweile wird Reiki auf der ganzen Welt praktiziert, heute bekommt man alle Infos darüber im Internet oder in jeder Buchhandlung. Das jetzt an dieser Stelle zu beschreiben, wo die Geschichte mit Reiki begann, würde den Rahmen leider sprengen. Auf jeden Fall ist Reiki eine Energie, die aus dem Universum in den Anwender fließt. Eine Ausbildung dauert einige Jahre, sofern ihr einen guten Lehrer dafür gefunden habt. Es gibt da mehrere Reiki-Grade von 1 bis 4. 3 ist Meister und 4 Lehrer.
Die Energie fließt direkt von den Händen des Anwenders in den Klienten. Die Energie fließt immer dahin, wo der Klient ein Leiden spürt. Ich behandelte anfangs, bevor ich richtig mit Engeln arbeitete, einige Menschen damit, hatte auch immer Erfolg mit Reiki. Vor einigen Jahren wurde ich mal von einer Bekannten angerufen und um Hilfe für ihre Freundin gebeten. Ich sagte sofort zu und fuhr hin. Als ich ankam, sah ich einen Haufen Elend dasitzen und zugleich meine Traumfrau. Na ja, ich stelle sie mir immer dunkelhaarig mit dunklen Augen vor, muss ja nichts heißen. Die Engel sagten immer, das Innere zählt. Ich hatte mal eine Freundin und Gott sagte zu mir: „Mein Sohn, du hast Reichtum im Herzen, deine Freundin ist arm im Herzen, damit bist du viel stärker und viel reicher, einige Menschen können viel Reichtum besitzen, aber was nützt es, wenn sie arm im Herzen sind?“

Ich informierte sie, dass ich sie mit Reiki behandeln würde. Bei der Behandlung bewegten sich ihre Arme wie von selbst, sie gingen von alleine zur Seite nach oben.
Ich konnte da noch nicht die Engel hören und wusste selbst nicht, was da los war. Ich sagte, es sei alles okay, das wäre

normal, wenn man Heilung bekommt. Ich arbeitete eine Woche so mit ihr, beim ersten Treffen wog sie nur 40 kg. Sie erholte sich dann aber erstaunlicherweise sehr schnell, nach einem Monat war sie wieder gesund und aß normal. Ich verliebte mich so sehr in diese Frau, dass ich jede Minute mit ihr zusammen sein wollte. Ich sagte es ihr dann auch, aber sie sagte nein, ich wäre nicht ihr Typ. Ich wusste, dass sie nicht wollte, weil ich Kinder habe und kein Geld, was ich auch verstand. Dennoch war ich so traurig darüber, dass ich sagte, wir müssen unsere Freundschaft beenden, ich wollte keine Freundin haben, in die ich verliebt bin, mit der ich aber nicht zusammen sein kann. Danach sah ich sie nie wieder.

Für mich ist Reiki heute nicht mehr so wichtig, ich arbeite ja jetzt mit der Energie der Engel und es ist im Prinzip ziemlich das Gleiche, da die Energien ja alle von einer Quelle kommen. Die meisten Reiki-Anwender sagen oft: „Ich habe geheilt." Zuerst habe ich mich immer darüber geärgert, wenn sie das sagten, denn sie heilen ja gar nicht wirklich, sie sind nur der Kanal, sie leiten die Energie nur um. Bei jeder Behandlung, egal ob durch einen Arzt oder durch Menschen, die mit Energien arbeiten, sind immer Engel anwesend. Es machen nämlich die Engel, sie regeln das mit den Heilenergien. Die meisten Energiearbeiter stellen sich das Heillicht vor, die Engel bringen das Licht und es fließt durch den Körper des Anwenders und somit in den Klienten.

Mein neuer Weg zum Engeltherapeuten

Engeltherapeut nenne ich es, weil ich alles damit machen kann, alles, was mit Engeln zu tun hat. Auflösungen aller Art. In meinen Kursen nenne ich es jetzt Energetisches Engel-Medium und wenn einer einen Heiler-Lehrgang bei mir machen möchte, heißt das bei mir Energetischer Engel-Heiler. Ich habe das jetzt getrennt, weil ich schlechte Erfahrungen gemacht habe. Man muss als Medium hineinwachsen. Das Hören und Sehen und wie man Botschaften schreibt, kann ich jemandem beibringen, aber was die Engel mit euch vorhaben und was ihr von denen danach lernt, das kann ich nicht wissen. Ihr habt euren Weg ausgesucht und müsst diesen auch ohne mich gehen. Auch das Heilen kommt erst nach einem Jahr bei mir, ihr müsst es erst begreifen, was Heilen überhaupt ist. Ich erkläre es auf den folgenden Seiten noch ganz genau, ihr sollt ja auch aus diesem Buch lernen und verstehen. Das heißt aber nicht, dass ihr es gleich könnt. Wenn ihr alles ganz genau verstanden und das genau gelesen habt, dann könnt ihr mit der neuen Energie lernen. Noch was zum Thema Medium: Jedes Medium auf der Welt arbeitet anders, jeder sieht seine Engel oder Wesen, die er sehen soll, daher kann jedes Medium anders schulen. So lehrten die Engel es mir, um euch das zu lernen. Meine Klienten fragen oft, was ein Engeltherapeut überhaupt ist. Das ist alles, was mit Heilung zu tun hat, sei es nur eine Berührung oder Zuhören. Nur dabei arbeite ich mit der geistigen Welt und bin mit ihr immer eng verbunden, wenn es um einen Klienten geht. Es fängt schon bei einer Heilsitzung an. Der Klient kommt, weil er ein Problem hat. Ich befrage die Engel oder den Geistführer, was los ist. Es kann eine Trauer dahinterstecken, die der Klient nicht verarbeitet hat. Trauer im Sinne von Verlust eines lieben Menschen, den er verloren hat, sei es, dass er verstorben ist oder auch durch eine Trennung. Auch andere Probleme, wie seelisches Leiden durch ein Erlebnis. Selbst aus einem alten Leben – das habe ich sehr oft, die Karma müssen aufgelöst werden. Und da fehlt Vergebung und das Verzeihen, was sehr, sehr wichtig ist für eine Auflösung. Auch nur eine Berührung des Klienten ist Engeltherapie. Der Klient, egal was er auch hat, bekommt immer eine Heilenergie direkt durch mich von den Engeln und auch von anderen Lichtwesen. Jesus kommt zum Beispiel gerne mal dazu oder zig andere Engel. Es können über hundert Engel dabei sein. Heilung bekommt immer derjenige, der auch darum bittet. Ihr müsst schon ein wenig an die Engel glauben, sonst wird es etwas schwierig. Es gibt Engel, es gibt Gott, ich kann es euch nur mit diesem Buch nahebringen und hoffen, dass ihr es glaubt. Bei einer Sitzung, die ich bei einer Krebskranken durchführte, bat ich Gott, mit dazuzukommen, das mache ich nur bei Schwerkranken. Es lag mir viel daran, dieser Person zu helfen, das war die erste Sitzung bei ihr und auch die große Sitzung, die ich immer gebe. Dabei mache ich alles, was zu machen ist. Als ich fertig war, fragte ich sie immer, was sie gesehen oder gespürt habe. Sie sah Gott mit einem goldenen Schwert. Er legte es auf ihre Brust. Erzengel Raphael hielt ihre Hand und auch Licht sah sie, teilte sie mir unter Tränen mit. Ich freute mich sehr und bedankte mich bei Gott und bei den Engeln. Ich beschloss, öfter zu ihr zu fahren und fragte sie, ob sie es möchte. Sie freute sich und bejahte es. So machte ich in regelmäßigen Abständen Sitzungen bei ihr und glaubte sehr fest an ihre Wirkung. Ihr ging es stetig besser. Ich fragte sie, ob sie eine Ausbildung bei mir machen möchte. Dies bejahte sie sofort. Somit nahm ich bei jedem Treffen meine Unterlagen mit und schulte sie ausführlich. Bei einer Sitzung kam Erzengel Michael und fragte diese Frau, ob sie den Weg gehen möchte. Sie sagte in Gedanken: Ja, ich will, und weinte vor Freude. Somit war mein Glauben noch mehr gestärkt, was Heilung angeht. Wir arbeiten mittlerweile zusammen. Ich fragte sie auch, ob sie meine Internetseite korrigieren würde, die ich mir neu erstellte und gab ihr regelmäßig Sitzungen mit Botschaften. Auch ich bekomme jetzt regelmäßig Sitzungen. Ich genieße die Energien der Engel einfach sehr.

Was Heilung genau ist, beschreibe ich noch detaillierter auf den nächsten Seiten.

Was mir eine Klientin mal erzählt hatte, hat mich total bestürzt. Einmal rief eine sehr kranke Frau an. Sie wollte eine Ausbildung machen und ich machte vorab einen Termin mit ihr aus. Sie erzählte mir sehr viel in sehr kurzer Zeit. Sie teilte mir mit, dass die Engel mit ihr reden würden und dass sie zu mir geschickt worden sei. Ich solle ihre Seele befreien, weil sie mit sich selbst nicht im Reinen sei und eine Heilung auf allen Ebenen stattfinden müsse. Sie habe mit einigen Menschen im Laufe der Vergangenheit sehr große Probleme gehabt, die sich auf ihre Psyche niedergeschlagen hatten. Ich machte einige Übungen mit ihr, welche alle Menschen als Erstes lernen müssen. Egal wer oder was andere mit einem gemacht haben. Verzeihen ist das Wichtigste dabei.
Das habe auch ich, Mathias, mit allen im Geiste getan, die mich oder die ich auf irgendeine Art verletzt habe, nur so bekommt die Seele Heilung.
Ich machte zuerst was mit Licht, dann stellte ich Verbindungen her zu jedem, der sie verletzt hatte. Aber dadurch wurde es nur noch viel schlimmer, alle Erinnerungen kamen wieder hoch bei ihr, die Engel und ich beruhigten sie sofort. Ich machte was anderes, als ich sonst machte. Die Engel gaben mir Bilder durch, was ich machen musste. Sie lag auf meiner Massageliege und war ganz still, davor hatte sie ununterbrochen geweint. Ich sagte, sie solle alle, die ihr im Leben wehgetan hatten, in einen Kreis stellen. Sie solle sich selbst sehen, wie sie mit dem

göttlichen Licht umhüllt sei. Dann solle sie sich vorstellen, sie stünde vor dem Kreis und schaute allen in die Augen, die in diesem Kreis standen. Alle, die sich im Kreis befanden, schauten zurück und wurden immer kleiner, sie schrumpften, nur sie selbst blieb so, wie sie ist. Die im Kreis waren so klein wie Baby-Puppen geworden und schauten beschämt zu ihr auf. Sie schämten sich so sehr, dass sie um Verzeihung baten. Meine Klientin machte gut mit. Ich sagte: „Schau sie dir genau an, sie alle schämen sich dafür und bitten dich um Verzeihung. Du musst sie auch um Verzeihung bitten, dann bitte dich selbst um Verzeihung, auch wenn du Schuldgefühle hast.“ Nach ca. vier Stunden unterhielten wir uns sehr gut, sie war wie ausgewechselt.

Die meisten, die missbraucht werden oder wurden, haben starke Schuldgefühle. Meist denken sie, dass sie Schuld haben. Es ist daher wichtig, allen zu verzeihen, auch sich selbst, sonst bleibt der seelische Schaden so groß und versteckt, dass man es immer, selbst nach dem Tode, noch bei sich hat. Die Seele kann es nicht verarbeiten, sie muss es hier auf Erden machen, sie wird sich sonst im nächsten Leben wieder die gleichen Probleme suchen und das wissen die Engel sehr genau. Deswegen sind auch so viele Engel unter uns Menschen, sie wissen, wie es um jeden steht. Je mehr jetzt aufgelöst wird von jedem Einzelnen, umso schneller werden die Erde und die Menschen heil. Das ist das Ziel von Gott. Eine Erde aus reiner Liebe, ohne Ego und Negativem.
Ich habe immer sehr viel Mitleid mit Menschen, denen es schlecht geht und nehme oft wenig bis gar kein Geld von ihnen, obwohl ich selbst sehr wenig habe. Mit einer sehr netten Kollegin, die ich kennengelernt habe, bin ich jetzt sehr gut befreundet. Sie ist auch ein exzellentes Medium – komischerweise lerne ich nur noch gute Medien kennen. Sie tat mir so sehr

leid, da sie nichts zu essen hatte. Ich half ihr trotzdem, obwohl ich selbst nicht viel hatte. Irgendwie fühlte ich mich verpflichtet dazu. Wer etwas gibt, bekommt auch was zurück. Später auf den anderen Seiten schreibe ich euch noch, was es heißt, etwas zu geben und was Geld bedeutet. Ich verstand diese Frau sehr gut, sie sagte mir mal, dass andere sie nicht verstehen würden, da sie sich anders verhalten würde als andere Menschen. Da ich aber von ihr wusste, dass sie Engel sehen und hören kann, wusste ich, wie es um sie steht. Ich habe gelernt, mich in alle Menschen, sogar in Tiere, hineinzufühlen. Ich sehe sie an und weiß, was sie bedrückt und was sie gerade denken. Ich habe dann immer sehr viel Mitleid mit ihnen, sage aber nie etwas dazu. Ich höre ihnen nur zu und weiß, dass sie gerade einen schweren Lebensweg gehen. Aber ich weiß auch, dass sie es schaffen, da rauszufinden, denn es ist ja ihre Lebensaufgabe.
Auch bei einem Bekannten, den ich ansah, spürte ich, dass er so unglücklich aussah, wenn er mir begegnete. Ich fragte, ob alles okay sei. Ich wusste ja, was ihn belastet, wollte es aber von ihm hören. „Nichts“, sagte er, er hätte nur gerade ein paar Probleme. Na gut, dann sagt er es halt nicht. Die Engel teilten mir dann mit, er hätte so gerne eine Partnerin, er fühle sich alleine und einsam. Das wollte ich ihm aber nicht sagen, er wird sie noch finden, das wusste ich. Ich bitte die Engel stets für andere um Hilfe, wenn einer zu mir kommt oder ich jemanden kenne. Wenn sie nicht an Engel glauben, dann mach ich es für sie.

Einstimmung auf die Engelwelt, Teil 1

Die Engelwelt ist in der geistigen Welt, da befinden sich auch viele Seelen und unter anderem aufgestiegene Meister. Aufgestiegene Meister sind auch Seelen, es sind sehr alte, weise Seelen, die schon sehr oft auf der Erde gelebt haben. Das sind ganz besondere Seelen, sie haben das gelernt, was jetzt jeder Mensch hier in diesem Jahrtausend lernen soll. Das Erwachen jedes Menschen. Das bedeutet, jeder Mensch steigt auf. Gott will den Himmel auf Erden haben, es wird eine ganz andere Erde geben, als die, du gekannt hast. Das Erwachen bedeutet, du sollst dich erinnern, wer du bist. Was ist der Mensch? Der Mensch hat alles darüber vergessen, wer er ist. Ein Lichtwesen, ganz genau wie ein Engel. Du bist ein Engel auf Erden. Du weißt es nur nicht mehr. Über Tausende von Jahren hat der Mensch Leid und Schmerz erlebt. Viele Kriege hat es gegeben. Aber warum? Der Mensch sollte erfahren. Er wurde immer und immer wieder geboren, um zu erfahren. Die Seele sollte dadurch wachsen und sich zu dem entwickeln, das sie normal ist. Vollkommen eins mit Gott. Ein Licht, das alle sind. Engel sind Lichtwesen, alles in der geistigen Welt sind Lichtwesen. Auch der Mensch ist ein Lichtwesen. Daher kommt jetzt die Zeit des Aufstieges aller Wesen. Aber die Menschen verstehen das nicht. Es gibt Dinge, die sie verlernt haben und sie leben nach dem alten Muster. Das alte Muster ist das Festhalten im Gedanken. Das negative Denken beherrschen sie sehr gut, aber das, worum es geht, das können sie schlecht – nämlich positiv denken. Gott erschuf den Menschen, wie er selbst ist. Was denkst du, wenn du das liest? Wenn ich sage, Gott erschuf dich, wie er selbst ist? Das kennen wir aus der Bibel, aber ich persönlich kenne die Bibel überhaupt nicht. Ich habe als Kind darin nur in der Kirche gelesen oder besser gesagt nur zugehört, was der Pastor daraus las. Gott erschuf den Menschen im Gedanken, aus reiner Liebe und voller Freude. Aus Licht wie Gott selbst auch ist. Das heißt, das was Gott kann, das kannst du auch! Jetzt guckst du mit großen Augen, richtig? Das bedeutet, Gott, unser Vater, kennt keine bösen Gedanken oder Leid. Er kennt keinen Hass oder Angst oder irgendein negatives Bild, das der Mensch in sich trägt. Wenn einer Angst hat, dann hat er kein Vertrauen zu Gott. Angst gibt es normalerweise gar nicht, die erzeugen wir nur im Kopf. Denn wenn man auf Gott vertraut, dann braucht man keine Angst zu haben. Gott sagte: „Vertrau mir und ich nehme dir all deine Sorgen ab. Gib mir doch deine Sorgen, warum willst du denn in Sorge leben?" Ich selbst tat mir dabei sehr schwer, ich hatte genug Sorgen und Nöte. Bis eines Tages Mutter Maria kam und mir eine Botschaft überbrachte. Ich solle all meine Sorgen und Nöte an sie abgeben. Sie übergab mir mein Urvertrauen zurück. Genauso wie Gott auch. Was Gott auf keinen Fall mehr will oder schon immer wollte – er will nicht, dass wir leiden! Denn alles, was du erfährst auf der Erde, das erschafft der Mensch sich selbst. All die Jahre hat sich das Böse und Negative auf der Erde immer mehr verstärkt. Die Erde speichert das alles und überträgt es an den Menschen zurück. Es ist sozusagen eine Kettenreaktion der Energie. Alles ist nämlich Energie. Auch Gedanken und Gefühle sind Energien. Die Seelen sind miteinander verbunden, es sind deine Geschwister und Brüder. Auch die Engel, die jeder kennt, sind deine Brüder. Wenn ein Mensch böse denkt oder negativ, dann entsteht dadurch Krieg, Elend und vieles mehr. Es sammelt sich und dadurch denken andere wiederum negativ. Viele sehen das Licht schon nicht mehr und begehen Selbstmord. Alles, was nicht im Einklang ist, ist dunkel und negativ. Gott hat uns Menschen aber etwas ganz Besonderes geschenkt und dafür bin ich Gott sehr dankbar. Er schenkte uns Gefühle. Ach was, denkst du jetzt. Ja, aber dann setze die Gefühle doch ein.

Alle fragen nach dem Weg, den sie gehen. Ist es mein Weg, wundern sie sich. Ist es der Traumpartner oder ist er es nicht? Und so weiter. Es wird dir niemand beantworten, liebe Leser. Selbst ich erfahre nie das, was ich frage, manchmal bekomme ich gar keine Antwort. Aber manchmal bitten mich die Engel, nach meinem Herzen, also nach meinem Gefühl zu gehen. Was war ich begriffsstutzig, das sagten sie so oft. Aber ich konnte es nicht verstehen. Auch da helfen sie nicht direkt. Sie führen dich, bis es eines Tages Klick macht. Engel haben Geduld, sehr viel Geduld. Ich aber nicht, ich musste auch Geduld lernen. Es dauerte Jahre, bis ich fast alles begriff. Ich wollte alles begreifen, aber Gott und die Engel hatten Geduld. Denn jeder Mensch soll alles von alleine lernen. Lerne zu erschaffen und du wirst dein Leben lang im Reichtum leben. Glücklich und vollkommen gesund. Nie mehr negativ denken und handeln. Ich schreibe später eine Anleitung, was du lieber Leser beachten musst und wie es genau geht. Ich werde mich klar und verständlich Satz für Satz wiederholen und es ganz genau beschreiben. Es ist notwendig, vieles in einer anderen Form nochmals klarzustellen. Ihr müsst es begreifen, um aus eurem Tiefschlaf zu erwachen. Wenn du bereit bist für diese unsichtbare Welt, die auch bei uns existiert, dann fang schon mal an zu lieben. Der Schlüssel zu allem ist nämlich das Lieben. Liebt alles, egal ob das Böse oder eure Krankheit, Negatives und so weiter. Fangt an, der Erde eure Liebe und Dankbarkeit zu senden. Bist du nicht dankbar für das, was du siehst oder erfährst, dann kommt immer das Gegenteil von dem, was du gerne hättest. Ist gut, oder? Das hat sich Gott sehr schön ausgedacht. Denn dein Denken formt alles. Aber keine Angst, wenn die geistige Welt deinen Willen sieht, dann helfen sie dir auf jeden Fall. Hast du gerade eine Krise oder eine Katastrophe nach der anderen, dann musst du da selbst rausfinden. Das ist ein Teil, den du selbst schaffen musst. Ich hatte hunderte Katastrophen

und musste aus allen alleine raus. Ich fragte die Engel jedes Mal dasselbe: „Warum helft ihr mir denn nicht?"
„Wir helfen dir die ganze Zeit", entgegneten sie mir dann. Ich stellte mir die Hilfe aber anders vor. Ich soll meine Probleme anschauen, warum das gerade so ist. Genau das müsst ihr auch machen: Anschauen und sehen, warum es so ist. Habt ihr dieses Problem angeschaut und verstanden, warum das so ist, dann löscht Gott dieses Problem und ihr bekommt eine Belohnung dafür. Gott sagt, er hat viele Geschenke für die Menschen. Er möchte jeden belohnen und beschenken, sodass der Mensch ein wundervolles, sorgenfreies Leben führen kann und sich alle Wünsche erfüllen kann, die er hat. Dafür verlangt er nur, dass ihr begreift, wer ihr seid. Belügen könnt ihr Gott nie. Er sieht in eure Herzen, darin sieht er, wie weit ihr seid. Seid ihr ehrlich zu euch und zu anderen, dann kommen immer mehr Wunder in euer Leben. Gott sagte, er könne euch alle Wünsche erfüllen, er kann alles verwandeln. Aber nur, wenn du daran glaubst. Ohne Glauben ist Gott nicht in der Lage, etwas zu verwandeln. Das ist sein Gesetz für alle Wesen. Das Gesetz ist Liebe, Ehrlichkeit, Glaube an dich und Glaube an Gott. Ich fragte mich ständig, warum es Engel gibt, wenn sie eh nicht helfen. Sie helfen dir schon, aber so, dass du alleine wieder da rausfindest. Und das kann dauern. Für uns Menschen ist es eine sehr lange Zeit. Für die geistige Welt ist es hingegen gar nichts. Die Zeit gibt es da ja nicht und somit haben sie viel Geduld und schauen dir zu. Also lernt aus diesem Buch, ich wünsche es mir von Herzen, dass ihr begreift, wer ihr seid. Das Begreifen ist dann euer Aufstieg. Das Ende des Leidens. Dann werdet ihr alles können, was ich kann und noch vieles mehr. Die geistige Welt ist Liebe, alles, was es an Wesen dort gibt, ist reine Liebe und Licht, so wie ihr es auch seid, nur ihr müsst es wieder lernen. Übt es jeden Tag, jede Minute, und ihr werdet dafür reich belohnt.
Das sage ich nicht nur so daher, diese Botschaft hat mir Gott

persönlich überbracht. Viele fragen sich, warum soll ich das Böse lieben? Durch Selbstliebe und Liebe zu deinem Nächsten wird sich die Liebe verstärkt in das Böse setzen, das heißt, der böse Mensch wird langsam das Licht in sich erkennen, die Liebe wächst auch in ihm langsam heran, weil wir alle miteinander verbunden sind. Die Liebe wächst automatisch weiter in dir, sie verstärkt sich mehr und mehr. Ich war auch nicht perfekt und lerne immer noch. Fertig bin ich noch lange nicht, aber komme meinem Ziel immer näher. Ich lernte auch am Anfang von Medien.
Als ich eine Woche in München war, begann mein Leben, eine ganz neue Richtung einzuschlagen. Ich lernte viel über Engel, es machte mir sehr viel Spaß, mit ihnen zu arbeiten. So erfuhr ich, wofür mein Leben eigentlich einen Sinn macht und wieso Menschen so sind, wie sie sind. Ich weiß, dass einige sehr bekannte Medien zu solchen Lehrgängen gehen. Ich habe dadurch sehr viel über mich selbst erfahren und lerne jeden Tag was Neues dazu. Bei der Ausbildung in München fragte ich die Ausbilderin, warum ich diesen schweren Weg gehen müsse. Sie meinte, die Engel hätten gesagt, dass ich sonst den Weg zu den Engeln nicht wiedergefunden hätte. Ich antwortete: „Es war aber so hart, warum ging das nicht leichter?“ Auch daraus musste ich lernen, weil ich das wollte. Je mehr du erfährst und durch schwere Zeiten gehst, ums so mehr befreit es deine Seele. Dadurch steigst du schneller zur absoluten Vollkommenheit auf, eins mit Gott zu sein. Auch das lernte ich erst jetzt, dass es so ist.

Eine der Teilnehmerinnen sagte zu mir: „Ich sehe dein ganzes Leben vor mir“, und sie weinte sehr deswegen, sie konnte alles sehen, was ich durchgemacht hatte. Es war eine Frau gewesen, die schon sehr gut war mit dem Engelsehen und -hören. Ich wurde dadurch auch wieder sehr traurig und wollte das gar

nicht hören und musste sogar das Weinen unterdrücken. Als ich dann wieder zu Hause war, machte ich mich an die Arbeit und bereitete mich für meine Aufgaben als Lichtarbeiter vor.
Ich fing an, anderen Menschen die Möglichkeit zu geben, es auch zu lernen. Jedes Medium auf der ganzen Welt arbeitet anders. Mittlerweile kommen sehr gute Medien zu mir, die eine komplette Ausbildung bei mir machen, sogar Ärzte und Heilpraktiker, Lehrer und Menschen aus allen Berufsgruppen. Mich freut es immer wieder, für jeden etwas Passendes zu finden. Auch gebe ich in größeren Abständen eine kostenlose Nachschulung mit Channel-Übungen. Gott sagte, es gab schon immer solche Menschen auf Erden, die das konnten. Viele wurden ermordet und immer wieder schickte Gott neue auf die Erde, um den Menschen die Wahrheit zu überbringen. Gott sagte, er schrieb die Bibel, aber vieles wurde verfälscht. Wie zum Beispiel, dass Gott uns strafen wird. Oder Gott will Opfergaben. Das stimmt überhaupt nicht: Gott bestraft seine Kinder niemals. Auch will er keine Opfer, wie Tiere oder Menschen. Gottes Wunsch ist, dass alle Menschen glücklich, gesund und in Fülle leben. Denn so ist sein Königreich im Himmel. So sollte es auf Erden sein. Wie im Himmel so auch auf Erden. Nun kommt es so, dass der Himmel eins wird mit der Erde. Gott machte es mit Absicht, dass der Mensch die geistige Welt nicht sehen kann. Der Mensch soll glauben und lieben. Erst dann, wenn der Mensch glaubt, zeigt sich die geistige Welt. Mehr dazu auch in einem anderen Kapitel. Bei jedem meiner Meditationsabende, die ich regelmäßig gebe, bekommen die Anwesenden ein Geschenk von den Engeln. Ein Geschenk kann z. B. sein: Erkenntnis oder selbst die Fragen beantwortet zu bekommen, die schon länger belastend sind etc. …

Je weniger man sich damit befasst, umso weniger ist man in der Energie der Engel.

Viele machen einfach zu wenig damit und dann kommen sie zu mir und wundern sich, dass sie so viele Probleme im Leben haben. Der Mensch ist spirituell, er soll es auch sein, damit ist man eins mit Gott. Um all die Probleme lösen zu können, müsst ihr eure Situation, in der ihr gerade steckt, anschauen. Schaut euch an, warum ist es gerade so bei euch. Ihr kommt selbst darauf, warum es so ist. Ein Beispiel: Du kommst ständig immer wieder mit deiner Nachbarin in Bedrängnis, immer wieder kommt es zum Streit. Aber warum? Weil du es vielleicht ausstrahlst und dich alles stört, was sie macht, was sie anhat oder sonst irgendwas. So nun schau, warum. Weil du vielleicht neidisch bist? Oder weil sie wirklich mehr hat als du? Gönne es ihr und mache deins anders, du kannst auch anders leben. Vielleicht hast du einen falschen Job und du sollst daraus lernen. Suche dir etwas Anderes, du verdienst vielleicht sogar mehr. Als ich Gott einmal sagte, ich könne das nicht, was er von mir verlangte, sagte er, ich wäre das, was mir gegenübersteht. Ich halte mir immer einen Spiegel vor und schaue mich selbst an. Sehe ich die Person in Liebe, dann wird sich alles wandeln. Du musst dich auch selbst mögen. Liebst du dich nicht, dann kann es auch nicht besser werden in deinem Leben. Das soll dir nur zeigen, dass du dich anschauen musst, jeder Mensch kommt aus seinen Schwierigkeiten raus, sofern er es möchte. Kritisiere niemals jemanden, denn alles, was du sagst und denkst, das sagst du zu dir selbst. Habe Mitgefühl für jedes Wesen, dem es schlechter geht als dir. Jeder Mensch ist für sich selbst verantwortlich und muss für sich selbst sorgen. So sagten es die Engel einmal zu mir. Aber gegenseitige Hilfe sollte auch drin sein. Helfe den Schwachen, sie können nichts dafür, dass es so ist bei ihnen. Ich rate dir jeden Tag, etwas für dich zu tun, rede mit deinem Engel oder Geistführer. Sie hören dich und deine Gedanken und sind 24 Stunden bei dir, jeden Tag. Vor allem denke jeden Tag positiv, egal wie es dir geht, dann geht es für dich nach und nach aufwärts. Und denke bitte daran, was ich dir gerade geschrieben habe: Du bist niemals alleine, es ist immer mehr als einer bei dir, der auch ständig mit dir redet. Du kannst alle Engel um etwas bitten. Zu bitten ist sehr wichtig, sei höflich mit der geistigen Welt und anschließend bedanke dich immer. Ich jammerte Gott fast täglich die Ohren voll. Er sagte mir, man könne auch mal um etwas bitten, aber alles ist zu lernen. Als ich schon länger mit Engeln zu tun hatte, da dachte ich, es geht von alleine. Ich dachte, sie sehen ja meine Schwierigkeiten und helfen mir ja. Leider muss ich dich enttäuschen, es ist leider nicht so. Auch ich lernte dazu, was ich normal ja wusste. Aber ich vergaß es vor lauter Sorgen, die mich täglich plagten.

Es kommt auch vor, dass sich Verstorbene melden. Auch sie haben eine Aufgabe auf Erden. Einige bleiben sogar bei dir und geben dir Ratschläge, ohne dass es dir vielleicht bewusst ist. Du nimmst es dann unbewusst auf und handelst danach, ohne es zu merken. Engel oder Geistführer melden sich ständig bei euch. Hört ihr nicht hin, dann geben sie Hinweise, ein Blitzgedanke kommt z. B. in euch auf oder ein Hinweis im Fernsehen oder Radio. Oder wenn ihr das Gefühl habt, alleine oder einsam zu sein, dann legen sie eine Feder auf euren Weg, den ihr gerade geht. Damit zeigen sie euch, dass ihr niemals alleine seid. Sie sagen damit: „Hey, wir sind doch bei dir, wir helfen dir gerade, habe Vertrauen!“

Es gibt Medien, die fast nur mit Verstorbenen reden. Für uns Medien ist es ganz normal geworden, Engel zu hören oder zu sehen. Bei Verstorbenen ist es aber manchmal so, dass sie nicht immer bereit sind zu kommen, wenn man sie ruft. Es kommt auch vor, dass eine andere Seele kommt und die Botschaft, so wie wir es nennen, überbringt.

Und auch gleich nach dem Versterben kommen sie nicht immer sofort, sie müssen erst mal zur Ruhe kommen und das dauert bis zu einigen Monaten. Sie haben in der geistigen Welt auch eine Aufgabe und können dann manchmal gerade nicht. Oder sie wollen nicht, das gibt es auch. Wenn man stirbt, dann lebt man genauso weiter wie auf Erden, nur ohne Körper. Das Bewusstsein bleibt so erhalten, man denkt immer noch weiter. Einige Seelen wissen gar nicht, dass sie verstorben sind und mischen sich immer noch unter das Erdenvolk. Was ich selbst auch nicht wusste, die Seelen sind zu Tausenden auf Erden. So wie der Mensch lebte, so leben sie immer noch weiter. Sie bemerken nicht, dass sie verstorben sind oder viele verstecken sich. Weil viele nicht an Gott glaubten, sehen sie das Licht nicht, in das sie eigentlich gehen sollten. Jede Seele wird von Engeln begleitet, aber auch die Engel werden nicht bemerkt. Ohne den Glauben an Gott haben er und die Engel keine Chance, sie ins Licht zu führen. Sie nehmen Gott und die Engel nicht wahr. Die Seelen irren dann mehrere tausend Jahre umher. Die Seelen, die sich versteckt halten, denken, sie werden bestraft und verstecken sich deshalb, sind gefangen in der dunklen Welt. Die in Liebe denken, haben mehr Licht. Licht ist das stärkste gegen das Böse. Denn wer mit Satan einen Pakt hatte, wie auch Hitler, der kann nur Böses im Schilde führen und auch nur so denken. Übrigens gibt es Satan gar nicht, er wurde durch den Menschen erschaffen. Aber dies ist eine andere Sache, über die ich hier nicht schreiben werde. Lest das Buch, was ich euch später noch nennen werde. Verstirbt der böse Mensch, dann erfährt er noch mal einige Dinge. Er darf sich all sein Leben ansehen und fühlen, was der andere gefühlt hat. Aber die Seelen sind nicht alle verloren, Gott verzeiht allen alles. Jede Seele bekommt eine Chance. Wenn eine Seele ins Licht kommt, dann kommt die Seele in eine Dimension, wo sie sich weiter entwickeln darf. Gott rettet auch die gefangenen

Seelen. Nur müssen sie auch in der geistigen Welt Einsicht zeigen und ihre Taten bereuen. Erst dann befreit Gott und Erzengel Michael diese Seelen. Denn das Licht ist viel stärker als das Dunkle. Gott kann alles, er kann alles verwandeln, er macht es aber nur, wenn man an ihn glaubt. Ihr wartet jetzt darauf, dass ich nun schreibe, was mit den verlorenen Seelen passiert, die sich verirrt und versteckt haben. Ja, die könnt ihr retten. Ihr alle, liebe Leser, könnt sie retten. Gott bittet euch von ganzen Herzen darum, diese Seelen ins Licht zu führen. Denn die Seelen sind euch sehr nah und nehmen euch wahr. Sobald ihr sie ruft, kommen sie auf der Stelle. Auf Friedhöfen und in Kirchen sind sehr, sehr viele Seelen. Ich bete jeden Abend für unsere Mutter Erde. Ich bete jeden Abend für all die Seelen, all die Kinder auf Erden. Alle Menschen, ob böse oder gut. Für alle Frauen dieser Welt. Für die Erlösung unserer Erde und alle leidenden Seelen und Menschen. Diese Aufgabe trug Gott mir vor ca. 2 Jahren auf. Ein Gebet ist so kraftvoll. Ich führe jeden Abend Hunderte Seelen ins Licht, meditiere jeden Abend oder auch mehrmals am Tag. Gott zeigte mir ein Bild, was er durch Andrea malen ließ. Sie schickte mir dieses Bild. Da war unsere Mutter Erde drauf und Gott saß daneben. Von Gott aus bis zur Erde war ein Lichtstrahl zu sehen, der um die Erde ging und Mutter Erde in dieses Licht einschloss. Neben Mutter Erde war ein Liebesengel, der rosa Licht um Mutter Erde legte. Dann kam eine Botschaft hinterher. Ich solle es so, wie es auf dem Bild gemalt wurde, machen. Jeden Tag und wenn ich daran denke. Jeden Tag Liebe und Licht zu Mutter Erde senden. Dazu die Engel bitten, mir zu helfen. Auch den Seelen zu helfen, sie zu erlösen und zu befreien. Das mache ich jetzt mit großer Freude jeden Tag.
Und ihr könnt es genauso machen wie ich.

Setze dich mit einer Kerze in absoluter Stille gerade hin.

Stelle dir das Licht vor, das von oben in deinen Kopf durch deinen Körper fließt.
Dann beginne.

Lieber Gott Vater,
Ich bete zu dir, für all die Kinder und Frauen dieser Welt. Ich bitte dich, all den Kindern und Frauen, die Leid und Schmerz erfahren müssen, zu helfen. Bitte lege schützend deine Hände über sie und behüte und beschütze sie, lieber Gott. Bitte führe sie aus ihrer Gefangenschaft. Bitte befreie sie von allen Qualen und aller Gewalt, die ihnen angetan wird. Bitte befreie sie von all den Ängsten wie auch vor Hunger und Durst. Ich bitte dich Gott, sie in das Licht und in die Liebe zu führen. Ich danke dir Gott, dass du all das für mich machst.
Amen

Lieber Gott,
ich bete für all die Menschen, die durch Selbstmord, Hunger, Durst, Krankheit, Terror und Unfall ums Leben gekommen sind. Bitte verzeih ihnen all ihre Sünden und Fehler und nehme sie liebevoll in dein Himmelreich auf. Bitte führe ihre Seelen in das Licht. Ich danke dir Gott, dass du das für mich machst.
Amen

Lieber Gott,
ich bete für all die bösen Menschen auf Erden.
Bitte vergebe und verzeihe all diesen Menschen, die Böses denken und Böses tun. Bitte befreie die bösen Menschen von allem Bösen, Negativen und Dunklen. Ich bitte dich, die Menschen zu führen und ihnen zum Erwachen und Erkennen zu helfen. Bitte schenke ihnen deine Liebe und dein Licht. Ich danke dir Gott, dass du all das für mich machst.
Amen

Lieber Gott,
ich bete für unsere Mutter Erde. Ich bitte dich, unsere Mutter Erde von allem Dunklen zu befreien. Von aller Kälte. Von allem Negativen und allem Bösen. Bitte, lieber Gott, erlöse unsere Mutter Erde von all ihrem Schmerz und Leid, was sie all die Jahre durchmachen musste. Ich bitte dich, all ihre Wunden mit deinem Heillicht und deiner Liebe zu versorgen und zu heilen. Ich bitte dich Gott, all unsere Pflanzen und Bäume sowie das Wasser und unsere Luft auf Erden zu heilen. Ich bitte dich, all die Tiere zu heilen und zu schützen. Bitte wende dein Heillicht und deine Liebe täglich zu all jenen. Ich danke dir Gott, dass du all dies für mich tust.
Ich danke dir dafür, Gott.
Amen

Lieber Gott,
Ich bete für all die Seelen, die sich verirrt haben, für all die Seelen, die sich versteckt halten und all die Seelen, die gefangen sind in der Dunkelheit. Bitte vergebe und verzeihe all diesen Seelen und führe sie ins Licht, zu dir in dein Himmelreich. Bitte nimm diese Seelen liebevoll in dein Himmelreich auf und schenke ihnen all deine Liebe und dein Licht. Dafür danke ich dir von Herzen.
Amen

Lieber Gott,
ich bitte dich um Befreiung für all die Seelen, die sich nicht selbst erlösen und befreien können. Bitte hilf diesen Seelen und führe sie zu dir in dein Himmelreich. Ich danke dir Gott, dass du all das für mich tust.
Amen

Ich bete noch einige Gebete mehr. Das sind Gebete für mich

selbst und meine Familie. Auch ihr könnt es genauso machen. Betet für eure Liebsten oder was auch immer ihr möchtet. Es werden Wunder geschehen durch eure Gebete.

Damit setzt ihr eine Kraft in Gang, die immer erhört wird und Wunder vollbringt. Bitte helft mit, unsere Erde zu einem Planeten zu verwandeln. Ihr alle tragt damit bei, indem ihr in Liebe handelt und alles in Liebe seht. Die Liebe wird in jedem von euch wachsen und Mutter Erde dadurch geheilt. Bitte betet als Dank.

Eure Vorstellungskraft und der Glauben dazu sind eure Fähigkeiten, die euch geschenkt wurden. Ihr müsst euch das Licht vorstellen. So wie ihr es euch vorstellt, so geschieht es auch. Ihr macht da nichts verkehrt. Das Einzige, was ihr verkehrt machen könnt, ist zweifeln und Unglaube. Denn dann geht es leider nicht. Ihr stellt euch eure Welt so vor, wie ihr sie gerne hättet. Viele Diktaturen stellen sich ihre Welt so vor, wie sie es gerne haben wollen. Dadurch unterdrücken sie die Menschen und zwingen ihnen auf, das zu glauben, was der Diktator selbst sehen will. Durch die Masse des Denkens entstehen Armut und Leid. Also auch Kriege. Ängste in Massen bewirken eine Anziehungskraft, wie Wirbelstürme und Katastrophen. Ich hoffe, ich habe das so erklärt, dass ihr es verstanden habt. Das ist Gottes Gesetz, das erschaffen wir durch unsere Gedanken. So wie im Himmel so erschafft ihr es auf Erden. Du bist hier auf Erden, lebe und liebe, kein Hass, kein Neid, achte deine Mitmenschen. Das ist sehr wichtig für die Zukunft aller Menschen und besonders für unsere geliebte Mutter Erde. Sie hat es nämlich nicht verdient, so kaputt gemacht zu werden. Sie ernährt uns alle und hält uns am Leben. Die Reinigung der Erde ist schon seit 2012 im Gange, das schrieb ich bereits oben. Die Stürme, die über die Ozeane toben und immer gewaltiger werden, das machen die Menschen. Gott schickt diese Stürme zwar, aber sie sind normal nicht so stark, wie sie sich entwickeln. Gott möchte uns sogar vor Naturgewalten bewahren. Aber da die Menschen schon vorher über Satelliten sehen, was sich da aufbaut, wird es dadurch immer stärker. Denn die Ängste, die durch Medien mehr und mehr verbreitet werden, ziehen solche Dinge erst recht an. Angst zieht Negatives an, also sollten die Menschen mehr vertrauen und es so belassen, wie es ist. Gott reinigt unsere Erde von Negativem, ohne Stürme geht es nicht. Daher macht Gott es auf dem Meer, um uns nicht allzu sehr zu schaden. Wenn einige Menschen dadurch umkommen und überhaupt viele auf Erden durch Hunger oder sonst einen Tod, dann sollte uns das wachrütteln, uns zeigen, dass es so nicht mehr weitergehen kann. All die Menschen die ungewollt sterben, haben es aber im Himmel so ausgemacht. Sie stellten sich zur Verfügung für dieses Projekt der neuen Erde und Menschen. Das Sterben soll ein Ende haben, es soll nur noch Liebe auf Erden herrschen. Daher hat Gott beschlossen, alles zu verwandeln. Das geht natürlich nicht von heute auf morgen, alles Schritt für Schritt. Auch die Menschen werden anders werden als sie es jemals waren. Stück für Stück werden die Menschen geheilt. Langsam an all das herangeführt und sie bekommen in regelmäßigen Abständen eine neue Energie. Aufstiege in neue Dimensionen. Wie lange das alles dauert, das weiß ich leider nicht. Es kann einige Generationen dauern. Je schneller die Menschen begreifen, umso schneller geht es voran. Mit Seelenheilung und dem reinen Geist. Daher ist es jetzt auch so wichtig, dass ihr hier und jetzt dieses Buch zu Ende lest. Denn ich liste alle Gottesbotschaften mit ausführlichen Erklärungen auf. Gott liebt euch so sehr, er möchte euch jetzt wirklich helfen, anders zu leben.

Das Abzocken falscher Medien

Was ich auch wieder sehr erschreckend finde, ist die Geschichte einer Kundin, die mal bei mir war, um zu einem Verstorbenen Kontakt aufzunehmen. Sie erzählte, dass sie bei einem weiblichen Medium gewesen war und nur wissen wollte, ob es dem Verstorbenen gut ginge. Daraufhin habe das Medium gesagt: „Erst einmal muss ich die Seele ins Licht führen, das kostet 240,- Euro."
Wenn ich so einen Blödsinn höre, dann kann ich mich vor Wut kaum halten, das ist reine Abzocke und total egoistisch! Menschen, die verzweifelt sind und trauern, Geld abzunehmen auf solche Art. Die Engel unterstützen so etwas niemals. Die Seelen entscheiden selbst, wie sie weiterkommen wollen und was sie machen möchten. Sie werden von Engeln und Verwandten im Sterbefall abgeholt. Dann erst sagen sie, ob sie bleiben oder ins Licht möchten. Ich kenne es nicht anders und höre es auch selbst von den Verstorbenen, egal wie er oder sie verstorben ist. So, bitte schau genau, wo du hingehst, es gibt leider immer und überall schwarze Schafe ...

Bei Engeln ist es etwas anders, sie haben eine andere Schwingung, die Energien fühlen sich anders an. Engel reden bei jedem Medium auch verschieden, sie passen sich immer den Menschen an, wie er selbst ist. Da muss man erst mal hineinwachsen. Engel erden nicht immer. Wenn du fragst, kommt auch mal nur ein Ja oder ein Nein. Alles erfahre ich auch nicht immer, man soll auch alleine auf seine Fragen kommen. Es ist immer verschieden. Bist du im absoluten Vertrauen mit ihnen, dann kannst du den ganzen Tag mit ihnen Spaß haben. Es kommt auch mal vor, dass gar nichts kommt, macht aber nichts – sie sind ja eh immer bei dir. Bei mir und Andrea ist es so, dass sie pausenlos mit uns reden. Zu einer Zeit hatten sie bei mir das Reden für einige Zeit eingestellt, da machte ich Pause und wartete, bis wieder alles okay war. Das kam daher, dass ich oft gezweifelt hatte und die Engel mir damit sagen wollten, dass ich mit dem Zweifeln aufhören solle und eine große Heilung an mir durchgeführt wurde, wobei ich ruhen musste. Jetzt bin ich wieder guter Dinge und freue mich, dass alles so gut läuft.

Die bekanntesten Engel sind die Erzengel. Einige sagen jetzt vielleicht: „Ja, ich weiß das alles, weil es ja schon zig Bücher gibt. Und trotzdem schreibe ich einige Engel in einem anderen Kapitel auf, weil es immer wieder Fragen gibt von einigen meiner Schüler. Es gibt jetzt auch sehr viele neue Engel und sogar neue Erzengel. Auch in der geistigen Welt verändert sich die Zeit. Alles wird anders als wir es vielleicht aus Büchern kennen. Ich kann es dir nicht ganz beweisen, aber ich weiß es von den Engeln selbst. Eines Tages werden alle davon erfahren oder du lernst schön und erfährst es viel früher schon. Gott sagte, er gebe nie Beweise, wir sollen glauben, das ist Beweis genug, all die Wunder zu sehen, die durch den Glauben in dein Leben treten. Meine Aufgabe ist es, dir jetzt beizubringen, wie du mit den Engeln reden und evtl. sehen kannst. Außerdem was Liebe bedeutet und wie wichtig die Liebe für dich und die Welt ist. Wer es gelernt hat, wird auch geheilt, das ist auch so eine Sache. Befasse dich viel damit, dann klappt es auch. Es kommt sehr oft vor, dass einige für eine Weile nur hören können oder beides gleichzeitig. Je nachdem, wie man sich fühlt. Du darfst keine Ängste haben, jede Form von Angst blockiert alles. Versuche, Vertrauen aufzubauen, versuche zu glauben. Dann bekommst du ein Zeichen und sie reden dann mit dir. Angst ist eine Illusion deines Denkens. Angst existiert eigentlich gar nicht, du formst dir dein jetziges Dasein um, weil du ein Problem hast, das du dir selbst erschaffen hast. Angst entsteht im

Kopf, es kann sich steigern und fantasiert sich mit Gedankenbildern, die es nicht gibt. Man steigert sich so sehr hinein, dass der Körper sogar streiken kann. Es entstehen Krankheiten und man rennt zum Arzt. Einige bekommen Depressionen und starke Medikamente dagegen. Das Problem wird dabei nur unterbunden, aber das Problem ist noch da. Also denke positiv und schaue es dir an, wieso es gerade so ist. Wir helfen dir dabei, da rauszukommen. Die Engel und wir Heiler helfen dir, schon allein, weil du dieses Buch liest, bekommst du die Heilung, die dir zusteht. Denkst du, dass Medikamente dir geholfen haben? Oder kommt es vielleicht davon, weil du denkst, dass es hilft? Ist da Glauben im Spiel? Denke mal darüber nach, was Glauben bedeutet. Dieses Buch hat eine Energie, die in und durch dich fließt. Lies weiter und verstehe. Während du dieses Buch liest, sind die Engel unentwegt an deiner Seite. Du bekommst diese neuen Heilenergien, aber du musst auch verstehen, was die Engel durch mich hier schreiben. Worauf kommt es nun in deinen Leben an, das du gerade lebst? Verzeih dir, verzeih allen, die die dich verletzt haben, auch den Seelen, die du nicht mehr kennst aus vergangenen Leben. Dann sende in Gedanken Licht zu ihnen und zur Mutter Erde, wenn du das schaffst. Dann hast du deiner ganzen Familie geholfen, denn du bist mit ihnen verbunden und der Familienkreis ist geschlossen und die alten Karma sind gelöst. Fühle hin und lasse deine gesamte negative Vergangenheit los. Lebe ab jetzt nur im Jetzt. Der eine oder andere wird jetzt weinen. Das ist ein Zeichen, dass du es geschafft hast. Du hast es geschafft, deine Blockaden zu lösen. Auch wenn du eine Erleichterung spürst, ist es geschafft. Spürt einer nichts, dann verzage nicht, es hat sich auf jeden Fall was getan. Deine Seele bekommt nun die Befreiung, von all den Leben, die sie gelebt hatte. Der neue Mensch wird nun leben und glücklich sein, so sagte es mir Gott.

Das Heilgebet

Lieber Gott Vater,
ich bete heute zu dir. Bitte erlöse mich und hilf mir, in die Kraft und in die ewige Liebe zu kommen. Ich bitte aus tiefstem Herzen, mich und all die Seelen zu erlösen, damit ich in Frieden und im Glück leben kann. Ich bete auch für Mutter Erde, dass sie von all ihrem Schmerz befreit wird, den sie ertragen musste. Ich danke dir Gott, dass du all das für mich machst.
Amen

Gott sagte zu mir, dass man nur durch die Liebe, sich und Mutter Erde helfen kann. Stelle dir einfach das Licht vor, wie es um die Erde geht und all die Wesen darauf mit diesem Heillicht umgibt. Sende stets Liebe dazu, denn das ist der Schlüssel zu allem.

Was du wissen musst

Das Sehen von Engeln und anderen Wesen ist auch bei jedem anders oder besser gesagt verschieden, genauso das Hören. Jeder Mensch kann es, nur muss er es wirklich wollen.
Es gibt immer mehr auf dieser Erde, die die Wesen so sehen und hören, als stünden sie neben oder vor einem. Das Sehen geschieht bei den meisten im Geiste mit geschlossenen Augen oder auch mit offenen Augen. Das Hören geschieht bei den meisten im Kopf, so als denkt man es selbst. Du fragst und es kommt sofort ein Gedanke, aber verwechsele ihn nicht mit deinem eigenen Wunschdenken. Es bedarf viel Übung, um den Unterschied zu erkennen, ob es jetzt ein Lichtwesen ist oder ob du es denkst. Die Engel sagten aber: „Wer dieses Buch in den Händen hält, der kommt automatisch in Kontakt mit der geistigen Welt."

Und schon komme ich zum nächsten Thema. Lichtwesen sind Engel, aber auch Verstorbene. Ich habe es erlebt, dass sie sich so zeigen, wie sie es gerade für richtig halten. Sehr hell, ohne einen Körper oder mal nur in einer Lichtgestalt oder auch gar nicht, sondern nur die Stimmen. Am meisten sehe ich Verstorbene durchsichtig, bläulich, so als wenn du vor einem Glasfenster stehst und dich selbst schwach wiedererkennst. In jeder Meditation, die übrigens immer sehr wichtig ist, um sich einzustimmen, sehe ich sie. Die Naturwesen sind auch Lichtwesen, es gibt unzählige davon. Ich lag mal im Bett und schaute vom Bett aus dem Fenster in eine Baumkrone, es war eine Tanne. Plötzlich sah ich mehrere Baumwesen darin. Ich fand es sehr witzig, denn sie sahen aus wie kleine Gnome, die man nur aus Zeichentrickfilmen kennt. Vielleicht waren es auch welche, ich kannte sie vorher noch nicht. Ich begrüßte sie in Gedanken, denn ich wusste, sie konnten mich hören und sehen.

Einige Feen sah ich auch, sie redeten mit mir, ich weiß, dass sehr viele Kinder diese Wesen sehen und hören können, aber sie reden nicht mit ihren Eltern darüber. Das sind ganz normale süße Wesen, wie wir es auch sind. Auch sie sind immer da.
Als ich mal in einem Laden war, um zu sehen, was es dort alles gibt, fiel mir ein Stein auf. Es war ein seltener, weißer Amethyst mit einer Größe von 30 x 20 cm. Ich nahm ihn in die Hand und bewunderte ihn. Ich hätte ihn am liebsten mitgenommen, hatte aber leider kein Geld dabei. Also bestaunte ich den Stein und war verliebt in ihn. Durch meine Hingabe und Liebe machte sich ein Steinwesen darin sichtbar und schaute mich mit sehr großen Augen an. Denn du musst wissen, was aus Liebe und mit dem Herzen erdacht wird, macht sich bei allen Lichtwesen bemerkbar. Darüber erzähle ich gleich noch mehr, denn es ist sehr wichtig, dies zu können. Ohne Liebe und Herz geht gar nichts im Leben. Nun ja, das Wesen im Stein sah sehr drollig aus. Er hatte eine spitze Mütze auf, große, runde Augen und grinste bis über beide Wangen. Ich freute mich jetzt noch mehr auf diesen Stein und betete, dass er am nächsten Tag noch da war. Ich erzählte es meiner ehemaligen Freundin und konnte mich vor Begeisterung kaum noch halten. Am nächsten Tag fuhr ich gleich zu diesem Laden und freute mich, dass der Stein da noch lag und ich kaufte ihn. Das war nur mal ein Einblick, was alles passiert, wenn man mit dem Herzen denkt. Die Engel sagen mir, dass alle mit dem Herzen hören müssen. Sie sprechen mit dem Herzen eines jeden Einzelnen, das heißt, wenn du im absoluten Vertrauen bist und in großer Liebe mit allem. Die Wesen sind Liebe, sie wurden so erschaffen, sie kennen keinen Hass oder keine Ablehnung. Sie sind eine intelligente Energie, die aus Licht besteht, genauso wie wir auch, unser Licht ist in unserem Körper. Wenn wir mit jemandem Streit haben, blockieren wir uns und haben über Jahre nicht mit diesem Thema abgeschlossen. Dann ist meistens auch kein

Kommunizieren mit den Wesen möglich. Wir setzen uns da einer zu großen Blockade aus, sagen die Engel immer. Verzeihen wir nicht, nehmen wir es mit ins nächste Leben.

Übrigens, wenn wir Menschen jemanden verletzt oder übertrieben ausgedrückt getötet haben, dann nehmen wir es mit, wenn wir sterben. Wir durchleben alles in Sekunden noch einmal, was wir auf Erden durchlebt haben, aber auch, was die Person gefühlt hatte. Und weiter noch, was die Angehörigen gefühlt haben. So geht es jedem, ob schlecht oder gut. Das ist keine Bestrafung von oben, es dient der Weiterentwicklung deiner Seele. Es wird alles gespeichert in deinen ganzen Seelenreisen. Du warst ja schon sehr oft hier auf Erden, um zu lernen, warst mal arm oder mal reich, in Schmerz, Trauer, Kälte, einfach alles und hast dich dazu entschieden, von hier aus als Mensch zu arbeiten.

Engelsgeschichten
für Kinder zum Träumen.

Diese Geschichten sind ausgedacht und sollen die Fantasien des Kindes etwas anregen. Das Original wurde von den Engeln über Andrea übermittelt.

Liebe Kinder,
nun ist es Zeit zum Schlafengehen! Eure Eltern bringen euch mit Liebe und Geborgenheit ins Bett.
Auch wir Engel sind jede Nacht und während des Tages an eurer Seite. Darum, unsere lieben Kinder, werden wir euch eine Geschichte aus dem Himmelreich erzählen. So, nun passt sehr gut auf!

Ein kleiner Engel, der auf die Erde wollte!

Jeden Abend saß ein kleiner Engel auf einer Wolke und schaute hinunter auf die Erde. Es gefiel ihm sehr, wie die Kinder jeden Tag spielten, lachten und Blödsinn machten. Am Tage flog er im Himmel hin und her und versuchte, immer zu euch Kindern zu gelangen, aber er schaffte es nicht.

Am Abend saß er dann auf der Wolke und überlegte, wie er am besten zu euch auf die Erde kommen würde. Plötzlich stand vor ihm ein großer mächtiger Engel, der sehr bekannt ist. Es ist Erzengel Michael!

Er fragte den kleinen Engel, warum er jeden Abend dasaß und so traurig schaute. Dieser antwortete: „Ich versuche, täglich auf die Erde zu fliegen, da ich so gerne mit den Kindern spielen möchte. Aber ich schaffe es nicht und mein größter Wunsch ist es, mit den Kindern zu spielen." Da sprach der mächtige Erzengel: „Mein kleiner Engel, dein Wunsch wird in Erfüllung gehen. Du musst nur ganz fest daran glauben und darauf vertrauen!" Der kleine Engel freute sich sehr über diese Antwort von Erzengel Michael. So fing er an, an seinen Wunsch zu glauben und vertraute darauf, dass er eines Tages mit dem Kind auf der Erde spielen konnte.

Die Tage vergingen und der kleine Engel gab die Hoffnung nicht auf. Er hielt fest an seinen Wunsch. Eines Morgens wachte er ganz früh auf. Er spürte, dass sein Wunsch heute in Erfüllung gehen würde. Er war total aufgeregt. Da kam Erzengel Michael zu ihm und sprach: „Mein kleiner Engel, heute ist der Tag gekommen, an dem du auf die Erde zu den Kindern darfst. Du hast deinen Wunsch nie aus den Augen verloren, hast immer daran geglaubt und darauf vertraut. Du hast nie gezweifelt. Darum ist heute der Tag gekommen. Wir bringen dich auf die Erde. Der kleine Engel freute sich so sehr darüber! Er war ganz aufgeregt, als er auf die Erde gebracht wurde. Unten angekommen, spielte er sofort mit den Kindern. Auch diese spürten ganz plötzlich, dass ein Engel nun an ihrer Seite war. Seit diesem Tag lebte der Engel auf Erden und die Kinder sind glücklich, dass auch sie das Vertrauen und den Glauben zu den Engeln wiedergefunden haben.

In Liebe, eure Engelwelt

Eine Freundschaft, die auf die Probe gestellt wurde

Sophie ist ein kleines, süßes Mädchen mit blondem Engelhaar. Auch sie ist mit den Engeln sehr gut verbunden, besonders mit ihrem Schutzengel. Dieser wacht täglich über Sophie und ihre Freunde.

Ihre Freunde liebt sie besonders. Immer, wenn das kleine Mädchen Zeit hat, geht sie mit ihren Freunden, dem kleinen Hund, Nele, der Fee, dem Meerschweinchen und ihrem Engel in den Garten zum Spielen. Sie schaukeln und rutschen immer vergnügt und freuen sich sehr über ihre Freundschaft. Gleichzeitig bedanken sie sich auch täglich bei den Engeln, dass sie so miteinander befreundet sein dürfen.

Eines Tages wurde ihre Freundschaft auf eine große Probe gestellt. Es war ein Tag wie jeder andere, alle spielten vergnügt im Garten, bis ein großer, wilder Hund kam und das kleine Meerschweinchen packte und mitnahm.

Sophie weinte sehr und gab allen die Schuld, dass ihr Merli entführt wurde. Auch ihr Schutzengel war daran schuld und so verschloss sie sich und wollte mit keinem mehr etwas zu tun haben. Seit dem Zeitpunkt war sie einsam und alleine.

Auch hatte sie keine Freunde mehr, mit denen sie spielen konnte. Das konnte die Engelwelt nicht mehr mit ansehen und so versuchten sie, Sophie wachzurütteln und wieder Hoffnung und Glauben zu finden.

Sie schickten einen großen Bären in den Garten von Sophie. Sie schaute gerade aus dem Fenster und sah den Bär. Sie wusste genau, dass er ihr helfen würde, ihren Merli und die Freunde wieder zurückzugewinnen.

Sofort sprang sie in den Garten und redete mit dem großen Bären. Er flüsterte ihr etwas ins Ohr und das Mädchen mit dem Engelhaar freute sich und war total aufgebracht. Sophie ging

zurück ins Haus und legte sich schlafen.
Am nächsten Morgen wachte sie ganz früh auf und ging wie verabredet in den Garten und wartete dort auf den Bären. Sie wartete sehr lange und wurde dabei immer trauriger und fing schließlich an zu weinen, weil der Bär nicht kam.
Plötzlich stand der große, braune Bär mit Merli und dem Rest ihrer Freunde wie aus dem Himmel gefallen vor ihr und sie sangen ein Lied. Sophie hörte dies, aber sie dachte, sie träume nur. Sie hob ihren Kopf und machte die Augen auf und sah all ihre Freunde um sich herum: Den Engel, Nele, die Fee, den kleinen Hund und ihr Merli – auch ihr Schutzengel war gekommen.
Sie freute sich sehr und alle fielen sich in die Arme. Sophie entschuldigte sich bei ihren Freunden und versprach, keinem mehr die Schuld zu geben und auch immer an die Engel und an sich zu glauben und dass man alles erreichen kann, wenn man fest daran glaubt. Das kleine Mädchen hatte seit diesem Tag eine enge Verbindung zu den Engeln und auch zu den Freunden ist diese stärker geworden. Sie spielten jeden Tag im Garten und wurden von den Engeln beschützt.

Ein glücklicher Ausgang mit Samuel und Sophie

An einem schönen Sommertag ritt Sophie mit ihrem wunderschönen Pferd aus. Ihr Schutzengel war neben den beiden. Sie ritten über eine schöne Blumenwiese, über Felder und auch an einem kleinen Berg entlang.
Ihr Pferd trug den Namen: Samuel. Sophie liebte dies sehr. Sie ritt gerne mit ihm aus.
Sophie wollte mit Samuel schneller reiten, so trat sie ihn leicht in die Seite. Samuel ritt wie der Wind über die Wiese, ihr Schutzengel hatte zu tun, dass er ihnen überhaupt folgen konnte.
Auf einmal blieb Samuel an einem Stein hängen und fiel hin. Sophie konnte sich nicht festhalten, so flog sie von ihrem Pferd. Ihr Schutzengel konnte sie gerade noch rechtzeitig in die Arme nehmen und sie beschützen. Sophie und ihrem Pferd Samuel passierte Gott sei Dank nichts Ernstes. Samuel hatte nur ein paar Kratzer und Sophie lag in den Armen ihres Schutzengels.
Sie bedankte sich bei ihm, umarmte ihn und gab ihm einen Kuss.
Auch ihren Samuel beruhigte sie und streichelte ihn sanft.
In die eine Hand nahm sie die Zügel und in die andere die Hand ihres Schutzengels. So trotteten sie dann langsam nach Hause.
Sophie war so froh darüber, dass ihr Pferd gesund war und dass ihr Schutzengel sie so beschützt hatte.
Und so dankte sie den Engeln und der ganzen Engelswelt.

Eine kurze Meditation, passend für all deine Sorgen, die du gerade hast und zum Üben, um sich besser auf die Engel einzustimmen

Das ist nur eine Meditation zum Einstimmen. Du kannst deine eigene Mediation selbst gestalten, wie du es gerne möchtet! Aber vergiss bitte nicht: Bei allen Meditationen musst du dir unbedingt das Licht vorstellen. Licht ist Energie in der geistigen Engelswelt. Alles, was du denkst und dir vorstellst, ist für die Engel sichtbar. Alles mit Liebe vorstellen. Handy aus und nicht stören lassen, 20 Min. sind meistens ausreichend dafür.
Meine Meditationen, die ich regelmäßig anbiete, sind alle verschieden. Bei jeder Meditation bekommt jeder Teilnehmer ein Geschenk von den Engeln. Es ist auch für jeden Einzelnen auf seine Wahrnehmung abgestimmt, sodass einige auch was ganz anderes sehen, als ich es durchgebe. Aber alles ist richtig, da kann man nichts verkehrt machen. Hier gebe ich eine kleine Meditation für die Heilung der Chakren und für die Aura-Reinigung. Die Engel sagen, es sei bei den meisten Menschen sehr wichtig, um die Einstimmung auf die hohen Energien zu erreichen. Dadurch kommen sie auch besser an dich heran, was für ein besseres Kommunizieren entscheidend ist. Eine Chakrenreinigung ist auch für deine Gesundheit essenziell, genauer gesagt für deine Körperzellen und alle Organe.

Wer mehr über Chakren wissen möchte, bekommt zu jedem Thema im Internet Infos. Immer das Thema eingeben, was gerade aktuell ist oder einige Sachen auf meiner Homepage nachlesen. Ich kann leider nicht zu viel schreiben, sonst wird es zu langatmig. Mir ist nur wichtig, dass du es erst mal hier verstehst.

Zur ersten Übung

Diese Meditation ist immer gut, wenn man sich schlecht fühlt und wenn man die Engel anrufen möchte. Es beinhaltet eine Heilung und sorgt dafür, dass die Engel sich um dich kümmern. Sie eilen sofort zu dir und versorgen dich mit Energien. Du bekommst eine Reinigung und sehr viel Liebe. Du wirst sehen, es geht dir danach viel besser. Erzähle vor der Meditation ruhig deine Sorgen, die Engel hören dir zu und finden auch für diesen schweren Weg die passende Energie. Was ich noch dazu sagen möchte: Bete auch mal, die Engel sind unsere Helfer, aber dein Gott hilft dir auch. Ich verspreche es dir, er ist auch bei dir, wenn du ihn rufst. Gott fragt, warum ihr ihn nicht mit in euer Leben einbezieht. Er schaut sich alles von seiner Seite aus an. Er versteht nicht, warum ihr alle den Weg alleine geht. Er freut sich sehr, wenn ihr ihm vertraut und ihn um etwas bittet. Er sagt, er redet jeden Tag mit euch. Er redet durch Menschen, um euch eure Fragen zu beantworten, die ihr habt. Oder auch durch Aufmerksamkeit in den Medien. Gott antwortet immer und auf jede Frage, die ihr ihm stellt. Er führt euch zu euren Antworten, wie zum Beispiel durch Farben oder Bäume. Die meisten Menschen merken es nicht einmal, wenn Gott oder die Engel durch einen selber sprechen. Gott ist der Friede und die Freude in dir. Wecke die Freude und den inneren Frieden!

Mache es dir an einem ruhigen Ort mit einer Kerze und ruhiger Musik bequem, lege oder setze dich und sorge dafür, dass du es auf jeden Fall bequem hast und dabei ungestört bist. Konzentriere dich auf dich, schalte alle Gedanken ab, die dich beschäftigen. Atme tief ein und aus. Lasse beim Atmen Licht in deinen Körper. So wie du dir es vorstellst, so kommt es auch. Atme weiter tief ein und aus und das mindestens zehnmal. Ganz ruhig und langsam. Dadurch kommst du tief in Entspannung und

somit rückt die geistige Welt ganz nah.
Denke an Engel, so wie du sie dir vorstellst. Sie kommen jetzt in diesem Augenblick zu dir. Stell dir das Licht nun von oben her vor, so hell wie hunderte Halogenlampen. Es kommt wie ein Lichtstrahl in deinen Kopf und immer weiter in deinen Körper. Es breitet sich überall in deinem Körper aus. Bitte nun die Engel einfach um Heilung. Sie wissen ja jetzt, was dich belastet. Atme weiter ruhig und tief, sie beginnen jetzt damit, dich zu reinigen, sie geben dir Impulse und beruhigen dich, sie vermitteln dir die Liebe und sagen dir hiermit: Du bist nicht alleine, wir sind immer bei dir, vertraue uns. Wir Engel lieben dich über alles. Vielleicht kannst du sie hören oder spüren. Wenn du weinst, dann hast du deine Last abgegeben, auch wenn du nichts spürst, sind sie da. Mache weiter so, du bist geschützt. Es sind auch Erzengel bei dir, sie geben dir alles, was du brauchst. Konzentriere dich weiter und bleibe in der Stille sitzen oder liegen. Alles wird gut, du wirst sehen, alles wird gut.

Das Ganze dauert jetzt eine halbe Stunde insgesamt. Bedanke dich bei den Engeln und komme langsam zurück zu dir. Es kommt nicht selten vor, dass du was Anderes gesehen hast in Gedanken. Es ist alles richtig, was du siehst und spürst. Bleibe weiterhin noch etwas liegen oder sitzen. Strecke dich nun und fühle dich wie neu geboren. Es war nur eine kleine Meditation, aber sehr wirkungsvoll und für jeden Anlass.

Hiermit hast du an dir selbst eine kleine, aber sehr tolle Heilung vollbracht. Mache es öfter, wenn du dich schlecht fühlst, es hilft immer. Ich würde mich sehr freuen, wenn ich dir hiermit helfen konnte, bitte mache es und vertraue. Diese Übungen kann man auch mit Freunden oder mit der ganzen Familie oder auch in Schulen machen. Du wirst sehen: Je öfter du meditierst, umso mehr erfährst du einen Teil der Heilung an dir oder anderen.

Nächste Übung:
Bitte halte dich an die Reihenfolge der Übungen und mache nicht gleich die nächsten. Es muss einige Zeit vergehen bis zur nächsten Übung. Mache diese Übung eine Woche lang und du wirst garantiert eine Veränderung in und an dir feststellen. Aber wer daran glaubt, wird kaum Schwierigkeiten hiermit haben. Auch gute Lehrer gehen immer wieder mal zu einem Lehrgang, um sich somit auf dem Laufenden zu halten. Wenn du keinen Lehrer findest oder dein Geld zu knapp ist, dann geben Andrea oder ich dir auf unseren Webseiten die Antworten auf die meist gefragten Fragen. Es wird auf alles eingegangen. Sollte trotz allem etwas unverständlich sein oder ein Erlebnis bei dir auftauchen, bei dem du nicht weißt, was es war oder ob du es richtig verstanden hast, was die Engel dir mitteilten, dann bist du auf dich selbst gestellt und musst einfach auf die geistige Welt vertrauen. Sie werden dir niemals einen Schaden zufügen. Die Antwort bekommst du auf jeden Fall. Wenn du deine Zweifel abgelegt hast, kommen nur Wunder in dein Leben. Das garantiere ich dir, sie lassen dich niemals im Stich. Denn jeder hat seine eigenen Botschaften oder das Engelhören. Wir wissen nicht, was sie mit dir vorhaben, was dich bereichern soll, deshalb können wir nicht alles beantworten.

Wie ich meine Chakren auf die Schnelle reinigen kann

Reinigung der Chakren ist wichtig. Vor jeder Übung kannst du eine Meditation machen, musst du aber nicht. Hauptsache du bist einige Zeit in Ruhe, bevor du beginnst. Meditation ist Ruhe, aber auch immer eine gute Übung für das Engelreden später. Die Mediation ist zum Beispiel mit einer ruhigen Musik und am besten im Sitzen durchzuführen. Es reicht, wenn du erst einmal nur zur Ruhe kommst, da du eh ein oder zwei Wochen so üben musst. Versuche zuerst, deine Gedanken abzuschalten und konzentriere dich nur auf dich. Konzentriere dich auch auf das Licht, welches du dir vorstellst, was sich in dir und um dich herum ausbreitet.

Hier eine kleine Vorübung

Diese Übung dauert nur etwa 10 Minuten.
Zünde eine Kerze an und wenn du möchtest, lass schöne ruhige Musik dazu laufen. Schließe deine Augen und atme langsam ein paar Mal ein und aus.
Stell dir innerlich einen großen, hellen Strahl aus kristallweißem, klarem Licht vor, das durch deinen Kopf in deinen Körper fließt. Lass in dir das Licht so hell werden wie nur möglich, vergleichbar wie die Sonne.

Beobachte, wie das Licht durch die Innenseite deines Scheitels dringt und alle Dunkelheit oder trübe Stellen aus deinen Chakren entfernt: aus dem Kronenchakra am Scheitel, aus deinen Ohrenchakren an beiden Seiten deines Kopfes, aus dem dritten Augenchakra zwischen deinen beiden physischen Augen, aus deinem Kehlchakra, dem Herzchakra, aus dem Solarplexus – Chakra hinter deinem Nabel, aus deinem Sakralchakra ein paar Zentimeter unter deinem Nabel und aus deinem Wurzelchakra an der Basis der Wirbelsäule. Alles Stück für Stück und ganz langsam von oben nach unten.
Mit deinem inneren Auge siehst du, wie alle diese Chakren hell erstrahlen, von gleicher Größe sind und in perfektem Gleichgewicht.
Das war's, erde dich anschließend und stelle dir dabei einfach goldene Wurzeln vor, die aus deinen Füßen wachsen und sich mit Mutter Erde verbinden.

Die nächste Übung, für die Öffnung deiner Kanäle:

- Als Erstes musst du zur Ruhe kommen. Achte darauf, dass du ungestört bist, zünde eine Kerze an und wenn du magst, höre dazu ruhige Musik (z. B. Reiki-CDs. Ich persönlich höre sehr gerne Engel-

CDs.).

- Lege oder setze dich bequem hin, rechne mit einer halben Stunde. Diese Übung kannst du öfters wiederholen, damit festigst du sie.
- Lasse deine Gedanken fließen, atme 10-mal tief ein und aus und das bitte langsam – ist wichtig, um in die Energie zu kommen.
- Stelle dir ein Licht vor, das von oben in deinen Kopf fließt.
- Stelle dir das Licht nun mehr und mehr in deinem Körper vor, wie es sich mehr und mehr ausbreitet.
- Das Licht geht 2 Meter über deinen Körper hinaus und breitet sich aus.
- Nun stell dir vor, wie das Licht aus deinen Füßen in den Boden fließt.
- Lasse es mind. 5 Min. so geschehen und bleibe so liegen/sitzen und genieße.
- Wenn alles gut gegangen ist, bittest du deinen Schutzengel um Beistand. Bitte ihn um Reinigung deiner Chakren, von oben bis unten. Stelle dir die erste Farbe oben über dem Kopf in Weiß vor, dann die nächste in Lila, und so weiter. Lerne die Farben auswendig. Das ist sehr wichtig, da du es in Zukunft immer machen musst.
- Diese Chakrenreinigung ist die Öffnung und der Kanal für die Hellsichtigkeit.
- Bitte nun um Reinigung deines Körpers und deiner Körperzellen sowie auch deine Aura, die deinen Körper umgibt. Bitte Raphael dazu um Hilfe. Habe Geduld und lerne.

Übung für das Hören

- Heute öffnen wir dein Scheitel- und Herzchakra, um sich auf die Liebe der Engel einzustimmen. Das ist wichtig.
- Du kommst wieder zur Ruhe. Suche dir einen ruhigen Platz, zünde eine Kerze an, evtl. mit ruhiger Musik.
- Atme wieder mindestens 10-mal tief ein und aus. Stelle dir dabei wieder das Licht vor wie bei Teil 1, wie es von oben in deinen Kopf fließt und sich im Körper ausbreitet. Diese Übung kommt übrigens immer bei jeder Mediation vor.
- Wir bitten die Engel um Öffnung und um Reinigung. Dafür musst du nicht mehr tun, außer liegen zu bleiben, es dauert ca. 10 Minuten. Lass deine Gedanken bei dir und versuche, nicht an etwas anderes zu denken, wie zum Beispiel: Was muss ich noch einkaufen oder an andere Sorgen, nur an Licht und Engel denken, sie arbeiten jetzt in diesem Moment an dir.
- So, nun setze dich hin, denke an die Engel, egal an welche, denke einfach …
- Was fühlst du?
- Was nimmst du wahr?
- Ist es ein Gefühl?
- Frage in Gedanken, wie viele Engel bei dir sind, schreibe es auf.
- Die Zahl, die dir in den Sinn kommt, ist es.
- Die Engel sagen es zuerst durch Gedanken, Geistesblitze, Gefühle, Bilder, symbolisch.
- Bei jedem Menschen ist es anders; jeder hat einen anderen Wahrnehmungsstand.
- Frage jetzt nach den Namen der Engel und schreibe einfach auf, was du hörst oder was dir gerade in den Kopf

kommt. Nicht zweifeln, es kommt so, wie du es auch bekommst, es ist alles richtig.

- Es ist nicht falsch, bezweifle es nicht. Dass Zweifel auftauchen, ist normal und das hat jedes Medium mal.
- Frage nach fünf Minuten die Engel nach der Botschaft. Es ist aber immer wichtig, die Engel vorher darum zu bitten und sich anschließend zu bedanken. Du sitzt jetzt da und versuchst krampfhaft, etwas zu hören, stimmst? Ja, aber du hörst nichts. Warum? Weil sie mit deinen Gedanken reden oder besser durch deine Gedanken. Also schreibe deine Frage auf.
  Liebe Engel, ich bitte um eine Botschaft für mich selbst, ich danke euch sehr dafür. So nun konzentriere dich und denke an nichts anderes. Schreibe einfach los, alles was dir gerade in den Kopf kommt. Die Engel übernehmen jetzt deine Gedanken und setzen dir Wörter in den Kopf, die du schreibst. Schaue nicht, was du schreibst, das blockiert dich nur und du bist sofort raus. Schreibe einfach weiter, was da kommt und lese erst am Schluss, was du niedergeschrieben hast. Du wirst staunen, was da steht. Zweifle jetzt nicht an dir, sondern nimm es dankbar an und bedanke dich bei den Engeln. Übe dies mehrmals, so wie du Zeit und vor allem Ruhe hast. Du hast es geschafft, von nun an wächst du dort hinein, dein Weg kann nun anders verlaufen. Wenn du diesen Weg der Liebe weitergehst, nimm dieses Geschenk an und sei immer für alles dankbar. Gott sagt, der Wein muss reifen, so reife auch du. Was meinst du, wie sehr ich mich freue, dir oder euch allen dieses Geschenk zu machen. Ich weiß, viele haben wenig Geld, daher ist es mir eine Freude, dir das hier zu schenken.

Eine Beziehung führen

Ich schreibe hier zwischendurch, was Gott für unsere Beziehungen zum Partner sagt. Die meisten Beziehungen gehen Menschen ein, weil sie glauben, verliebt zu sein. Am Anfang scheint es tatsächlich für den einen oder anderen eine wahre Liebe zu sein. Nach einiger Zeit wird daraus allerdings blinde Verliebtheit. Weil es am Anfang immer schön ist mit einem Partner! Einige gehen eine Beziehung ein, weil sie nicht alleine sein möchten. Ach, das wird schon, denken viele und halten es jahrelang versteckt aus. Und das, obwohl das Innere sagt, er ist nicht so, wie ich es wollte. Dann wiederum sind einige abhängig und bleiben wegen der Angst, es nicht ohne den Partner zu schaffen. Sei es wegen Geld oder sexueller Abhängigkeit. Die wahre Liebe gibt es tatsächlich, aber nur aus dem reinen Herzen heraus. Den Partner niemals verändern zu wollen. Den Partner sein zu lassen, wer er ist und was er zu sein scheint, zu wollen. Denn jeder Mensch muss erfahren. Durch den Partner erfahren beide gegenseitig die Liebe und das Erschaffen. Sie können eins werden und ein Leben lang so glücklich leben. Aber nur, wenn man sich nicht gegenseitig verändern will. Verändert euch nicht, nur weil der andere es so möchte. Weil ihn oder sie etwas an dir nicht gefällt. Macht ein Partner es aber doch und passt sich dem anderen an, dann ist er oder sie nicht mehr er selbst. Er versteckt seine Wahrheit über sich. Das geht niemals. Denn die Seele hat ein Verlangen und dafür bist du hier auf der Erde. Du kannst dich nicht weiterentwickeln, ohne du selbst zu sein. Du musst und darfst niemals vergessen, wer du bist. Sich so anzupassen, wie der andere es gerne hätte, um nur ihn oder sie nicht zu verlieren, ist auf jeden Fall zum Scheitern verurteilt. Der Partner wird dadurch eines Tages aggressiv und auch krank. Weil er sich nicht so geben darf, wie er ist. Aber es kommt der Tag, wo die Seele darauf besteht, sich zu erkennen. Dann nämlich kann der Partner nicht mehr verstecken, wer und was er ist. Er wird sein Verhalten verändern und sein wahres Gesicht zeigen. Der andere Partner wundert sich nur. Er wundert sich, warum er oder sie sich plötzlich verändert und kommt damit nicht zurecht. So habe ich ihn oder sie nicht kennengelernt. Und somit ist die Beziehung am Ende. Man soll einander kennenlernen und vieles voneinander lernen. Man liebt aus echtem Herzen heraus und man muss wissen, wer man ist. Ein Teil Gottes, ich bin Licht vom Licht und ich weiß, was ich kann. Wenn beide es so sehen, dann ist es eine Verschmelzung der absoluten Liebe. Eins mit Gott sein, mit allem, was ist!

Mit den Engeln kommunizieren

- Zwischen allen Übungen sollten einige Tage vergehen. Du hast eine andere Schwingung, die jetzt mit Engeln vergleichbar ist. Diese Energie muss sich aber erst noch setzen.
- Wie gehabt beginnst du damit, zur Ruhe zu kommen und machst alles, wie bei den ersten Übungen. Licht vorstellen und Reinigung … usw.
- Danach kommunizieren wir weiter mit unseren Engeln sowie auch mit den Erzengeln. Du wirst in Zukunft immer einen bestimmten Engel an deiner Seite haben, du wirst immer mit ihm zusammenarbeiten. Später könnten ein oder mehrere Geistführer dazukommen, auch die gehören dann immer zu dir und beraten dich bei deinen Aufgaben als Medium. Auch wenn du nicht beruflich oder anderen helfen möchtest, dann ist es eine Bereicherung für dich selbst und immer ein Gewinn. Geistführer sind sehr alte, weise Seelen, sie haben ähnliche Aufgaben wie die Engel und beschützen oder heilen auch. Es sind sehr freundliche Wesen genau wie du. Man wächst als Medium, das heißt, du wirst dir ein Ziel setzen und sie begleiten dich. Stehen bleiben geht nicht. Es geht immer weiter in deinem Leben. Ein Leben, aber in voller Freude und Harmonie. Das Glück liegt dir zu Füßen.

  Nicht selten wirst du in deinen Träumen abgeholt werden und es wird dir deine neue Lebensaufgabe gezeigt. Nimm es an und vertraue auf die Lichtwesen. In den meisten Fällen kann man sich aber daran nicht erinnern, mir geht es auch meistens so.

Erklärung zur Rückführung

Wir kommen gleich zur Rückführung. Bei der Rückführung geschieht alles in Gedanken. Nimm die Bilder an, die kommen. Man denkt zuerst, dass man sich das einbildet oder aktiv mitdenkt, es ist aber wirklich, was du siehst. Die Engel zeigen dir durch die Rückführung alles, was dir wichtig ist. Du wirst dabei auch aufgeklärt von den Engeln und kannst verstehen, warum dein Leben genauso abläuft. Alles hat dann einen Sinn für dich, was du gerade hier im Leben durchläufst. Gegen Ende des Buches habe ich eine wahre Rückführung von meiner Schülerin im Original übernommen. Ganz genau so passiert es auch, was du siehst. Habe immer Vertrauen zu den Engeln, auch wenn mal Zweifel kommen. Durch die Beispiele will ich dir zeigen, dass das bei jedem geht. Die Engel wollen dir helfen, jetzt hast du die Gelegenheit, dich zu finden. Bitte lies das Buch bis zur letzten Zeile, es ist sehr wichtig für dich. Die Engel sagen, ich soll es unbedingt hier mit reinschreiben. Halte dich daran und du wirst dadurch garantiert immer gewinnen. Ich mache solche Sitzungen auch immer öfter bei Klienten. Wenn du es so für dich übst, ist es okay, aber wenn jemand eine Rückführung möchte, dann seid ihr ja zu zweit. Jede Rückführung ist anders, du kannst sie hundertmal machen, wenn du willst. Sie beruht immer auf dem jeweiligen Thema, welches gerade anliegt, später siehst du, was ich meine. Ich versuche, es so gut ich kann zu erklären, damit du es verstehst. Wenn du Fragen haben solltest, kommst du von alleine darauf. Es ist wirklich alles leicht zu lernen, was ich hier niederschreibe.

Was ganz wichtig ist: Lasse dich niemals dabei stören, sieh zu, dass du auf jeden Fall die ganze Zeit ungestört bist. Es kann hinterher zu Realitätsstörungen kommen. Hole dich langsam wieder zurück und bitte auf jeden Fall die Engel vor Beginn um Hilfe dazu. Ansonsten mache diese Übung zu zweit, so

kann immer einer den anderen zurückholen.
Beide müssen allerdings darauf achten, dass der andere nicht gestört wird.

- So nun weiter zur Übung:
- Jetzt geht es um die Rückführung. Wenn du dabei Angst hast, blockierst du nur alles. Alles meine ich – es geht nichts mehr! Mach es einen Tag später oder wenn du wieder Zeit hast. Übrigens: Dies gilt bei allen Übungen oder Kontakten.
- Setze dich aufrecht hin, schließe deine Augen und denke an nichts. Versuche es. Es funktioniert, an nichts zu denken. Denke dann nur an die Engel, so wie du dir Engel vorstellst, so zeigen sie sich auch.
- Jetzt überlege, in welche Zeit du zurück möchtest. Sagen wir 100 Jahre zurück oder 300 oder wie du möchtest. Es kommen Gedanken, die du nicht abstellen kannst. Lasse es jetzt zu und halte die Gedanken nicht fest. Lasse sie fließen.
- Bitte dabei die Engel um Hilfe. Atme, bevor du beginnst, ruhig und langsam, achte auf deinen Atem, du musst immer ruhiger werden und keine Scheu davor haben. Alles ist Vergangenheit und kann dir nicht schaden. Wie gesagt, nimm dir eine Zeit, in die du möchtest. Lasse dir die Zeit zeigen, worauf dein jetziges Leben beruht, und versuche, es in Bildern zu sehen. Es kommt auch als Film. Sehe dich in dieser Zeit, schau dich um, betrachte dich selbst, deine Hände, was bist du? Ein Mann? Eine Frau? Wo lebst du? Welches Land? Wie alt bist du da? Frage einfach …
- Dann frage weiter, in eine andere Zeit, stelle dieselben Fragen.
- Glaube mir, es ist keine Einbildung: Alles, was du

siehst, ist echt. Versuche, immer zu vertrauen, sonst geht gar nichts.

- Wenn du willst, kannst du das üben, brauchst du aber nicht, da es immer gelingt. In die Zukunft schauen geht genauso, da kommen aber bei fast jedem Zweifel auf, da zu viel neue Sachen in der Zukunft sind, die wir gar nicht kennen. Es ist auch nicht so wichtig, du kannst es aber versuchen. Die Zukunft gestaltet jeder Mensch anders und auch neu, daher ist sie veränderbar und ungenau. Ich mache so etwas nicht mehr. Ich mache zwischendurch ein paar andere Erklärungen, aber auch nicht zu viel, ich möchte nicht, dass es dir zu langweilig wird, sondern dass du diese Sache ernst nimmst. Übrigens, hier noch etwas ganz Wichtiges: Gott sagte mal etwas, was mich sehr erstaunt hat. Deine Zukunft sieht immer so aus, wie du sie haben willst. Ich dachte immer, es wäre vorherbestimmt, wie was geschieht. Ist aber nicht so! Gott sagte, jeder hätte tausende Wege, die man gehen könnte. Das heißt nun konkret: Du selbst machst es mit deinen Gedanken!

Aura erkennen

- Wieder beginnen wir mit einer Meditation, genau wie bei den ersten Übungen, danach üben wir bei einem Klienten oder Freund das „Aura-Sehen". Du kannst die Person vorher fragen oder es einfach für dich probieren.
- Schaue die Person dabei genau an, von oben nach unten. Schaue solange, bis du durch ihren Körper sehen kannst – so als wäre sie gar nicht da. Schaue ein paar Zentimeter über ihren Kopf.
- Am besten geht es, wenn derjenige an einer weißen oder dunklen Wand steht.
- Es müsste um ihn herum heller werden, meistens zuerst um den Kopf herum.
- Übe dieses Sehen öfters, das kann etwas dauern! Es wird aber von Mal zu Mal mehr. Irgendwann, wenn du es oft genug geübt hast, kannst du es auch in Farben sehen. Durch die Gedanken der Person verändern sich die Farben. Du erkennst, ob er sich aufregt oder glücklich ist.
- Man kann dadurch auch Krankheiten erkennen. Aber das kommt mit der Zeit und mit der Erfahrung, die du nach und nach dabei sammelst.

Erklärung zu den Karmasträngen. Was ist das?

Karmastränge sind wichtig für uns. Zum Reinigen oder besser gesagt zum Kappen. Aber um sie sehen zu können, muss auf jeden Fall eine zweite Person dabei sein. Wenn mehrere da sind, ist es auch gut. Die Stränge hängen überall am Körper, jeder hat sie. Der dickste Strang ist meistens am Bauch, mittig am Bauchnabel. Es gibt aber noch einen hinten am Rücken, aber nicht immer. Wenn du allein bist und üben willst, reicht es, wenn du es so machst, wie ich es als Übung auf der nächsten Seite vorgebe. Zusammen mit einer zweiten Person ist es etwas anders. Ihr seht diese Stränge, wenn ihr diese Person lange genug anschaut. Dann sieht die Person aus wie eine Marionette, überall hängen Stränge, die nach oben zeigen. Sie sehen durchsichtig und gräulich aus.
Wenn du alleine bist und diese Übung an dir selbst testet, musst du mindestens eine halbe Stunde aushalten und am besten dabei stehen oder auf einem Stuhl ganz dicht an der Kante sitzen. Sage innerlich:

ICH BITTE DIE ENGEL, DIE KARMASTRÄNGE ZU KAPPEN, DIE ÜBERFLÜSSIG SIND UND FÜR MEINE HEILUNG GUT SIND. DANKE DAFÜR.

Dann ist es angebracht, etwas zu warten und zu sagen: „Ich bin bereit."
Bittet Erzengel Michael, die Stränge zu durchtrennen. Er kommt mit sehr vielen Helferengeln und kappt dann die Stränge mit einem Schwert, das aus Licht besteht. Bitte Erzengel Michael anschließend auch um Reinigung.

Es passiert jetzt etwas mit dir. Fühle in dich hinein, du spürst sicher ein Ziehen an bestimmten Körperstellen. Nach einer halben Stunde kannst du darum bitten, dass sie bitte später weitermachen sollen, wenn du schläfst. Bedanke dich auch, das ist wichtig. Einige Stränge behältst du noch, die kommen mit ins nächste Leben, in ihnen sind deine Erlebnisse gespeichert. Die nicht so wichtigen Stränge werden entfernt. Die Engel wissen alles über dich. Aber keine Angst, sie wissen, was sie machen. Die noch vorhandenen Karmastränge sind für deine Seele für später wichtig.

Anschließend bittest du um eine Aurareinigung, alles wegzunehmen, was da nicht hingehört. Das können schwarze Flecken sein, die durch Ärger oder Ängste entstanden sind und sich im Laufe der Jahre angesammelt haben. Das Ganze wird ungefähr 10 Minuten dauern. Oder baue es mit in die Karma-Kaperung ein, damit sparst du dir auch etwas Zeit!
Du hast in deinem Vorleben viel erlebt und die schlechten Sachen, die du erlebt hast aber auch die guten Sachen, die du gelernt hast, mit in dieses Leben gebracht. Daher hast du auch einige Probleme in diesem Leben. Durch das Nehmen von altem Karma löst du einiges auf.

Geistführer, Engel oder Verstorbene

Bei der nächsten Übung kann sich auch ein Verstorbener oder eine andere liebe Seele zu Wort melden.
Bei mir kam es erst sehr viel später. Jetzt nach ein paar Jahren wird es bei mir verstärkter mit dem Sehen und Hören der Seelen. In einem Laden, in dem ich meinen Stein gekauft hatte, unterhielt ich mich mit der Verkäuferin und sah neben ihr eine alte Frau vorbeigehen. Sie strich im Vorbeigehen mit ihrer Hand über die Schulter der Verkäuferin und schien sehr glücklich zu sein, denn sie lächelte sehr zufrieden. Ich fragte die Verkäuferin, ob sie eine ältere Dame mit einem Dutt auf dem Kopf kenne, weil die gerade an ihr vorbeigegangen sei. Ich wusste, dass diese Verkäuferin auch sehen konnte und deshalb konnte ich mit ihr offen darüber reden.
Sie sagte: „Ja, die kenne ich." Sie hätte vorher hier im Haus gelebt, hatte keine Nachkommen und vererbte das Haus der Kirche. Ich freute mich sehr, dass die alte Frau offenbar zufrieden war und dass ich das sehen durfte, denn das war mein erstes Erlebnis mit einem Verstorbenen.

Also was ich damit sagen möchte, ist, du kannst da auch hineinwachsen und immer mehr sehen, was die geistige Welt bietet. Die Frequenz der Engel und der Verstorbenen ist etwas verschieden, bei den Engeln liegt sie etwas höher, das heißt, ihr denkt an etwas Liebes, etwas Schönes und wenn du dich in Ruhe befindest, bist du bei den Engeln, oder wenn du es schaffst, auch bei den Verstorbenen. Die Verstorbenen wollen dich auch unterstützen, du kannst sie auch darum bitten. Es muss nicht sein, dass ein Nahverwandter kommt. Es können auch andere Begleiter zu dir kommen. Ich hatte mal einen alten Priester dabei, der mir sagte, dass ich mich verbreiten solle und dass sie sehr stolz auf meine Arbeit wären. Du musst nur ein bestimmtes Thema haben, was du gerne möchtest im Leben, dann kommt genau der Engel oder die Seele, die du für dieses Thema brauchst. Je mehr du mit den Wesen redest, desto mehr verstehen sie, dass sie auch ernst genommen werden. Sei nett und höflich, bedanke dich immer, egal ob du sehen kannst oder nicht. Sie sind immer da, glaube mir.

Nun möchte ich noch ein Erlebnis teilen, welches mir die Engel vor langer Zeit bescherten:

Es war ca. im Jahr 2001. Ich war pleite und Weihnachten stand vor der Tür. Ich war verzweifelt und hatte Bauchschmerzen vor Sorge und sagte unbewusst: „Bitte helft mir, ich brauche Geld zum Einkaufen und ein paar Geschenke für meine Kinder." Und du glaubst es nicht, ich fuhr mit meinem Auto außerhalb einer geschlossenen Ortschaft und sah plötzlich wie aus Geisterhand Sträucher am Fahrbahnrand und darin hingen Geldscheine. Ja, Geldscheine! Ich fuhr erst vorbei, aber mein Gedanke sagte: „Fahr zurück, da hing Geld. Insgesamt waren es vier Geldscheine. Ich war so glücklich … das hörte gar nicht mehr auf. Einen Tag später dasselbe, nur einen Ort weiter. Also hört auf eure innere Stimme, sie reden mit euch.

Wie lange dauert eine Heilung?

Es kommt darauf an, wie weit du an Heilung glaubst und vor allem, wie du auf die Göttlichkeit vertraust. Denn Gott kann dir nicht helfen, solange du an deinem alten Muster festhältst und nicht darauf vertraust, dass es alles gibt, was du dir wünschst. Wenn du auf der Seite, die ich gleich schreiben werde, alles so umsetzt, wie ich es dir kinderleicht erkläre und verstehst, wie und was du bist, dann kann sogar eine Spontanheilung geschehen. Ansonsten in der Regel in 3 bis 6 Wochen. In dieser Zeit arbeiten die Engel mit dir und ca. 1 bis 7 Heilsitzungen werden von ihnen durchgeführt. Das heißt, wenn du zu den Engeln Vertrauen gefunden hast, dann arbeiten sie mit dir jeden Tag. Sie bereiten dich Monat für Monat auf ein neues Leben vor und deine Heilung auf allen Ebenen findet mit viel Liebe und Geduld statt. Gott schenkt dir dann alles, was du dir herbeiwünschst. Sobald du nämlich verstanden hast, wer und was du bist. Ich muss es immer wiederholen. Es muss unbedingt in eurem Gedächtnis verankert sein. Wisst ihr, wie lange meine Heilung dauerte? Sie dauerte so lange, bis ich in der absoluten Liebe war. Es vergingen Jahre. Ich wusste nicht wirklich, wie ich es anstellen musste. Mir hat man das nicht gesagt. Aber ihr könnt es jetzt sehr viel schneller schaffen. Denn euch wird es so klar wie noch nie zuvor erklärt.

Damit die Heilung erfolgreich verläuft, solltest du Geduld und Vertrauen in die geistige Welt und dich setzen, damit du gesund wirst. Die vollkommene Heilung kommt, wenn du vollkommen in der Liebe bist. Du musst eins sein mit Gottes Liebe, weil du in Wirklichkeit selbst Gott bist. Denn Gott ist auch in dir. Gott ist alles. Gott hat dich in Liebe und Freude erschaffen und nicht im Negativen. Daher müsst ihr, liebe Leser, euer altes Denken ändern. Es wurde all die Jahre auch so weitergegeben. Von einer Generation zu anderen. Die Menschen wurden in Zeiten des Lügens gebracht, dies muss so sein. Nein, sage ich, es ist ein verlogenes Denken, was ihr bekommen habt. Gott will euch dies hier mitteilen und fordert euch alle auf, anders zu denken. Denken erschafft eure Realität. Das, was du denkst und fühlst, das kommt morgen in dein Leben. Das, was du glaubst, wird geschehen. Die Heilung der geistigen Welt unterstützt dich mit Energien.

Während der Behandlung, in die sehr starke Heilenergie fließt, muss man diese nicht unbedingt spüren, obwohl sehr wohl eine Veränderung auf allen Ebenen stattfindet. Der Körper beginnt sich erst nach und nach zu regenerieren, sodass sich ein Erfolg nicht sofort, sondern meist erst am Ende einstellt. Da aber alle die Heilung bekommen wollen, muss man immer daran glauben, dass sie Heilung bekommen, das ist das A und das O. Erzengel Raphael sagte: „Rufe mich für die, die Heilung möchten." Daher werde ich niemals ein Versprechen geben. Du alleine musst zu all den Wundern beitragen. Auch wenn ich selbst eine Sitzung durchführe. Glaube fest an die Heilung und glaube fest, dass Gott dich mit heilt. Sehe dich schon vor der Sitzung als geheilt. Stelle dir das Bild vor, wie du geheilt bist. Ansonsten wird es schwer, sagte Gott. Ich erzähle dazu mal eine wahre Geschichte und Originalberichte von meinen Schülern. Diese habe ich vorher um Erlaubnis gefragt und diese Berichte, die mir am Herzen lagen, mal als Erfahrung für euch mitgeschrieben. Damit könnt ihr sehen, wie es in etwa abläuft, die Ausbildung und was mit euch passieren könnte. Aber erst mal zu einer Kundin oder besser Klientin, sagen wir. Ich bekam einen Anruf von einer verzweifelten Frau. Sie hätte Krebs und sieht die letzte Hoffnung in mir, mit der Bitte, zu ihr zu kommen. Ich sagte sofort zu und fuhr hin. Wir unterhielten uns erst einmal. Was ihr auch zu jeder Behandlung sagen müsst, ist, dass es keine Garantie für Heilung gibt. Bei den meisten Menschen ist Krankheit ein Teil der Erfahrung und wie sehr die Gedanken daran festgefahren sind. Dass ihr glaubt, das zu haben, was ihr in der Realität auch spürt und seht. Dann ist es für den Menschen natürlich, daran zu glauben. Ich muss es wiederholen: Betet, wenn ihr Hilfe möchtet, selbst in Krebskliniken gab es schon Wunder durch Gebete. Gott nimmt es wirklich sehr ernst und möchte euch helfen. Wenn ihr wirklich glaubt und hofft, dass es so kommt, dann kommt es auch so. Haltet daran fest und gebt niemals auf, an etwas zu glauben. Nur dann kann Gott helfen. Ihm sind die Hände gebunden, wenn ihr schnell wieder aufgebt. Euer Denken wird nämlich im Universum manifestiert. Ich schwöre es: Macht ihr es so, dann bekommt ihr ein Geschenk von Gott und neue Türen öffnen sich. Das gilt in allen Bereichen in euren Leben. Egal, was ihr auch ändern möchtet im Leben. Das sage ich immer in meinen Ausbildungsseminaren oder Vorträgen. Heilung kommt von der geistigen Welt mit und durch euch. Sobald ihr euch für etwas Neues entschieden habt, kommen all die Helfer und unterstützen euch sofort. Habt ihr erst mal einen Geistführer oder einen Engel, der mit euch arbeiten möchte, sagt er es in der Regel. Engel und Geistführer sind aber immer bei einer Heilung dabei. Bei meinen Sitzungen bitte ich fast alle um Hilfe, mich dabei zu unterstützen: Gott, Jesus, Maria, die Erzengel und andere geistige Helfer. Meistens sind auch mehrere Sitzungen notwendig. Es ist nur peinlich, wenn der Klient nicht gesund wird nach mehreren Sitzungen. Dies liegt dann meist an einem Mangel an Selbstliebe und Mangel an Geduld. Daher nun dieses Buch zu den Wundern Gottes. Einige kommen zwar zu mir, aber in Wirklichkeit ist so viel Zweifel in ihnen, dass es nicht geht. Ihr Lieben, die Heilung muss doch erst wachsen, es geht nicht so schnell. Daher: Wartet und seid geduldig. Gott sagte mir bereits, es wird eine schwierige Aufgabe für mich werden.

Ich muss sehr viel Geduld mit den Menschen haben, denn sie werden nicht alle gleich verstehen. Wenn das Universum sieht, wie ungeduldig ihr seid, dann macht es einen Strich durch die Rechnung und ihr verfallt in Verzweiflung. Bei dieser Frau machte ich mehrere Sitzungen und bemerkte keinerlei Besserung. Mir tat sie dabei so sehr leid, ich litt, glaube ich, mehr als sie selbst. Es gibt aber auch sehr viele Menschen, die gar nicht gesund werden wollen. Da kann kein Engel etwas machen. Gott sagte, es gäbe Menschen, die dem Ende nahe sind. Lasst sie in Würde gehen und haltet sie nicht fest. Die Menschen neigen dazu zu wollen, dass sie nicht sterben, dabei will die Seele längst gehen. Und der Mensch leidet, weil die Liebsten ihn nicht gehen lassen wollen. Auch da kann Gott oder ich nichts tun. Wenn jemand schwer krank ist, dann werde ich es sehen, ob seine Seele gehen will oder ob es eine Heilung geben könnte. Daher sei nicht böse, wenn der Mensch gehen muss. Es ist das größte Geschenk, was ihr der Seele geben könnt. Der Mensch ist ja noch bei euch, nur ihr könnt ihn nicht sehen oder noch nicht sehen. Das Einzige, was uns beim Verlassen der Erde unterscheidet, ist, dass ihr im Körper lebt und der Verstorbene auch ohne Körper lebt. Alles andere ist gleich geblieben. Aber dazu müsst ihr das Buch lesen: GESPRÄCHE MIT GOTT. Da steht nochmals alles beschrieben. Ich erzähle es nur noch mal, weil ich es euch etwas leichter machen möchte zu verstehen. So, nun zurück zu der Geschichte.

Ich beschloss, von diesem Tag an kein Geld mehr von der Kranken zu nehmen. Obwohl Gott später sagte, dass wenn ich kein Geld nehme, dem Universum damit zeige, dass ich ihm nichts wert sei. Eure Tätigkeit ist bedeutungslos. Ich fuhr immer so hin und behandelte von Anfang an ohne Honorar. Da ich das sehr oft so machte oder nur sehr wenig nahm, bekam ich auch nie etwas vom Universum. Das bedeutete Dauerpleite. Es passierte einfach nichts bei diesem Menschen. Ich fragte die

Engel, was los sei, ich fühle mich schlecht dabei, es ging doch sonst immer. Sie sagten, ich solle es lassen, sie würde bald gehen und getragen werden.
Es sei jetzt auch nicht meine Aufgabe, diese Arbeit zu machen, das Heilen soll ich später bei den Menschen machen. Meine Aufgaben liegen zurzeit in einem anderen Bereich. Ich bringe Menschen die Liebe und den Glauben bei. Heilung ist nicht immer mit Krankheit verbunden. Bitte merkt euch das: Heilung bedeutet auch seelische Probleme und das ist wieder mein Fachgebiet. Das kann auch das Festhalten an einem Problem sein. Dies kann so viele Ursachen haben. Das Channeln von Botschaften (schaut im Internet bitte nach, wenn ihr mehr über Channeln wissen möchtet, dort findet ihr alles zu diesem Thema) bedeutet, dass der Klient erst einmal erfährt, was ihn überhaupt belastet, um sich selbst zu helfen. Leidet jemand, aus welchen Gründen auch immer, ist eine Heilung angesagt.

Und noch eine bewegende Geschichte. Eine Geschichte, die auch von einer Kundin kam. Eines Nachmittags klingelte mein Telefon, eine verzweifelte Frau aus Frankreich meldete sich. Sie sprach Deutsch und erzählte mir, wie sehr ihr Vater krank sei und ob ich da was machen könnte aus der Ferne. Na klar, geht so was auch. Ihr müsst euch konzentrieren und euch diese Person vorstellen, die Informationen kommen dann von ganz alleine. Er war schon alt und ich sah, wie seine Zeit zu Ende ging. Ich sagte, ich melde mich schriftlich per E-Mail bei ihr. Ich schrieb ihr, dass er bald die Erde verlassen würde, aber ich nicht genau wisse, wann. Ich schickte gedanklich Engel an seine Seite, mit der Bitte, ihm in dieser Zeit beizustehen. Sie schrieb eines Tages noch mal zurück, dass ihr Vater im Krankenhaus sei und ob ich noch mal Engel schicken könnte. Ich schickte einen großen weißen Engel zu ihm. Tage später schrieb sie, dass er verstorben sei und vorher noch gesagt habe:

„Da steht ein großer Engel vor mir." Er glaubte nie an Engel und wollte auch davon nichts wissen, sagte mir diese Frau.

Ein weiteres Erlebnis, das ich hatte, ereignete sich bei einer älteren Kundin. Ich bin auch ausgebildeter Massagetherapeut und mache Hausbesuche. Irgendwann fragte die Kundin, ob ich auch ihren Mann mal behandeln kann. Also massierte ich ihren Ehemann, der auch sehr krank war und unter Demenz litt. Er konnte weder Laufen noch Sprechen und nur sehr schwach sehen. Nach vier Sitzungen tat sich immer noch nichts und ich fragte, was denn los sei und warum er nicht gesund wird. Die Engel antworteten in Bildern und zeigten mir, dass es bald vorbeigehen würde mit ihm. Ich sagte es aber niemanden und teilte der Kundin nur mit, dass ich es an dieser Stelle beenden würde und dass alles gut werden würde, er aber nicht gesund wird. Irgendwann, so ca. ein halbes Jahr später, sagte die Kundin zu mir, ihr Mann sehe immer Gestalten vor sich, aber sie glaube nicht daran. Ich wusste, dass er recht hatte und sagte es auch, sie lachte nur. Er verstarb dann auch Wochen später. Ich wusste, dass seine Verwandten ihn abholen und dass sie es waren, die da immer standen.

Ich sagte ja bereits, dass es auf jeden Fall gut ist, an sich zu glauben und Vertrauen in die geistige Welt zu setzen. Das verstärkt deine Fähigkeiten ungemein und du hast einen großen Schritt gewagt. Das sehe ich immer wieder unter meinen Schülern, einige arbeiten schon vor Beginn der Ausbildung mit spirituellen Dingen. Das zeigt, dass sie schon auf dem Wege sind. Viele lesen in Büchern und haben andere Meinungen über das, was ich mache oder erzähle. Es ist völlig o. k., wenn jemand andere Erfahrungen macht und etwas Anderes gehört hat. Aber falsch ist es dennoch nicht. Es ist alles richtig, denn es gibt verschiedene Energien und Erfahrungen von Kontakten zur

geistigen Welt. Jeder Mensch sieht es anders. Ich sehe die Engel anders als andere Medien. Ich höre sie anders als andere Medien. Andere haben andere Botschaften oder Erfahrungen mit den Engeln. Jeder hat eine andere Aufgabe auf Erden und erhält das, was für ihn wichtig ist.
Aber was mir auffiel, ist, dass Gott sich in allen Botschaften, die ich schrieb oder von anderen gelesen habe, alle ziemlich gleich anhören. Ich meine, wie er sich ausdrückt. Also wer zu mir kommt und lernen möchte, der darf alles fragen und bekommt auch alles beantwortet. Aber bitte redet nicht gegen meines an. Wenn einer meint, er wüsste es anders oder besser, dann ist es so. Du hast deine Erfahrung und ich meine. Ich gebe letztendlich nur das weiter, was ich gelernt habe und was mir die geistige Welt über Botschaften übermittelt hat. Jeder bekommt täglich eine Botschaft. Entweder über euren Geistführer oder durch andere Menschen. Ihr lest gerade, was ihr durch Zufall wissen wolltet und bekommt eure Antwort durch Umwege. Euer Engel weiß, was ihr wollt. Er verbindet sich mit anderen Engeln und sie besorgen euch die Person oder über andere Wege eure Botschaft. Toll oder? Euch wird geholfen, ihr werdet geleitet. Wenn ihr nach einer Sitzung das Gefühl bekommt, es geht nichts, verzweifle bitte nicht, wenn es so scheint, dass es keine Heilung gegeben hat. Es ist was mit dir passiert, es kommt immer erst von innen, der Körper zieht später erst nach. Es kommt auch nicht selten vor, dass du dich anfangs schlechter fühlst. Das ist normal, es kann auch schon mal eine Verschlechterung danach eintreten. Die verschwindet aber meistens am nächsten Tag gleich, es passiert ja gerade was mit dir. Es kommt Heilung und der Körper muss sich darauf einstellen, ist also alles richtig mit dir. Was meint ihr, wie sehr ich auf meine Mutter einrede? Sie ist 71 Jahre. Immer wenn ich dort hinfahre, meckert sie über alles und jeden. Alles, was sie in Zeitschriften über Krankheiten gelesen hat, das habe sie

auch. Alles tut ihr weh und die Engel helfen ihr nicht und so weiter. Ich glaube nicht, dass sie mir helfen. Was habe ich für wunderbare Sitzungen gegeben. Aber da sie immer sagt, sie glaube nicht, es würde nur schlimmer werden, wird es auch schlimmer. Die ganze Aufmerksamkeit richtet sie auf Beschwerden. Richtet ihr eure Aufmerksamkeit auf ein Problem, dann verstärkt sich das Problem. Ist doch klar: Alles, auf das man seine Aufmerksamkeit legt, verstärkt sich. Das ist das Denken, was ich hier ständig schreibe. Alles, was du denkst, ziehst du an. Versteht ihr es, was ich meine? Ich schreibe in einem Kapitel mehr über Denken und Wünsche und das ganz ausführlich, wie auch Gott es für all die Menschen sagen möchte.

Meine Heilung an mir selbst begann, als ich in München meine Ausbildung machte. Es wurde nur ein Teil geheilt, der Rest der Heilung an mir beginnt jetzt, wo ich dieses Buch schreibe. Andrea, meine beste Schülerin, heilte mich ganz und gar. Mehr zu meiner Wunderheilung leider erst im nächsten Buch. Diese ist sehr spannend und bringt zugleich unglaubwürdige Erlebnisse mit sich. Dennoch entspricht alles der Wahrheit.

Fernheilung

Fernheilung geht auch wunderbar, ich hatte es aus dem Reiki gelernt. Nach und nach zeigten die Engel mir, wie man mit der göttlichen Energie heilt und Fernheilung geben kann. In der geistigen Welt gibt es keine Zeit, so lernte ich auch hier, die Zeit abzuschalten und die Energien zu schicken, wann ich wollte. Ich lernte sehr viel, mit Heilung umzugehen, und begann immer mehr durch Fernheilung zu behandeln. So bekam ich immer wieder Bestätigung durch meine Klienten, sie bestätigten mir, was sie spürten oder sahen. Ich machte auch einige Übungen, um zu sehen, was ich alles damit machen kann. Dazu setzte ich meinen Geist und meine Seele ein und ich gehe geistig zu den Menschen hin. Als ich noch mit Andrea, meiner ehemaligen Schülerin, zusammenarbeitete, probierten wir viel aus. Gott sagte zu mir: „Man muss auch mal was probieren." Also probierte ich es an meinen Klienten, ohne dass sie es wussten, und bekam immer tolle Benachrichtigungen von ihnen. Ich berühre diesen Menschen oder gebe ihm Schutz mit dem Licht. Es ist so herrlich, wie sie es bestätigen. Dankbarkeit und Freudentränen bekomme ich. Ich bin immer wieder berührt von dieser Freude. Das ist mein Wachsen, somit wächst mein Glauben mehr und mehr.

Ich hatte mal eine Fernbehandlung am Telefon gegeben. Es war eine Frau, die mich kontaktierte. Sie weinte immer nur und hatte ein schweres Leiden am ganzen Körper. Sie sagte, dass sie nur noch 45 kg wiege und am ganzen Körper Ausschlag hätte. Sie gehe schon seit Monaten nicht mehr aus dem Haus. Es waren auch sehr viele andere Beschwerden, wie Haarausfall und ihre Zähne lockerten sich. Zuerst dachte ich, ich wäre damit total überfordert. Es war an einem Abend, da wollte ich entspannen und zur Ruhe kommen. Eigentlich wollte ich sie

abwimmeln und um einen Termin bitten.
Wir telefonierten bestimmt eine Stunde lang, mir gelang es erst mal, sie zu beruhigen. Dann schlug ich ihr eine Fernbehandlung von erst mal zwei Sitzungen vor. Wir machten einen Termin aus. Obwohl ich überhaupt keine Zeit hatte, fühlte ich mich verpflichtet, diese Frau zu behandeln. Die erste Sitzung gab ich aber schon an diesem Abend. Es kam dann der Tag, wo wir wieder telefonierten. Sie kam aus Bayern und konnte daher nicht kommen. Ich erklärte kurz, was ich mache und was sie machen müsste. Ich begann mit der Behandlung, es waren sehr viel Engel dabei, Erzengel Raphael führte diese Behandlung an.

Leider vergaß ich, mich zu schützen und behandelte über eine Stunde. Dabei bekam ich alle ihre Schmerzen zu spüren. Mir tat alles weh und ich hatte das Gefühl, mein Hals würde platzen. Am Ende der Behandlung sagte sie mir, dass sie auch am Hals Schmerzen hätte, sie hatte es mit den Lymphen zu tun. Tage später machten wir den zweiten Termin aus. Die erzählte, es ginge ihr schon sehr viel besser. Sie hatte den großen Wunsch, eine Heilerin zu werden. Ich sagte: „Das wirst du, habe Geduld!“ Fast alle meine Klienten hatten so gut wie kein Geld. Sie sind in meinen Augen sehr hilflos und sagen immer, ich sei ihre letzte Hoffnung. Es gibt natürlich auch Kranke, die ich ablehnen muss, aus Zeitgründen oder wenn ich merke, dass sie mich ausnutzen wollen. Oft kam es auch vor, dass mich jemand anrief und etwas gechannelt haben möchte, und dann auch noch so frech war, nach ein paar Monaten wieder eine Channel-Botschaft zu verlangen. Ich war damals noch Anfänger und verließ mich darauf, dass sie mir das Geld dafür überweisen würden. Finanziell stehe nämlich auch ich nicht wirklich gut da und versuche etwas, damit ich auf den Beinen bleibe, schließlich bekommen sie auch etwas dafür. Jetzt bin ich

dadurch schlauer geworden, und lasse meine Termine dafür von meinen Helfern machen.
Ihr seht, ihr müsst also unterscheiden, wer Hilfe benötigt oder nicht. Mittlerweile habe ich mir sogar überlegt, so wenig Geld wie möglich zu nehmen. Ich kann davon leben und weiß aus Erfahrung, dass viele einfach wenig Geld haben. Ich möchte euch wissen lassen, dass ich es sehr gerne mache und so vielen wie möglich zum Kontakt zu den Engeln verhelfen möchte. Genauso wie jedem Menschen Heilung zustehen sollte, der an die Engel glaubt. Aber es muss ein Ausgleich stattfinden. Ich biete wirklich alles an und verzichte sogar manchmal auch auf ein Honorar, wenn einer bettelarm ist. Ich weiß es nur zu gut, was es heißt, nichts zu haben. Wie gerne hätte ich mal den einen oder anderen Lehrgang mitgemacht, vertröstete mich dann aber immer auf später. Gott sagte, dass das Fernheilen mit einer sehr starken Heilenergie verbunden ist. Sie ist schneller vor Ort, als ihr denken könnt, da wir alle miteinander verbunden sind.

Und nun komme ich zur Auflösung aller Probleme, Gottes Geheimnis, was normal jeder in sich trägt, aber vergessen hat

Es klingt jetzt für euch, als würdet ihr es schon kennen. Ich habe viel gelernt und erfahren. Daher weiß ich, wie viele Menschen lange dazu brauchen, es zu verstehen und umzusetzen. Ich habe bereits einige Bücher dazu gelesen, aber immer fehlte mir etwas darin. Ich vermisste immer Antworten. Es gab zwar Antworten, aber ich verstand sie nicht. Daher ist dieses Buch anders, als ihr es von anderen Bücher kennt. Ich erzähle hier in verschieden Visionen die Erklärungen. Euer Bewusstsein wird es aufnehmen und dadurch speichern. Ich kann es euch versprechen. Wenn ihr einmal angefangen habt, anders zu denken, dann werdet ihr sofort eine Veränderung an euch und in eurem Umfeld erkennen. Also noch mal, es fängt mit dem Denken an. Alles was du denkst, kommt in dein Leben. Gott schickt alles, was du dir erdenkst. Du manifestierst in Minuten, sogar in Sekunden, wenn du es beherrschst. Die meisten Menschen merken es nicht, was sie gerade bestellt haben. Ich muss euch dazu eine Geschichte erzählen, die sogar wahr ist. Es dient dazu, um euch zu sagen und klarzumachen, wer und was ihr in Wirklichkeit seid. Gott erzählte es einem anderen wundervollen Menschen. Dieser Mensch hat durch Gott mehrere Bücher geschrieben, die mich fasziniert haben. Ich hatte dieses Buch gelesen und erkannte mich darin wieder. Der Mensch, der es schrieb, der war genau wie ich selbst. Ich hatte dieses Buch bereits Jahre bei mir zu Hause herumliegen. Ich wusste nicht mehr, dass ich es vor Jahren gekauft hatte. Aber damals interessierte mich dieses Buch nicht. Es heißt „Gespräche mit Gott“ von Neale Donald Walsch. In Verbindung mit diesem Buch ist es für euch eine reine Bereicherung. Ich verstand dieses Buch nicht auf Anhieb, als ich es las. Aber durch all die Vorarbeiten der Engel und Gott, die ich Jahre davor hatte, begriff ich, was Gott und die Engel mir sagen wollten. Sie sagten es mir vor Jahren schon, was ich machen und wie ich denken sollte. Aber warum ich alles machen sollte, das sagten sie nie. Auch sagten sie mir immer wieder, wer ich bin. Jedes Mal, wenn sie es sagten, lief mir ein Schauer über meinen Rücken. Es klang so, als würde ich Gott wegdrängen. Ich weiß nicht, wie es euch ergeht, wenn die geistige Welt plötzlich zu euch sagt, du bist Gott. Eines Tages, als ich Gott immer und immer wieder bat, mir zu helfen. Ich hatte wirklich viele Sorgen und Nöte und glaubte, daran zu zerbrechen. Ich hielt mich mehr und mehr an Gott. Gott sagte mal, dass wenn jemand um etwas bittet oder zu ihm betet, dann antwortet er immer. Wenn ich Gott nicht verstand, dann nur wegen meiner festgefahrenen Sorgen und Ängste. Gott sagt, er antwortet auf verschiedenen Wegen. Er weiß immer im Voraus, was gerade passiert. Sei es als Antwort durch Musik oder im Fernsehen oder du nimmst gerade ein Buch in die Hand. Wenn ich Tage hatte, die kaum durch Sorgen und Kummer zu ertragen waren, dann hörte ich nie die geistige Welt. Gott sagt, er antwortet auf jeden Fall, ob du hinhörst, ist eine andere Sache. Ich bekam sie durch ein anderes Medium, das eine Botschaft veröffentlicht hatte. Da wurde das Buch „Gespräche mit Gott" veröffentlicht. Ich las da einige Dinge, die ich schon mal gehört hatte, die Gott mir auch schon sagte. Ich wurde neugierig und wollte mehr wissen. Da bekam ich plötzlich den Gedanken von Gott. Ich hatte dieses Buch im Keller. Ich ging, so schnell ich konnte, los und durchsuchte den Keller. Ich fand es und freute mich so sehr darüber. Sofort fing ich an, darin zu lesen. Es war nur verständlich zu lesen, weil ich einige Dinge schon kannte. Daher schreibe ich es hier und jetzt für euch alle noch verständlicher. Ich schreibe hier im Namen von unserem Gott Vater. Er sagte: „Gehe hin und führe die Menschen in meinem Namen zu mir, mein Sohn." Und das mache ich jetzt mit meiner allergrößten Freude und aus tiefster Liebe für alles, was ist. Je mehr ich und andere Medien es schaffen, euch zu erwecken und zu Gott zu führen, umso mehr wird unsere Erde heil. Umso mehr wird Heilung und Frieden auf Erden herrschen. Schaut euch alle mal um. Schaut alle mal auf unsere Erde. Gott sagt, es sei kurz vor dem Ende, kurz vor der totalen Zerstörung, durch Menschen verursacht. Egal, was mit all den Menschen auf Erden passiert, Gott darf nicht eingreifen. Gottes Gesetz ist der freie Wille des Menschen. Der Mensch erschafft das, was er vor seinen Augen sieht. Und nur durch falsches Denken. Zu wenig Liebe des Gegenüber. Nur weil die Menschen vergessen haben, wer sie sind. Gott sagt, es gibt nur eine einzige Hoffnung, um alles zu retten. Er hat sehr viele Botschafter auf die Erde geschickt. Alle Botschafter sind freiwillig hier und erklärten sich bereit, vieles auf sich zu nehmen. Gott fragte sehr viele Seelen, ob und wer bereit ist, auf Erden für die Heilung unserer Mutter Erde zu wirken. Diese Botschafter gab es nämlich schon immer auf Erden, seit Tausenden von Jahren. Alle wurden hingerichtet und gekreuzigt. Nur die Mächtigen, wie die Kirche und andere Glaubensreligionen hielten ihre Rechte und deren Glauben als die echte. Den Menschen wurde das Denken verändert. Viele wussten, was sie können. Sie konnten die Gesetze von Gott umsetzen. Aber den Menschen wurde es untersagt, so zu denken. Wenn ein Mensch die Wahrheit über Gott und sich selbst sagte, dann wurde er verdammt. Er wurde als satanbesessen erklärt. Und so wurde über die Jahre das Denken klein gehalten bis zum heutigen Tage und das von Generation zu Generation. Es gibt schon Etliche auf Erden, die wissen, wer und was sie sind. Seht euch die Medien an. Es gib immer mehr Aufständische, die erwachen und sich nicht mehr unterdrücken lassen. Immer mehr gehen auf die Straße und sagen: „Ich bin ich selbst und will nicht, dass ein anderer über mein Denken die Macht hat.“ Das ist Gottes Plan für uns. All die Jahrtausende von Jahren wollte Gott nur, dass wir erkennen, wer und was wir sind. Jetzt kommt die Zeit des Erwachens auf Erden. Und das ist auch gut so! Das Erwachen ist nichts anderes als sich zu erinnern. Zu erinnern, wer und was du bist. Ich komme jetzt auf die Geschichte zurück, die Gott so herrlich erzählte. Ich liebe diese Zeilen so sehr. Durch diese Zeilen bin ich erwacht und habe mir geschworen, sie immer und überall zu erzählen.

Gott sagte:
Es war einmal ein großes Licht. Dieses Licht war so mächtig und groß, dass es unmöglich war, seine wahre Größe zu erkennen. Dieses große Licht wusste nicht viel über sich. Es wusste nur, dass es oben und unten war. Dass es nichts war und gleichzeitig doch etwas war. Es wusste, dass es alles ist und nichts. Dass es das dazwischen ist, was ist. Dieses Licht hatte nur einen Wunsch, es wollte wissen, wer es war. So beschloss das Licht herauszufinden, wer und was es ist. Es wollte alles wissen. Es kannte weder Gefühle noch Schmerz. Es kannte rein gar nichts, außer nur sich selbst als das Nichts und das Licht und die Liebe. Es war reine Energie. Das Licht fing an, sich zu teilen. Mit einem Gedanken erschuf sich das Licht in drei Teile. Diese Teile teilte es in weitere Milliarden Teile. Und so ging es immer weiter, bis die Teile so klein waren, als schaute man durch ein Mikroskop. Wir nennen es hier den Urknall. Nun hatten die kleinen Lichtteile dasselbe Verlangen wie das große Licht. Sie alle stammen vom großen Licht und bekamen dieselben Gaben wie das große Licht. Sie durften auch erschaffen. Aber damit war es nicht genug. Was sollten sie denn erschaffen, war jetzt die große Frage unter all den Lichtern. Ein Licht ging zum großen Licht und sagte: „Mein großer Meister, ich bin die Liebe. Ich liebe die Liebe. Aber ich weiß nicht, wer und was ich bin, Meister!“ Da antwortete das große Licht: „Mein

Kind, da gibt es nur eines, du musst dich von all den anderen trennen. Du gehst auf eine Reise und lernst das Gegenteil von Liebe kennen. Das machte das kleine Licht sofort. Alle Lichter folgten ihm nach und nach.
Das kleine Licht rief und rief zu seinem Vater. „Vater, Vater wo bist du?“
„Ich bin immer bei dir, mein Kind. Ich kann euch immer wieder zu mir zurückholen.“ Und so holte Gott euch nun zurück. Aber die Lichter erschufen durch das Denken immer neue Erfahrungen. Alles, was der Mensch erfahren hat. Denn er ist Mensch geworden. Alles, was er dachte, kam in sein Leben. Egal ob schlecht oder gut, Schmerz oder Leid. Mörder oder in Liebe. Der Mensch erschafft sich selbst. Das war, was Gott erfahren wollte durch den Menschen. Gott ist in uns allen als Licht. Wir selbst erfahren durch das Denken, und somit auch Gott. Ihr seid selbst Gott. Denn Gott hat alles erschaffen. Gott schenkte jedem das Erschaffen. Das, was du erlebst, das erschaffst nur du selbst. Es gibt niemanden, dem du die Schuld für irgendetwas geben kannst. Das, was du fühlst, kommt ebenfalls in dein Leben. Das, was du einem anderen antust, das tust du dir selbst an. Alle Gotteskinder sind gleich. Liebe jeden, so wie er ist. Er macht nur eine Erfahrung durch. Gott möchte, dass ihr alle wisst, dass ihr seid wie er. Gott hat alles in Liebe und Freude erschaffen. Ohne Freude kann man nichts Gutes erschaffen. Obwohl Gott sagt, es gibt nichts Schlechtes. Denn ihr erfahrt es und habt dadurch wieder eine Erfahrung gemacht. Das ist dein Manifestieren, auf das ich noch genauer eingehen werde. Gott sagt, wir alle müssen dankbar dafür sein, all dies erfahren zu haben. Je weniger du dies erfährst und es ablehnst, egal was es auch ist, umso mehr wirst du es in deinem anderen Leben erfahren müssen. Es wird erst zu Ende sein, wenn du alles anerkennst. Obwohl es auch kein Ende geben wird. Du erschaffst immer wieder aufs Neue.

Gott hat Gesetze erlassen für alles, was ist. Somit auch für euch. Es fängt mit **ich** an. Dann **ich bin …** Wir Menschen sind auf drei Elemente aufgeteilt.

Körper – ist gleich: Tun oder Handeln, den Körper als Werkzeug benutzen.

Geist – ist gleich: Das geistige Denken, Erschaffen – Das, was du denkst, das kommt in dein Leben.

Seele - Erfahren

Ich bin Licht vom Licht
Ich bin die Freude
Ich bin die Dankbarkeit
Warum sagen wir ICH BIN?

Weil Gottes Gesetz sagt, dass es das Universum, was auch Gott selbst ist, in dein Leben bringt, was du mit **ICH BIN** im Wortansatz sagst. Beispiel, ich bin krank. Viele sagen es so. Du hast dir eine Energie geschaffen, die es dir nicht gut gehen lässt. Wenn du aber sagst: Ich bin gesund, dann wird erst keine Krankheit kommen. Das heißt nicht, dass du durch anderes Denken nicht krank wirst. Du ziehst nur noch mehr Krankheit an durch dieses Denken. Dies gilt mit allem, was du auch im Wortgebrauch kennst. Egal, was du auch denkst mit **Ich bin** … Das Universum fängt an zu arbeiten bei **ICH**. Kommt danach ein **BIN**, dann ist es ein Erschaffungsbefehl. Dann fehlt nur noch der Glaube, dass du denkst, dass es so ist. Also das Tun. Du sagst es ja, du bist krank, also glaubst du auch an deine Krankheit. Und zack ist sie da. Sofort wird sie zu dir gebracht. Egal, was du daraus gedacht hast.

Jetzt zurück zu den Krankheiten. Gott sagt, wir Menschen werden nur krank, weil wir so denken. Natürlich sind auch Menschen dabei, die immer friedlich waren. Einige Seelen wollen sogar dieses erfahren. Aber jede Krankheit kann man ablegen. Gott sagt, es gibt noch zwei negative Aussagen von Krankheiten. Denn wenn jemand hasst oder in Sorge ist, dann zieht er eine gewaltige Energie an, die dem Negativen entspricht. Das ist die dichteste Energieform, die das Universum kennt. Urteile über irgendetwas zu bilden ist genauso negativ. Es entsteht Krebs, Verdauungsstörungen und viele andere Krankheiten auch. Es ist sehr schwer, diese negativen Energien wieder loszuwerden. Es ist möglich, aber in einem längeren Zeitraum. Ihr müsst euch merken, alles ist Energie. Weil alles Gott ist. Selbst Geld ist eine dichte Energie. Lehnt ihr auch nur einen Teil ab und verurteilt ihn, weil euch etwas nicht gefällt, dann habt ihr sozusagen Gott abgelehnt. Und lehnt auch somit euch selbst ab. Mangel an Selbstliebe nennt man das. Also lernt, anderes zu denken. Seid immer dankbar für alles, was ist. Für alles, was ihr seht und erfahrt. Auch negative Dinge solltet ihr lernen zu mögen. Durch Lieben wandelt sich das Negative und sogar eurer Umfeld ins Positive um. Das ist so, weil Gott alles in Liebe erschaffen hat. Bitte versteht, Gott erschuf aus reinen Gedanken. So wie ihr auch. Ihr denkt, nur weil ihr es anfassen könnt und als Material sehen könnt, ist es da. Es ist in diesem Sinne auch vorhanden. Aber es ist aus Energie erschaffen. Normal ist alles eine Illusion. Aber das ist jetzt zu komplex und für viele nicht zu verstehen. Es kommt der Tag, an dem ihr mehr darüber erfahren werdet. Wichtig ist für euch, den Grundstein zu legen, dass ihr wisst, wer und was ihr seid und versucht, in die Liebe zu kommen. Denn das ist das Wichtigste, was es für alle gibt. Liebe wandelt ebenfalls alles um. Alles andere habt ihr selbst erschaffen. Wenn ihr etwas ablehnt, wie euren Arbeitsplatz oder egal was, dann ändert einfach eure Gedanken. Findet alles toll, wie es gerade ist. Auch wenn es nicht so ist in deinem Leben. Aber das ist ja der Anfang, wo ihr es verändert. Verstehst du das? Bleibt also in der Liebe, egal was mit euch im Moment ist. Die Liebe ist die stärkste Energie, die es gibt. Es verwandelt alles ins Positive. So sagte es Gott vor Monaten zu mir. Ich habe nie verstanden, warum ich so denken soll. Aber jetzt bin ich Gott so dankbar, dass ich es herausgefunden habe. Glaubt ja nicht, ich hätte es sofort alles gekonnt. Ich habe monatelang dafür gebraucht, um einigermaßen etwas hinzubekommen. Aber Übung macht den Meister. Ich habe Gott mit Aufgaben kennengelernt. Er sagte nie, warum etwas so ist. Er sagte immer nur: Mach dies, mach das. Aber warum, das sagte er nie. Gott ist einer, der immer gerne Aufgaben gibt, die ich selbst lösen musste. Ich zerbrach regelrecht an diesen Aufgaben. Aber aufgegeben habe ich nie. Es hat zwar immer länger gedauert, das Ganze zu verstehen, aber Gott hat so viel Zeit. Natürlich bekam ich immer Unterstützung von den Engeln und auch Gott half mal mit. Aber letztendlich musste ich alles selber lösen. Wenn nicht jetzt, dann eben im nächsten Leben oder noch weitere Leben, sagte Gott. Ihr, liebe Leser, habt das große Glückslos gezogen. Euch wird hier und jetzt alles offenbart. Ich würde euch daher bitten, so vielen Menschen Hilfestellung zu geben, wie ihr nur geben könnt. Und gebt all diese Botschaften weiter und weiter. Es ist so wichtig für unsere Erde und für die Menschen. Ihr wollt doch auch keine Kriege mehr und in absoluter Fülle wie in Harmonie und Liebe leben. Dann helft mit. Gott wäre euch so dankbar für jede Hilfe, die jeder Einzelne geben kann. Ich kann euch, wie schon mal berichtet, das Buch, das ich oben erwähnt habe, sehr empfehlen. Ihr werdet es schaffen. Dafür bete ich, dass ihr es schaffen werdet. Ich werde zusätzlich Engel bitten, zu euch zu kommen, um euch zu unterstützen. Ich selber muss mich an diese neue Denkweise erst gewöhnen. Ich achte ständig darauf, wie ich was denke. Selbst wo ich immer noch hier sitze, übe ich das Denken. Ich schreibe seit Monaten an diesem Buch, aber jetzt habe ich gerade erst ausgelernt sozusagen. Gott sagte, ich sei fertig ausgebildet. Ich sehe das nicht ganz so, ich bin der Meinung, ich muss das Denken noch mehr üben. Aber wenn Gott es so sagt, er kennt mich schließlich besser. Es könne losgehen, sagte er. Die Menschen und die Seelen warteten schon und stünden sozusagen Schlange. Sie bitten um Hilfe und Heilung sowie um Trost. Gern liste ich euch alles ganz genau in Reihenfolge noch mal auf, was ihr zu tun habt. Aber vorher möchte ich euch noch etwas über Geldwünsche sagen. Ich denke, ich spreche hier alle an. Wenn ihr euch fragt, warum habe ich nie Geld? Oder warum läuft mein Leben so chaotisch? Warum bekomme ich immer den falschen Partner? Es ist so, ihr sagt euch selbst, ich habe nie Geld. Ich bin pleite. Mein Konto ist leer. Scheiß Geld. Also, ihr müsst es anders sagen oder denken. Dreht es um. Auch wenn ihr nun kein Geld habt. Aber nur so wandelt ihr es um, dass Geld zu euch fließt. Lernt es. Ich habe Geld. Ich habe genug Geld. Mir geht es sehr gut. Ich bin gesund. Ihr müsst es lernen, anders zu denken, meine Lieben. Anders wird es niemals funktionieren. Egal was ihr auch habt oder wie ihr lebt. Mich will keiner, ich lebe alleine. Dann wird es auch so sein. Dieses *Ich bin* oder *ich habe* oder *ich bin erfolgreich.* Wenn ihr das so macht, ist das nicht so schnell bei euch, wie ihr denkt. Gott kennt euch alle einzeln. Daher könnt ihr nicht schummeln. Das Ganze hat nur einen Haken. Ich sehe es nicht mehr so. Aber als ich das auch noch hörte, da dachte ich, das schaffe ich nie. Und schon hab ich es auch nicht geschafft. Weil ich sagte: „Das schaffe ich nie." Du siehst, es ist nicht ganz einfach. Aber es ist machbar. Es gibt zwei Möglichkeiten für dich. Genau du, dich meine ich. Der das hier und jetzt gerade liest. Entweder du lernst jetzt, ab sofort anders zu denken, oder du lässt es und lebst in deiner Welt. Du kannst leben wie ein König, was weiß ich wie schön! Oder aber du lebst in deiner Erfahrung, die für dich nicht allzu schön sein mag. So, wir haben nun herausgefunden, wer wir sind. Wir haben gelernt, wie wir denken sollten. Jetzt aber noch drei Dinge, die dazu kommen. Gott ist nämlich sehr schlau. Es kommen nur die guten Dinge in dein Leben, wenn du auch daran glaubst, dass es kommt. Dann stelle es dir vor, wie du glücklich und in Freude mit dem lebst, was du dir wünschst. Es muss aber eine echte Freude sein, sonst geht es nicht. Und wenn du dir vollkommen sicher bist, dass es auf dem Weg zu dir ist. Und wenn du es nicht zu oft sagst oder denkst. Denn dadurch, dass du es zu oft sagst, blockierst du es. Das Universum sagt sich: Aha, er oder sie wollen es unbedingt. Zum Beispiel, Geld. Ich will unbedingt Geld. Und was kommt? Mehr Schulden. Sage immer, ich bin in Gottes Fülle und Reichtum und ziehe immer mehr Fülle und Reichtum in mein Leben, mehr nicht, das reicht.

Ich liste auf:

Körper – Geist – Seele

Du denkst – du sprichst es aus – du handelst.

Denken ist kraftvoll, du erschaffst in jedem Moment etwas Neues! Dann sprichst du es laut aus, du gibst einen Befehl. Du glaubst ganz fest daran und weißt, es wird dir zuteil. Fest daran glauben, in Freude daran glauben, ist ganz wichtig!

Du bist ein sehr großes Wunder, sage es dir immer wieder. Denn es ist so.

Du bist ein sehr mächtiges Geschöpf, ob du es nun glaubst oder nicht, es ist wirklich so! Dein Denken ist so machtvoll, wie du es dir niemals in deinen kühnsten Träumen vorstellen kannst.

Das sind die drei Elemente, die dich das Leben so leben lassen, wie du es erschaffst. Denn du weißt, wer du bist. Du bist Licht vom Licht. Ich bin, was ich bin.

Zuerst wirst du zum Schüler, dann zum Meister, dann zu Gott. Ja, glaube es alles. So wie ich es hier schreibe und du liest, so sagte Gott, soll ich es euch sagen.

Lerne vorerst positiv zu denken. Alles wird gut. Alles ist bestens. Ich liebe mich so, wie ich bin. Ich habe alles, was ich brauche. Ich bin glücklich mit allem. Ich bin Licht vom Licht. Immer so weiter. Wandle die Gespräche, die du im Negativen hörst, ins Positive um. Redet jemand negativ oder berichten sie in den Nachrichten von Krieg und Schrecken, dann segne es und rede dir zu, dass alles gut werden wird. Rede dir zu, dass alle glücklich und in Harmonie leben.

Gewünscht wird immer in der Gegenwart.

Ich habe viel Geld. Ich bin erfolgreich. Ich bin glücklich. Ich habe eine wundervolle glückliche Beziehung. Damit sagst du, dass es schon hier ist. Warum? Weil alles schon existiert, was du denkst. Es gibt nichts, was es nicht gibt.

Ich bin vollkommen gesund.

Alles in einem:
Denken, Sprechen, Handeln (Glauben, Wissen und Vertrauen) – der erste Gedanke, den du hast, ist entscheidend.

Alle Sorgen und Nöte, wie Schmerzen und all das Negative ignorieren. Denkst du nur einmal an Mangel und bestellst Geld für deinen Schuldenausgleich, dann kommt nichts. Immer alles ignorieren und nicht an die Sorgen denken. Wer an Sorgen denkt, der hat kein Vertrauen zu Gott. Denn Gott hilft dir immer und gibt dir alles, was du dir wünschst. Aber nur so wie ich alles beschrieben habe. Lerne mit Jedem in Liebe zu leben. Alles was du denkst und sagst, das breitet sich um dich herum aus. Es ist eine Energie, die immer das anzieht und zu dir bringt, was du gerade denkst und fühlst. Versteht ihr das, ihr Lieben? Ich gebe oft Kurse, um dies zu festigen oder erkläre es immer und immer wieder. Ihr dürft fragen, bis ihr selbst nicht mehr wisst, was ihr zu fragen habt. Ich stehe euch zur Verfügung.

Und bitte, ihr müsst nichts alleine schaffen oder durch eure Schwierigkeiten gehen. Ich soll euch ausrichten von eurem Gott Vater, dass er sofort, wenn ihr ihn darum bittet, an eurer Seite ist. Er möchte euch auf keinen Fall da alleine stehen lassen. Gott liebt euch so sehr. Ich habe oft von Menschen die Frage gehört, warum Gott denn nie hilft, wenn ich ihn darum bitte. Ihr ruft immer nur, wenn ihr in Schwierigkeiten seid und habt keine Geduld. Geduld und Abwarten ist sehr wichtig. Durch Ungeduld verwerft ihr alles. Ihr gibt zu schnell auf. Ihr wünscht euch was und wenn nichts passiert, dann verwerft ihr euren Wunsch sofort wieder. Gott ist dann immer ratlos. Er will euch helfen, aber dann kann er nicht, weil ihr schon wieder aufgegeben habt. Er wird euch niemals all das abnehmen, in dem ihr gerade drinsteckt, wenn ihr ihn nicht vertraut. Gott schaut immer nur zu, wie ihr erschafft. Egal was es ist, ob ihr Gewalt oder sonstigen Dingen ausgeliefert seid. Ihr alleine erschafft. Durch Ängste entfernt ihr euch sogar von Gott. Da-

mit sagt ihr Gott, dass ihr lieber an die Angst glaubt als an ihn. Angst entsteht nur im Kopf, die es aber in Wirklichkeit nicht gibt. Denn was ist im Himmel? Haben Engel oder Gott Angst? Haben Engel oder Gott Sorgen? Nein, so etwas gibt es da nicht. Nur reine Liebe und Freude für alles was ist. Was ich euch sagen will, ist, hier auf der Erde ist der Himmel gleich. Oben wie unten. Ihr habt nur einen Körper oder eine Hülle, wie Gott es nennt. Wie kann es denn Sorgen und Angst auf Erden geben, wenn alles Liebe ist. Das ist, was ich meine. Dieses Denken wurde von einer Generation zur nächsten erschaffen. Die Menschen denken an eine Situation wie zum Beispiel: Ich habe Angst, alleine im Dunkeln zu sein. Und schon ist die Angst am Wachsen. Du erschaffst gerade eine Person, die dir Angst macht, die es aber gar nicht gibt. Durch das Dauerdenken an Angst ziehst du automatisch Gefahr an oder sogar Krankheit. Du siehst also, das, was du denkst und glaubst, kommt in dein Leben. Gott sagt immer wieder: Das was du glaubst, wird zu deiner Realität. Bittet, so wird dir gegeben. Wenn du dir selbst glaubst, dann wird dir nie und nimmer etwas entgleiten. Gott glaubt an dich. Er weiß, was du bist und was du kannst. Nur musst du auch an Gott glauben und daran, was er alles kann. Gott kann alles verwandeln, was auch immer es ist. Nur musst du daran glauben, dass Gott alles kann. Das, was Gott kann, das kannst du auch. Sei niemals neidisch auf jemanden. Das entzieht dir auch alles. Gönne jedem alles.
So meine Lieben, das war der Einstieg zu allem, was ist. Du weißt, wer du bist, halte es dir immer vor Augen. Glaube an Gott, es gibt ihn wirklich, so wie es dich gibt. Vertraue immer und alles Gott an. Denn nur durch diesen starken Glauben an alles wirst du Leben können. Ich wünsche mir von ganzem Herzen, dass ihr alle das hier glaubt. Es ist für euch jetzt in diesem Leben ein sehr großer Erfolg und ein sehr großer Schritt, um voranzukommen. Für einige werden schwierige

Zeiten kommen. Denn einige werden nicht glauben oder wollen es nicht. Ich weiß, dass viele Seelen in 1000 Jahren 10-mal geboren wurden und immer wieder dasselbe erfahren. Weil auch damals schon dieselben Botschaften verkündet wurden und niemand hinhörte. Heute ist es so modern, dass es viel leichter im Vergleich zu damals ist, die Botschaften Gottes zu verkünden.

Wie Gott sich unser Leben vorstellt und wie der Mensch in Zukunft leben wird

Ich gebe hier eine andere Vision des Denkens. Euer Verstand und euer Bewusstsein wird das als Wiederholung deuten und speichern. Ich hatte ja gesagt, dass ich einige Dinge wiederholen werde, um es euch sozusagen „einzubrennen".

Jetzt einige Dinge, die zu beachten sind. Ihr werdet euch jetzt sicher fragen, wie ihr das alles nur behalten und umsetzen sollt. Auf den Seiten davor steht genau, wie es geht. Es ist nur noch mal zum Festigen gedacht. Das ist der Schlüssel zum Erfolg und zu einem sorgenfreien und gesunden Leben.

Viele Menschen fragen sich, warum Gott uns Menschen denn nicht hilft. Warum lässt Gott all das, was auf Erden passiert, zu? Bei Erdbeben oder sonstigem Leiden auf Erden, warum ist Gott nicht da? Warum bekomme ich diese Krankheit? Warum hilft Gott mir nicht? Viele Menschen geben Gott die Schuld für alles. Gott aber schickte dich auf die Erde, um zu erfahren. Du selbst warst einverstanden, all dies zu leben und zu erfahren. Du selbst warst es auch, der sich all dies ausgesucht hast. Doch du musst auch wissen, dass du es selbst ändern kannst. Denn Gott schenkte dir sehr viele Fähigkeiten und vor allem einen freien Willen. Warum helfen die Engel mir nicht, fragen sich auch viele. Gott und die Engel helfen dir, jeden Tag bekommst du Wegweiser. Ohne Gott und ohne die Hilfe der geistigen Welt würde der Mensch es gar nicht alleine schaffen. Gott stellte dir in deinem Leben von Geburt an Helfer an deine Seite, das sind Schutzengel und andere Helfer. Sie sollen dich begleiten und dir zureden, dass du nicht allzu weit vom Wege abkommst. Ich selbst sagte mal vor lauter Zorn: „Ich schaffe alles alleine, ich brauche die da oben nicht." Das bekam ich schnell zu spüren, ich rannte in eine Katastrophe nach der anderen. Bis ich nach und nach lernte, wieder zu Gott und überhaupt zu der geistigen Welt zu finden. Selbst Menschen gehe ich teilweise aus dem Weg. Gott sagte, zu viel Negativem darf man aus dem Weg gehen, selbst in der eigenen Familie. In Moment bin ich sogar alleine, ohne die geistige Welt zu meinen. Viele haben sich von mir entfernt oder ich von ihnen. Es ist dann so. Ich jedenfalls gab nie auf und schon gar nicht die geistige Welt. Manchmal kamen aber auch bei mir Tage, wo ich mir sagte, was soll ich damit. Wozu? Genau das ist es ja, was mich tief in die Schlucht warf. Bevor dies aber passierte, betete ich und bekam meine Kraft zurück. Viele Menschen sagen: „Wenn es Gott gäbe, warum macht er dann nichts?" Also damals dachte ich bestimmt genauso. Jetzt, wo ich mit der geistigen Welt reden kann, lerne ich sehr viel von denen. All das, was ich hier schreibe, all das bekommen auch einige andere Medien auf der Welt. Mal weniger Infos, mal mehr. Gott hilft und liebt alle seine Kinder über alles. Gott leidet darunter, seine Kinder leiden zu sehen. Es gibt da einige Unterschiede zwischen uns Menschen. Die einen, die durch Hunger leiden und sterben, die anderen, die durch Naturkatastrophen ums Leben kommen und die durch Krankheit sterben. Dann wieder andere, die ein glückliches Leben führen. Was Gott für die Menschen schon immer wollte, ist, dass sie in Frieden, Freude, in Liebe und im Reichtum leben. Viele ließen sich vor Tausenden von Jahren vom Bösen beeinflussen, das

Böse breitete sich schnell aus. Gott schaute nur zu, er durfte nicht einschreiten, weil ja die Menschen einen freien Willen haben. Auch ob sie böse werden oder leiden. Die Menschen sollten erfahren, aus dem, was sie erschufen. Aber was sollten sie lernen? Sie sollten lernen, zu Gott zu stehen und in Liebe zu leben. Wer in der Liebe lebt ohne Hass und Neid, der wird nichts Böses erfahren. Denn da sind die Engel mit dabei, um uns zu schützen. Aber warum gibt es denn überhaupt Kriege und Leid auf Erden? Weil die Menschen nichts gelernt haben, sie werden dann immer wieder geboren, um dieses aus der Welt zu schaffen, bis sie wissen, wer sie in Wirklichkeit sind und dass Gott da ist. Aber wenn der Mensch geboren wird, dann vergisst er seine Aufgaben und folgt leider dem, was man ihnen gesagt hat. Die Beeinflussung von Politikern. Durch Ängste und negative Aussagen, die man so hört, wie zum Beispiel gerade die Flüchtlinge. Man sagt, alle wären schlecht, alle Ausländer sind böse. Das stimmt aber nicht, denn sie wurden in ihrer Kultur so erzogen und auch nur manipuliert. Jeder Mensch, ob gut oder böse, jeder hat das Licht in sich. Ich schreibe euch noch, wie man das Böse besiegen kann. Nun zurück zu der Frage, warum es so viel Leid auf Erden gibt. Gott sagte, das steht sogar in der Bibel geschrieben. Gott kennt die Zukunft auf der Erde, daher wusste er auch, wie sich das hier alles entwickelt. Es gab zwei Möglichkeiten, unsere Erde zu retten. Die eine, alle Seelen helfen nun mit und retten die Erde, oder die Erde ist verloren. Die zweite: Alle fangen an, positiv zu denken und zu lieben. Aber Gott liebt seine Erde, daher würde er die Erde auch ohne die Menschen erneuern. Aber alle Seelen sagten: „Ja, sie bekamen alle eine Aufgabe und wurden auf die Erde zur Wiedergeburt geschickt.“ Einige Seelen erklärten sich bereit, durch Hunger und Durst zu sterben. Auch viele Kinder. Viele, die durch andere Umstände umkamen, wollten es so. Es ist für einen Menschen unvorstellbar, dies zu verstehen. Aber dadurch soll das Denken der Menschen angeregt werden. Denn die Menschen sollen nun endlich mal lernen, sich gegenseitig anzuerkennen und das Lieben zu lernen. Denn nur so kommt Frieden auf der Erde zustande. Alles ist wandelbar, sagt Gott. Der Hunger kann sofort beendet werden, wenn die Menschen es nur wollen. Durch Denken und Helfen. Dadurch kommt mehr und immer mehr Licht um die Welt und all das Böse löst sich zunehmend auf. Andere wiederum, die Sorgen und Chaos in ihren Leben haben, sollten erkennen lernen und aus dieser Sache lernen. Erkenne, warum dein Leben gerade so schwer ist.

Gott schenkt uns auch Gefühle, aber die meisten setzten auch diese Gabe nicht ein. Gefühle, die im Bauch vorkommen. Ist es richtig, was du gerade machst oder ist es falsch? Fühle, ob sich deine Sache richtig anfühlt. Hast du eher ein schlechtes Gefühl? Dann ist der Weg gerade falsch. Auch da helfen die Engel, sie geben dir ein Gefühl, was dein Denken anregt. Gott sagte: Wer sich von mir entfernt, der geht immer den schwersten Weg. Das Denken steht immer hinter dem Gefühl. Erst fühlen, dann denken. Vertrauen zu Gott haben zum Beispiel die Süchtigen, sie flüchten zu sich selbst und denken, sie entkommen allen Probleme damit. Dem ist leider nicht so. Gott hilft dir auch, er sieht täglich, was du machst und was du denkst. Er sieht deine Träume und gibt dir jeden Tag Hinweise, deinen Weg zu ändern. Sobald ein Mensch auf Gott vertraut und an sich selbst glaubt, öffnet Gott die Tür, die für dich gerade richtig ist. Gott sagte: „Wenn eine Sache abgeschlossen ist, dann kommt immer was Besseres für dich." Es wird nie schlechter werden, du kommst immer höher auf eine neue Ebene. Gott sagt, er hat immer was Besseres für dich und freut sich, wenn er dich beschenken darf. Du wirst durch dein Vertrauen und deinen Glauben belohnt und wenn du den Weg des Glaubens an dich selbst und nach oben folgst, dann wird dein ganzes Leben

auf einen Schlag verändert. Alle deine Sorgen lösen sich in Luft auf. Immer mehr Helfer von oben können dir mehr und mehr Geschenke überbringen.
Ich weiß durch eine Heilung, die ich mal einer Schülerin gab, heile ich auch die gesamte Familie und sogar all die Seelen, die mit der Familie verbunden sind. Damit will ich sagen, dass, wenn du den Weg nach oben gefunden hast und erwacht bist, dann kommt Heilung zu all deinen Seelenverwandten. Heilung betrifft vor allem die Seele. Erst wenn die Seele und dein Geist geheilt sind, kann auch der Körper geheilt werden. Ich hoffe, ich kann euch das alles so verständlich wie möglich rüberbringen. Denn ich persönlich verstand die Botschaften von Gott erst nach Monaten. Es geht um das Erwachen der Menschheit. Auch das Erwachen verstand ich zuerst nicht ganz. Glaubt ja nicht, nur, weil ich ein Medium bin, erzählen sie mir alles ganz genau. Nein, wir Menschen sollen möglichst selbst viel herausfinden. Immer wenn ich was Neues herausgefunden habe und begriffen hatte, bekam ich die Botschaft, dass ich es geschafft habe. Ich wurde weiter befördert, eine Stufe höher, auf einer höheren Ebene. Ich bin schon sehr weit oben angekommen, sagte Gott, auf Gottes Ebene. Das Erwachen ist das Erkennen, wer du wirklich bist. Du bist das Erschaffen, du bist das, was Gott ist. Erschaffe durch Gedanken. Was Gott damit sagen will, ist, du erschaffst dein Leben selbst durch das, was du erlebst durch dein Denken. Natürlich fragen viele, was ist denn mein Weg? Du hast unendlich viele Wege. Sobald du genau weißt, was du willst, dann entstehen Gedanken, du hast Bilder im Kopf. Dann gehst du also den neuen Weg, den du für dich entschieden hast. Wenn ein Mensch etwas Neues beginnen möchte, egal, was es auch ist! Sei es, er möchte auswandern oder sich beruflich verändern, dann kommt Gott und unterstützt dich in allem. Vorausgesetzt, dein Vertrauen zu dir selbst ist stark genug. Du musst auch an das glauben, was du machen willst.

Es muss sich gut anfühlen und du darfst keinerlei Ängste darin sehen. Viele geben ihre Träume auf, weil sie Angst haben, sich zu verändern. Weil sie nicht richtig daran geglaubt haben. Dann kann Gott, ob er es will oder nicht, nicht helfen. Du hast deinen Traum gelöscht und somit dem Universum gezeigt, dass du nicht im Vertrauen bist.
Ich selbst habe eine Krebskranke behandelt. Selbst Gott war anwesend und hat sein Heillicht mit dazugegeben. Diese Frau wurde geheilt. Aber sie zweifelt noch daran. Wer zweifelt, egal in welcher Angelegenheit, der wird es etwas schwerer haben. Nur weil diese Frau zum Arzt ging und die Bilder von inneren Schatten sahen, zweifelte diese Frau. Ich aber bin davon zu 100 % überzeugt, dass diese Frau geheilt ist.
Da ich aber niemals ein Heilversprechen geben werde, sage ich es auch zu niemandem. Es liegt ja an jedem selbst, ob er glaubt oder nicht. Gott sagte, in der Bibel steht, dass Jesus Blinde heilte. Gott sagte, der Glaube der Blinden habe sie geheilt. Jesus übermittelt Heilung durch Liebe zu allem. Dadurch kommen Heilenergien durch Jesus und wenn der Mensch noch zusätzlich daran glaubt, dann wandelt es sich und es entsteht Heilung. Anders geht es nicht. Das, was die auf dem Bild sahen, das ist nur der Schatten von dem, was sie auch sehen will. Das heißt, sie ist nicht richtig im Glauben. Ich aber weiß, dass sich meine Schülerin weiterentwickelt und das sehr gut sogar. Sie lernte bei mir auch und macht bei jedem Treffen mehr Fortschritte. Fortschritte im Engelhören und bei Sitzungen, die sie selbst gibt. Ich bin richtig stolz auf sie. Sie sagt sogar zu sich selbst immer noch, sie könne nicht hören, dann frage ich mich, wie sie denn die Botschaften schreibt, die sie für mich schreibt. Diese Botschaften sind so wunderschön jedes Mal. Aber sie ist auf dem besten Wege des Vertrauens. Damit sage ich euch, liebe Leser: Glaubt und vertraut euch, denn ihr seid vollkommen geliebt. Ihr seid vollkommen richtig, wenn ihr positiv

denkt. Ich liste jetzt all das auf, was ihr eh schon in euch habt. Lebt danach und praktiziert es, es ist ein längerer Weg, weil ihr in einer Welt lebt, die im Dunklen war. Aber ihr werdet schnell sehen, dass Gott euch Wunder erfahren lässt, wenn ihr im Glauben und Vertrauen gekommen seid. Das verspreche ich euch hiermit.

1. Fangt an, auf eure Gedanken zu achten, denkt von nun an positiv. Egal, wie es euch geht oder wie es in eurer Umgebung gerade ausschaut. Denn das ist der Anfang vom Glück. Geht mit einem Lächeln aus dem Haus, auch wenn euch vielleicht nicht danach ist. Übt das freundliche Lächeln, mit der Zeit entsteht in euch ein Glücksgefühl und eine innere Freude. Das festigt sich mit der Zeit und ihr seid in einer neuen Energie, die euch vor Negativem schützt.
2. Denkt nach und nach an Gesundheit, egal ob ihr gesund seid oder nicht. Die Seele ist auf jeden Fall etwas angeschlagen, durch Erlebnisse, die ihr vielleicht längst vergessen habt. Fangt an, euch anzuschauen und mögt euch selbst. Ihr müsst es lernen, liebe Leser. Erst wenn ihr euch selbst liebt, meine lieben Leser, mit allem, was ist, erst dann verändert sich eure Umgebung. Dann werdet ihr von anderen auch anders wahrgenommen. Ihr zieht immer das an, wie ihr selbst seid. Bitte haltet es euch immer vor Augen: Das was ihr ausstrahlt, im Gedanken oder in Worten, das kommt in euer Leben. Gesund werdet ihr, wenn ihr euch Gesundheit vorstellt und davon überzeugt seid, dass es so kommt. Überzeugung ist ein großer Bestandteil des Wandels. Gesund wird man aus drei Schritten. Erstens durch Vertrauen in sich selbst, dass du alles schaffen kannst, was du dir vornimmst. Zweitens, wenn du an Gott glaubst, dass er

dir hilft. Drittens, wenn du weißt, wer du bist, dass du geliebt wirst und Liebe geben kannst. Nie jemanden verurteilen. Die Liebe in dir wächst dadurch stetig. Gott sagt, du reifst wie ein Wein, es festigt sich alles mit der Zeit. Sei nicht eifersüchtig auf jemanden, der vielleicht mehr hat als du. Wenn du den Menschen die Dinge gönnst, die sie haben, dann kommt Gott und beschenkt dich genauso. Freue dich über alles, egal was es auch ist. Wenn was negativ ist, dann ärgere dich nicht! Sehe es mit anderen Augen und freue dich auf das, was du hast. Dann wandelt es sich mit der Zeit und deine Freude in dir wächst täglich mehr. Sei auch dankbar für alles, was du hast. Sei dankbar für die schlechten Erfahrungen, die du machen musstest. Dadurch sagst du: „Ja, danke, ich habe das schlechte Leben erfahren und daraus gelernt." Und ruckzuck kommen Engel und dein Leben geht ein Stück weiter dem Glück entgegen. Denn dann hast du begriffen und das alte losgelassen. Es darf jetzt etwas Neues beginnen. Gott sagte, er könne alles verwandeln, es gibt nichts, was er nicht kann! Wenn du das glaubst, wenn du glaubst, dass Gott an dich glaubt, dass du alles kannst, dann bist du fertig! So kann dir niemals was geschehen und du wirst in Gottes Fülle leben. Das sagte Gott und das glaube ich.

3. Geduld – ja das liebe Wort Geduld. Viele von euch kennen es und haben es sicher schon einige Male gehört. Aber so ist es auch. Die geistige Welt kennt keine Zeit. Aber wir Menschen haben die Zeit erfunden, um uns zu orientieren. Daher kommt all das, was du denkst, nicht von heute auf morgen. Die Engel sagten mal zu mir: Rom wurde auch nicht in einer Nacht erbaut. Daher halte an deinem Glauben und Können fest und gib niemals auf. Es ist auf dem Weg. Deine Wünsche wurden be-

reits erhört. Viele geben auf, das sagte ich schon einmal. Gebt ihr zu schnell auf, dann steht ihr genauso dort, wo ihr angefangen habt. Und euer Mut und die Kraft verschwinden. Bitte, ihr Lieben, ich selbst habe es erfahren und bei mir dauerte es einige Jahre. Es kam aber Schritt für Schritt. Ich dachte auch oft, es geht eh nicht. Das hätte ich lieber nicht denken sollen. Denn so wurden meine Wünsche gelöscht. Das Universum bringt das, was ich denke. Also, Chaos möchte Herr Mathias Stumpf. Kein Problem, kommt in den nächsten Tagen. So war es dann auch, aber ich gab niemals auf. Ich machte wieder alles von vorne und lernte Geduld.

4. So, hier noch einmal das Wichtigste, was ihr beachten solltet. Ich sage es noch einmal. Das, was du denkst, das kommt in einer Form in dein Leben. Egal was es ist, es kommt auf jeden Fall! Das ist es, was Gott möchte: Ihr alle sollt begreifen, was ihr könnt und dass ihr nur in Liebe leben sollt. Wisst ihr, was ich meine? Das Böse und die negativen Gedanken könnt ihr selbst besiegen. Wer hat Schuld, dass alle so leben, in Armut oder in Elend? Nicht Gott, ihr selbst seid es, die es hervorrufen, so zu leben. Je negativer und böser ein Mensch denkt, umso mehr breitet sich das Negative und Böse auf der Erde aus. Das ist ja der Sinn, ihr sollt in Liebe denken und vor allem positiv. Nur so wird das Böse auf Erden besiegt. Unsere geliebte Mutter Erde, was haben die Menschen mit dir all die Jahre gemacht? Das Negative speichert die Erde über tausende Jahre. Auflösen kann man das nur durch Lieben. Wie negativ soll unsere Erde noch werden? Die Menschen begreifen einfach nicht, dass sie das Elend und die Katastrophen selbst auslösen. Die Erde versucht, sich immer wieder selbst zu reinigen und das Negative abzuschütteln. Die

Erde ist auch ein Wesen, habt ihr das denn noch nie bemerkt? Die Erde wird jetzt von Helfern auf Erden und der geistigen Welt erneuert. Gott schickte jetzt Menschen auf die Erde, die euch und Mutter Erde helfen werden. Ich weiß sehr viel über das, was kommen wird, aber das werde ich hier nicht schreiben. Ihr sollt Vertrauen und Glauben lernen. Liebt und sendet jedem Liebe. Das alles, was ihr erlebt, seid ihr selbst. Tötet einer einen anderen, tötet er sich selbst. Gott sagte, die Hölle gibt es tatsächlich. Die nur im Bösen leben, kommen automatisch zum Satan. Die bösen reichen Menschen, lebten nur auf Sand gebaut. Sie hörten nicht auf die Engel und Gott, sie hörten auf das Böse. Daher vertraut Gott, denn Gottes Palast ist nicht auf Sand gebaut, er ist echt. Helft den Bedürftigen und euch wird auch geholfen. Das Universum weiß sehr genau, ob es aus Nächstenliebe getan wurde oder einfach nur aus dem Gedanken heraus, zu helfen, damit ihr was getan habt. Nein, so geht es nicht. Habt Mitleid mit den armen und kranken Menschen. Sie leiden auch nur, um Mutter Erde zu retten. Da ist Hilfe von Menschen auch mal gerne gesehen. Alles, was ihr auch tut im Leben, muss aus dem Herzen kommen. Das, was ihr aussendet, das kommt vervierfacht zu euch zurück. Aber was ihr noch beachten müsst, ist: Ihr dürft nicht allzu oft an euren Wünschen festhalten, denn dann lösen sie sich auch wieder auf, weil ihr sie ja festhaltet. Lasst es los und denkt nur ab und an mit Freude daran, dass alles bereits auf dem Weg zu euch ist. Niemals etwas festhalten, sei es, einen Partner, der gehen möchte oder einen Gedanken. Um etwas Neues zu beginnen, muss man Altes zuerst einmal abwerfen, das heißt, alle Sorgen loslassen. Sei es eine Trennung und man hängt irgendwie noch an dem ehemaligen Partner. Egal, was gestern war, lass alles los und lebe ab sofort nur noch im Hier und Jetzt, also in der Gegenwart. Denke nicht an morgen, lebe nur im Hier und Jetzt. Denke nicht an Ängste, denn Ängste gibt es nicht, sie entstehen nur im Kopf. Gott sagt, wer Angst hat - und da hatte ich reichlich all die Jahre – vertraut ihm nicht. Manche Menschen denken an etwas und bauen sich damit Sorgen auf, die es aber noch gar nicht gibt. Man kann nicht auf etwas aufbauen, was es gar nicht gibt.

5. Warum habe ich immer Pech? Ich habe nur Pech in meinem Leben und das seit Jahren. Warum bekomme ich ständig einen Partner, der trinkt oder mit anderen Problemen behaftet ist? Ich habe keine Lust mehr, zur Arbeit zu gehen, es macht mir keinen Spaß. Warum, warum, warum? Ich sage euch warum: Weil ihr es euch bestellt. Denkst du ständig über Mangel nach, wie soll ich das zum Beispiel bezahlen, dann kommt auch nur Mangel. Deine Arbeitsstelle macht dir also keinen Spaß. Dann ändere es doch einfach, oder willst du krank werden dadurch? Ja, was soll ich denn machen, sagst du jetzt und wie soll ich bitte leben? Mache das, was du möchtest, denn sobald du dich entschieden hast, etwas zu verändern, hilft Gott dir. Denkt anders, ihr müsst all eure Probleme ignorieren. Denkt ihr an das, was euch belastet, dann kommt es immer schlimmer. Glaubt daran, ihr könnt es verändern. Es ist schwer am Anfang, das gebe ich zu, aber sobald ihr euch was wünscht und fest daran glaubt, die Überzeugung stark genug ist, dass es so kommt, dann kommt es auch dazu, dass es in Erfüllung geht. Ihr werdet sehen und vor Freude weinen. Wenn ihr Freude bei all dem spürt, als wäre alles schon da, dann ist Gott ganz nah bei euch. So

nah, dass ihr ihn schon umarmen könnt. Denn Gott zeigt sich immer in Freude bei euch. Ich bitte euch von ganzen Herzen, bitte legt ein Lesezeichen in diese Seite, damit ihr diese immer wieder zur Hand habt und immer wieder lesen könnt. Glaubt mir bitte, es wird sich in euch festigen. Denn die Engel helfen euch und stehen zu 100 % zu euch. Ihr alle seid sehr wichtig für diese Erde und für Gottes Plan. Ihr alle habt Ja gesagt. Könnt ihr es, so wie ich es geschrieben habe, umsetzen, und das werdet ihr alle schaffen, dann retten wir damit unsere Erde und der Weltfrieden wird dadurch hergestellt. Ich danke für das Vertrauen und Lesen.

So, das war es schon – viel Erfolg und vor allem viel Geduld, wie die Engel immer sagen.
Gott sagte, wir Menschen kontrollieren immer alles. Er versteht nicht, warum bei uns immer alles unter Kontrolle sein muss. Wir sollen alles im Fluss lassen. Alles fließt, alles geht besser, wenn wir nicht so verkrampft sind. Auch andere Menschen wollen uns kontrollieren, sie wollen Macht über dich haben. Wenn jemand Macht über dich haben will und dir ständig sagt, was du zu tun hast, dann bist du eines Tages verloren. Du selbst entscheidest über dein Leben, jeder ist für sich selbst verantwortlich. Wenn einer ständig seine Wut an dir auslässt, dann hat dieser Mensch selbst Probleme. Entziehe dich und gehe. Denn wer sich das gefallen lässt, wird eines Tages sehr krank. Wenn du ständig Probleme hast, dann schau es dir mal an, warum es so ist. Gott zeigt dir nämlich gerade, dass es an der Zeit ist, etwas zu verändern und zu gehen. Er zeigt es dir solange, bis du aufwachst und deinen Weg änderst. Niemand hat das Recht, über dein Leben zu entscheiden.

Streitigkeiten lösen

Wenn ihr mal Streitigkeiten habt und dabei einen bestimmten Menschen hasst und ihr euch über Jahre vielleicht nicht mögt, dann kann man so einen Konflikt auch lösen. Es ist sogar sehr wichtig, dies zu tun, denn wenn eure Seele das nicht verarbeitet hat, schadet es euch selbst. Ihr werdet euch immer schlecht fühlen und sogar anfälliger für Krankheiten sein. Es steckt immer tief in euch drin, ohne zu wissen, wo es herkommt. Stellt eine Verbindung zu dieser Person her, wenn es mehrere sind, dann zu jeder Person. Ihr könnt das natürlich auch einzeln machen. Die Verbindung solltet ihr euch als eine Schnur aus Licht vorstellen, von eurem Bauch und zu deren Bauch. Konzentriert euch auf diese Person, denkt aber nicht daran zurück, was euren Streit ausgelöst hat, sonst wollt ihr diese Stränge nicht wirklich lösen. Ihr müsst auch wollen. Nun bittet Erzengel Michael, diese Lichtstränge zu durchtrennen. Es kann sein, dass ihr emotional einen Schmerz fühlt und weinen müsst – das macht aber nichts, das ist ganz normal und auch gut so, damit habt ihr es geschafft. Nun ist der Streit aus dem Weg geräumt und ihr fühlt euch danach besser. Denkt ihr aber eines Tages wieder daran, weil ihr diese Person auf der Straße gesehen habt und ihr euch vielleicht wieder ärgert, dann müsst ihr es noch einmal machen. Ihr seid an diesem Tag noch nicht bereit dazu gewesen. Versucht, diesem Menschen im Geiste nur etwas Liebe zu geben, auch wenn es schwerfällt. Dann habt ihr es geschafft und seid für immer befreit. Dieser Mensch kann nichts dafür, dass er sich so verhalten hat, er musste dadurch lernen. Auch wenn es nicht ganz nachvollziehbar ist, aber das ist der richtige Weg. Es muss eine Vergebung stattgefunden haben. Es ist total wichtig, dass es aus dem Herzen gesagt wird. Ansonsten ist es nur so hergesagt und hat null Wirkung.

Vergesst, was gewesen ist und lebt den Rest des Lebens ohne diese Gedanken. Lebe im Hier und Jetzt – das ist auch total wichtig.

Vorurteile und Verurteilung eines Menschen oder Gegenstands

Ich habe im Laufe der Jahre Menschen getroffen, die ich gar nicht mochte. Allein der Anblick war für mich schon teilweise eine Ablehnung, mit ihnen zu sprechen. Da ich aber jetzt weiß, dass alle gleich sind und nur andere Lebensaufgaben bekommen haben, bin ich zu jedem nett. Verurteile nie jemanden wegen seines Aussehens oder seines Charakters. Sie können nichts dafür. Genauso wie ich selbst Fehler habe und mich nicht richtig verhalten habe. Jeder ist auf seine Weise anders, nehmt ihn so, wie er ist. Man passt sich der Umgebung einfach an. Was ich schon einmal schrieb: Jeder hält den Spiegel von sich selbst vor seinen Augen. Die Menschen, mit denen du zu tun hast, zeigen nur, wie du selbst gerade bist. Ich habe es erst nach Monaten verstanden, was Gott mir damit sagen wollte.

Ich schaue mir Personen immer alle an. Wenn jemand sich mir gegenüber schlecht verhält, dann geh ich ihm aus dem Weg, ohne zu urteilen. Eines Tages werden sie verstehen, was sie falsch machen – ganz bestimmt :-)

Geht euren Weg. Wenn ihr macht, was dein Gegenüber sagt, dann hat er Kontrolle über dich. Auch dein Arbeitsplatz, wenn du da unterdrückt wirst und nur das machst, was man von dir verlangt, dann wirst du kontrolliert. Das heißt, du wirst zum Sklaven, dadurch wirst du ganz klein. Du hast dann keinen Antrieb mehr und deine Sorgen und Probleme wachsen bis hin zur Depression. Mache, was du willst, das geht auch bei jedem Arbeitsplatz. Gehe jeden Tag mit Freude zur Arbeit oder egal, was du auch in deiner Freizeit tust. Durch Freude und Liebe am Leben wandelt es sich mehr und mehr zum Positiven. Gott will, dass alle Menschen leben! Wir alle sollen Spaß am Leben haben und das machen können, was uns Spaß macht. Durch Spaß und Freude an allem, werden dir neue Türen zum Glück geöffnet. So sagte es Gott und ich vertraue Gott. Er sagte auch, ihr sollt an euch denken. Ihr seid ihr und lebt jetzt. Was denkt ihr wohl, wie es den Seelen im Himmelreich geht? Viele Seelen wollen zurück auf die Erde. Wenn sie dann auf dem Weg ins Licht sind, im Himmel bei Gott, dann jammern sie. Was hätten sie alles Schönes auf Erden machen können? Im Himmelreich sehen sie all die Wunder, die sie selbst auf Erden erschaffen hätten können. Sie sagen: „Ich habe nichts gemacht auf Erden, hätte ich das gewusst! Ja, aber nun kommt die Gelegenheit für DICH, lieber Leser. Deshalb schreibe ich dieses Buch. Für die Kinder, für alle, die leben wollen und vor allem das Licht und die Liebe auf Erden verbreiten wollen. Denn ohne echte Liebe geht kein Leben ohne Sorgen. Ich danke Gott so sehr für all das, was ich lernen durfte. Für all das Erwachen und Lernen. Das Wort *danke* hat auch eine sehr starke Energie. Danke bewirkt Wunder. Seid dankbar für alles, was ihr habt und erlebt. Dadurch kommt ein Wandel in dein Leben. Alles wandelt sich zum Guten. Liebt alles, was es gibt. Ihr habt die Macht dazu, es zu verändern. Segne es, wenn dir etwas nicht gefällt und ändere deine Gedanken, ohne zu urteilen. Bestelle dir einfach etwas Neues und das Alte löst sich auf. Klingt einfach, ist es auch! Nur durch Üben und Geduld erreicht ihr euer Ziel.

Einige Naturwesen, die bei euch leben

Es geht hier um Naturwesen. Naturwesen sind sehr schüchterne Wesen, sie zeigen sich sehr selten, sind aber immer da und überall. Wenn du mit ihnen arbeiten möchtest, musst du erst mal den Wesen zeigen, dass dir die Natur und Umwelt wichtig ist. Nimmst du auch mal Müll mit, der rumliegt, dann hast du praktisch schon Kontakt aufgenommen.

- Um die Engel besser sehen und hören zu können, spielt die Ernährung eine kleine Rolle. Ernähre dich gesund, gehe viel an die frische Luft, mache auch etwas Sport. Es ist keine Voraussetzung, es ist nur ein guter Rat! Durch schnelleres Atmen erreichst du nämlich eine vermehrte Sauerstoffaufnahme im Körper und die Engel können besser zu dir vordringen. Du wirst sehen, du wirst die Engel immer besser hören. Gott hat auch eine Meinung zum Thema Fleischessen. Er sagte, dass es nicht unsere Nahrung sei, die er uns gegeben hätte. All die Nahrung, die wir benötigen, wachse auf Mutter Erde. Fleisch zu essen bedeutet, wir essen uns praktisch selbst. Die Lebewesen, die wir verspeisen, sind genau wie wir erschaffen. Das Töten der Tiere hatte sich allerdings vor Tausenden von Jahren so entwickelt, aber so war das allerdings nicht geplant. Aber da Gott nicht eingreifen darf, ließ er es so geschehen. Dieses Fleisch hat eine sehr negative Auswirkung auf uns Menschen. Denn dadurch entsteht eine dunkle Energie in uns und macht uns im Laufe der Zeit krank und depressiv. Schon alleine wie Tiere in Massen gehalten werden, nur um die Menschen durch Fleisch satt zu bekommen. Aber die Zeit wird kommen, wo der Mensch die Tiere achten und lieben wird. Die Tiere werden auf die Menschen zukommen. Die Jäger unter den Tieren, die selbst Fleisch essen, werden zu Vegetariern. Das ist sogar jetzt schon teilweise so in bestimmten Ländern.

- Geh mal ab und zu in die Natur, beobachte, was um dich herum passiert, schau dir die Bäume an, die Blumen.
- Schau genau hin, begrüße die Naturwesen, die da sind. Wenn du sie nicht sehen kannst, tu einfach so, als wenn du sie sehen kannst. Rede mit ihnen, sie hören dir zu. Wenn du es öfter so machst, dann wirst du staunen, wie sie mit dir reden. Die Stimmen kommen in deinen Kopf – hör hin, du wirst sie mögen!
- Irgendwann oder wenn du es nicht schon kennst, zeigen sie sich. Bleibe ruhig und zeige Liebe und Vertrauen, sie sehen, was du spürst und was du denkst.
- Wenn du Blumen oder Pflanzen bei dir zu Hause hast, dann schau oft dorthin, es befinden sich immer Wesen darin, eigentlich in allen Gegenständen, auch in Steinen.
- Sie lieben Blumen, erhalten sie am Leben oder wenn sie einmal ausgedient haben, dann neutralisieren sie sie.
- Die Baumwesen sind direkt in den Bäumen, die Genome sind meistens bei Tannen, die Elfen bei den Blumen, die Feen sind überall. Meistens allerdings da, wo sich Insekten aufhalten, wie Schmetterlinge oder Libellen.
- Die Steinwesen sind im Stein oder davor, sie sind trollartig mit Mützen, wie Zwerge.

Übrigens gibt es da noch sehr viel mehr, aber du wächst da selbst rein. Es würde Jahre dauern, dir alles zu zeigen oder beizubringen. Aber bitte glaube mir: Du wirst nach und nach bei jedem Kontakt mehr und mehr bekommen.

Die Ermahnung von Erzengel Michael

Viele fragten mich, wie ich denn dieses Buch schrieb. Bevor ich anfing, hatte ich keine Idee, wie man ein Buch schreibt. Ich schaute mir andere Bücher an, wie andere Autoren es gemacht hatten. Da ich aber schreibe, wie ich auch rede, schrieb ich es so, wie ich es für richtig hielt. Andere wollten es mir ausreden, immer wieder sagten sie, so verstehe es keiner. Ich schreibe es aber so wie ich es für richtig halte, weil ich der Meinung bin, dass ihr, liebe Leser, es versteht. Ich versuche, es so verständlich wie nur möglich rüberzubringen. Mittlerweile schreibe ich es zum dritten Mal und habe durch meine lange Pause viel Neues gelernt. Ich schrieb dann immer am Abend eine Stunde und am Wochenende, wenn die Zeit dafür reichte. Außerdem hatte ich noch ein Kind bei mir, um das ich mich kümmerte. Als mein Sohn, der mit 13 Jahren zu mir kam und jetzt 15 ist, schlichen sich mehr und mehr Probleme in mein Leben ein. Ich fühlte mich von Gott und den Engeln im Stich gelassen. Meine Enttäuschung und Wut wuchs stetig an. Ich beschloss, alles aufzugeben, was ich angefangen hatte. Mein Buch und meine Arbeit mit den Engeln, all das landete wieder für lange Zeit im Keller. Ich sah da keinen Sinn mehr drin und zweifelte an allem, was sie sagten. Mein Sohn lebte sich ein Jahr ganz gut ein bei mir und ich verwöhnte ihn, so gut ich nur konnte. Gab ihm Liebe, die er auch brauchte. Eines Tages brachte er ein Schulzeugnis aus dem Vorjahr mit und ich fiel aus allen Wolken. Es waren nur Fünfen. Er hatte ein halbes Jahr lang die Schule geschwänzt. Wir unterhielten uns darüber, dass es unbedingt anders werden muss. Ich stellte Regeln auf, die bei mir zu Hause und für die Schule gelten. Einige Zeit ging es ganz gut, dann aber wendete sich das Blatt und er geriet in einen falschen Freundeskreis. Ich machte mir immer mehr Sorgen um ihn, bekam Ängste und Vorstellungen, dass es noch schlimmer werden könnte. Mein Geld reichte hinten und vorne nicht und meine Sorgen wurden auch immer größer dadurch. Ich bat Gott, mir zu helfen. Es wurde aber nicht besser, sondern nur noch viel schlimmer. Mein Sohn fing an, die Schule zu schwänzen oder verschlief jeden Tag. Ich musste ja schon um 4 aus dem Haus und stellte meinem Sohn drei Wecker verteilt in der Wohnung auf. Zudem rief ich ihn morgens an. Aber nichts half. Dann fand ich heraus, dass er Drogen nahm. Dadurch wurde er mir gegenüber aggressiv und schlief den ganzen Tag über. Ich nahm Kontakt zu seiner Lehrerin auf und bat sie, mir zu helfen. Aber es ging zwei Tage gut mit ihm und dann ging es wieder so weiter wie vorher. Eines Tages nahm ich Kontakt zu einer Schülerin von mir auf und bat um ein Treffen. Wir unterhielten uns über diese Angelegenheit und auch über ihre Sorgen. Daraufhin machten wir regelmäßig Termine für Energiearbeit an uns. Wir gaben uns Sitzungen und schrieben Botschaften. Das baute mich wieder etwas auf und meine Schülerin auch. Ich fuhr dann immer gleich nach Hause, um zu sehen, ob mein Sohn da ist. Er war es aber leider nicht. Ich schrieb ihm immer Nachrichten auf sein Handy. Dann schrieb er mir fast jeden Tag, ob ich ihn abholen könnte. Er war jeden Tag woanders, in sämtlichen Dörfern der Umgebung. Wir stritten ständig, ich meckerte ihn an, weil er immer zugekifft war. Auch kamen nach und nach mehrere Anzeigen von der Polizei. Mein Sohn wurde schließlich wegen Drogenbesitzes angezeigt. Ihm war aber alles egal, was mit ihm passierte. Ich gab ihm oft eine Sitzung und weiterhin viel Liebe und Licht. Irgendwann kam der Tag, an dem ich nicht mehr konnte. Ich rief das Jugendamt an und wollte Hilfe. Die aber sagten, sie hätten wichtigere Dinge zu tun. Mein Problem wäre nicht so schlimm wie das von anderen Kindern. Alle drei Wochen fuhr ich zu meiner Schülerin, um Sitzungen zu machen. Da bekam sie plötzlich eine Botschaft von Erzengel Michael, die mich wachrüttelte.

Ich gab ein Versprechen, brach es aber wieder. Ich versprach, Liebe und Licht um die Welt zu tragen, aber als ich sauer war, dachte ich, es gäbe ja noch genug Medien und Heiler. Dann fällt es nicht auf, wenn einer nicht da ist. Ich hatte oft Gedanken, von der Erde zu gehen, weil mir alles zu viel wurde. Ich machte immer mehr Schulden, nur damit ich mir das Beste für mein Kind leisten könnte. Jeden Tag kochte ich frisch, die letzten zwei Wochen im Monat gab es immer Nudelgerichte. Mein Sohn brauchte ständig neue Schuhe und Kleidung. Und die Schule wollte auch ständig Geld. Busfahrkarten musste ich auch alleine bezahlen. Manchmal waren meine Sorgen größer als mein Lebenswille. Erzengel Michael sagte mir damals, die geistige Welt wäre sehr enttäuscht von mir. Warum ich denn nicht einmal meine wunderbaren Fähigkeiten einsetzte. Diese Aussage von oben machte mich traurig auf mich selbst. Ich versprach etwas und hielt mich nicht daran. Ich wollte sie nicht enttäuschen und schon gar nicht Gott. Michael sagte, ohne mich können sie nichts machen. Alles steht still. Das wollte ich so nicht. Ich hielt mir all das Elend auf Erden vor meine Augen. Ich fing jeden Abend an, wieder zu beten und die Seelen ins Licht zu führen. Ich fing an zu überlegen, wie ich mich wieder als Medium und Heiler darstellen kann. Also baute ich mir eine kostenlose Webseite und schrieb zeitgleich dieses Buch. Da ich aber nicht wusste, wie ich das Buch schreiben sollte, ohne einen PC mit gültigem Word, schaute ich bei Ebay nach. Alles zu teuer, kann mir da nichts leisten. Mein Sohn sollte ja von mir einen Mofa-Roller bekommen. Der stand im Garten. Ich verkaufte ihn, da er ja sowieso immer nur am Kiffen war. Ich sagte zu ihm, dass wenn er das Kiffen einstellen würde, ich ihm einen neuen Roller kaufen würde. Mit dem Geld kaufte ich mir einen gebrauchten Mini-Laptop. Ich freute mich wie ein Kind darüber. Den Laptop, den ich noch hatte, überließ mir meine ehemalige Freundin. Nur war der kaputt.

Ich versuchte, ihn reparieren zu lassen, aber die sagten mir, dass ich dafür schon einen neuen bekommen würde. Es würde zu viel kosten und wäre viel zu aufwändig, den noch zu reparieren. Ich aber wollte nicht aufgeben und ging selbst an die Sache ran. Ich baute ihn auseinander und sah da unglaublich viele kleine Kabel. Sie waren so klein und dünn, ich konnte sie kaum mit den Farben auseinanderhalten. Dennoch sah ich ein defektes Kabel. Ich strengte mich sehr an, diese Kabel neu zu verbinden. Es gelang mir aber nicht, sie berührten sich etwas und hingen frei in der Luft, dadurch ging der Laptop wieder. Zu allen, die zu mir nach Hause kamen, sagte ich: „Passt bitte auf, dass der Laptop offen bleibt, er darf auf keinen Fall zugehen." Somit schrieb ich am Buch weiter. Es ging nur bedingt gut, denn ich hatte keine Schreibvision darauf. Also schmiss ich das Ding irgendwann in den Müll. Nun hatte ich wieder eine Sorge mehr, ich wollte am Buch schreiben, wusste aber nicht wie. Ich suchte im Internet nach einer Schreibversion und fand auch eine kostenlose. Ich lud sie herunter und begann, mein Buch umzuschreiben. Ich schrieb immer, wenn ich Zeit hatte und ohne Stress. Nach und nach wurde ich fertig und war sehr glücklich, Gottes Botschaften niederzuschreiben. Ich freute mich immer mehr und wünschte mir, dass die Menschen dieses lesen und verstehen würden. Aber so wie es jetzt ist, konnte ich das Buch nicht zum Verlag schicken. Ich überlegte, wen ich fragen könnte, es noch einmal fehlerfrei abzuschreiben. Ich wollte nicht wieder meine Freunde damit überfordern. Sie hatten selbst viel um die Ohren und zu tun. Da schickten mir die Engel plötzlich eine Idee: Ich schaute unter „Nachhilfe" nach. Mir ist so was immer unangenehm, vor allem weil ich ja schon älter bin. Aber ich schrieb mehrere an und erklärte es ihnen beim Anschreiben, um was es sich handelte. Die meisten meldeten sich erst gar nicht, dann aber meldete sich jemand und war bereit, mir sehr gerne zu helfen. Ich hatte ja wenig

Geld und sagte im Vorfeld schon, dass wir es immer Stück für Stück machen, immer so, wie ich bezahlen kann! Die andere Sorge war immer noch mein Sohn. Die Engel sagten, ich solle meinen Sohn lassen, er würde gerade eine starke Wandlung durchmachen. Nur weiterhin solle ich Licht und Liebe geben und die Engel bitten, ihm zu helfen. Das reicht, sagten sie. Aber es funktionierte nicht, er lief nachts weg. Ich immer hinterher, um ihn zu suchen. Ich beschwerte mich oben und rief dabei die gesamte geistige Welt zusammen. Wie bitte soll ich Menschen helfen und mein Buch fertigstellen, wenn ich selbst nicht in meiner Energie bin? Ich kann anderen Menschen nicht helfen, wenn ich ständig in Sorge bin. „Versteht ihr das nicht?“, sagte ich verzweifelt. Als ich auf dem Weg zur Polizei war, sagte ich es der geistigen Welt. Denn es war schon 22.00 Uhr und früh aufstehen musste ich auch. Ich kam bei der Polizei an und parkte mein Auto in der Nähe. Kurz bevor ich auf der Polizeiwache ankam, hielten die Engel mich fest. Zeitgleich bekam ich eine Nachricht auf mein Handy von meinem Sohn. Du kannst wieder kommen, schrieb er. Ich schrieb ihm zurück, dass ich nicht mehr könnte und mit meinen Nerven am Ende sei. Ich sagte zu meinem Sohn, dass ich mich von ihm trennen müsse. Ich werde immer kranker vor Sorge um ihn. Ich ging dann zurück zu meinem Auto, setzte mich davor auf einen Stein und atmete tief durch. Dann fing ich an zu weinen, er hatte es geschafft, dass ich fertig war mit meinen Nerven. Ich war todtraurig. Aber aufgeben wollte ich meine Arbeit mit der geistigen Welt auf keinen Fall. Ich bat immer wieder um Hilfe. So würde ich es niemals schaffen, in der Energie zu bleiben. Es kamen unzählige Engel zu mir, alle gaben mir unglaublich viel Liebe und Energien. Sie beruhigten mich, wo sie nur konnten. Sie wussten, ich darf jetzt nicht ausfallen, ich bin schon so weit gekommen. Immer wieder redeten sie gut und liebevoll auf mich ein. Sie gaben mir so viel Liebe und Trost. “Mache weiter Mathias, du machst alles richtig. Gehe deinen Weg weiter. Dein Ziel ist ganz nah, du hast es bald geschafft. Ihr beide, du und deine Kinder, habt euch zusammen entschlossen, auf Erden zu lernen. All das, was du gelernt hast, ist für die Menschen gedacht, die da erst noch durchmüssen. Du bist ihnen weit voraus. Dein Sohn wird es schaffen, er wird bald seine Aufgabe erkennen. Wir sind stolz auf dich, auch dein Beten bewirkt bereits Wunder auf Erden. Alles machst du wunderbar."

Ich war wieder so glücklich. Ich fuhr nach Hause und legte mich ins Bett. Mein Sohn lag auch in seinem Bett, aber ich wollte ihn erst mal lassen. Ich ging davon aus, dass er am nächsten Tag zur Schule gehen und Einsicht haben würde. Dem war leider nicht so, er schwänzte wieder. Nun drohte ein Bußgeld gegen ihn, sogar Haft. Davor hatte ich immer Angst, dass er dadurch noch mehr abrutscht. Aber ich vertraute Gott, denn er sagte, wir Menschen sollen ihm die Kinder überlassen. Er hat für jedes Kind einen Weg, der geplant sei. Egal wie es ausgeht mit meinen Kindern, es hat seinen Sinn! Natürlich ist es sehr schwer für ein Elternteil, dies zu ignorieren, aber ich versuchte mein Bestes, dass es ihm trotz allem gut geht. Die Engel sagten an diesen Abend, morgen würde ich eine Überraschung bekommen, eine schöne Energie. Ich solle mich darauf freuen. Ich freute mich auch auf die Energie.

Am nächsten Tag fuhr ich zu meiner Schülerin, wir gaben uns wieder gegenseitig Energien. Es war herrlich, ich bekam sogar Geschenke. Ich wurde auf eine neue Ebene erhoben. Was das genau heißt, das weiß ich nicht. Es gibt ja mehrere Ebenen und ich solle jetzt abwarten und Geduld haben. Ich werde es merken, wenn es so weit ist. Ich denke, das ist eine Dimension, wo Engel und Seelen vereint sind. Aber ich lasse mich überraschen und freue mich auf meine Heilung. Denn ganz geheilt bin ich noch nicht. Ich habe noch etwas Hautprobleme, dies ist aber aus dem vergangenen Leben mitgebracht. Es löst sich nach und nach auf. Meinen Wandel auf einer höheren Ebene löst es von ganz alleine auf. Das ist es, was ich euch lehren möchte. Denn alle Menschen verändern sich. Das Dunkle und Böse geht von der Erde und somit auch von euch. Daher die Aggressionen und schlechten Dinge auf der ganzen Welt. Gott sagt: „Wer mit sich im Frieden ist, der ist mit allem im Frieden." Das ganze Umfeld verändert sich. Ich sagte ja bereits, dass die chaotischen Dinge, die auf der ganzen Welt passieren, das Innere von euch widerspiegeln. Das Innere, das ihr erlebt, zeigt sich im außen. Versucht, mit allem zufrieden zu sein und lernt es, dann kommt Licht auf Erden und Gott kann Wunder geschehen lassen. Ich selbst habe schon sehr viele Stufen erklommen und bin so gut wie an meinem Ziel. Und daher helfen mir und die geistige Welt und auch andere Medien euch allen. Vertraut auf Gott und ihr werdet Wunder erleben. Ich spreche nicht dich direkt an und sag auch nicht, dass gerade du zu negativ denkst. Nicht, dass du jetzt Schuldgefühle bekommst und denkst, du hast mit Schuld an dem Geschehen auf Erden. Ich möchte euch nur zu verstehen geben, dass wir alle Fähigkeiten haben und uns gedanklich miteinander verbinden. Ich las heute einen Bericht, wo die mächtigen Staaten sich gegenseitig für irgendwelche Geschehnisse auf der Erde die Schuld geben. Und das nur, um die Weltmacht zu haben. Es dreht sich um Erdöl oder andere Dinge, die man zu Geld machen kann. Sie drohen jetzt im Jahre 2016 mit Atomwaffen und sind bereit, diese einzusetzen. Das ist es, was Gott euch sagen will: Setzt jetzt eure Gedanken ein und sendet den Weltmächten Liebe. Liebe die Feinde. Die Liebe und das Licht dringen in sie ein und wandeln sich. Ohne dass sie es bemerken, vertragen sie sich. Sie haben Schutzengel, Gott gibt den Engeln den Auftrag, den bösen Menschen Gutes einzureden. Durch die Hilfe der Menschen, die in Liebe denken, verstärkt sich das und wir kommen dem Weltfrieden

immer näher. Aber ohne die Hilfe der Menschen schaffen es die Engel nicht alleine. Darum wurde der Mensch geboren, um jetzt hier auf Erden mitzuwirken. Ich hoffe von Herzen, dass ihr, liebe Leser, das versteht und jetzt sofort damit beginnt, jeden Tag in Liebe zu denken. Auch meinem Sohn schickte ich täglich Liebe und Licht. Ich umhüllte ihn quasi mit dem göttlichen Licht. Es kam aber wieder so ein Tag, wo ich Angst um ihn hatte. Ich arbeite jetzt mehr Stunden, aber nur, weil in der Busfirma die halbe Belegschaft krank war. Somit arbeite ich auch an einem Samstag. Mein Sohn kündigte an, dass er auf einen Geburtstag gehen würde, aber wieder vor Dunkelheit zu Hause sein wollte. Es wurde immer später, er aber kam nicht. Ich bekam Angst, denn er fuhr mit meinem Fahrrad ohne Licht. Ich schrieb ihn immer wieder an, aber er antwortete nicht. Toll, warum ließ Gott mich nur so leiden? Ich war so fertig von der Woche und dann das wieder. Ich entschloss, zur Polizei zu fahren und ihn suchen zu lassen. Sie sagten: „Nein, das machen wir nicht, es liegt keine Gefährdung vor.“
„Aber er trinkt Alkohol und kifft“, sagte ich, „außerdem hat er keine Jacke mit und es ist kalt.“ Die Polizei machte einfach nichts. Ich war so sauer und regte mich sehr auf über diese Aussage. Sie erklärten, es sei normal in diesem Alter, dass Jugendliche kiffen und trinken. Mir fiel nichts mehr dazu ein. So sagte ich nichts mehr und fuhr selbst los, ihn zu suchen. Ich suchte die halbe Nacht, bis ich irgendwann erschöpft nach Hause fuhr. Es war jetzt schon Mitternacht und ich weinte wieder. Warum musste ich das alles durchmachen? Mein anderer Sohn war schon so und jetzt noch einer. Irgendwann kam mein Sohn dann endlich, ich hatte noch nicht mal die Kraft, zu ihm zu gehen. Trotzdem war ich froh, dass er da war. Am nächsten Morgen sagte ich nur kurz einige Dinge, die ich nicht gut fand. Aber das hatte ich ihm ja schon so oft gesagt. Ich hatte mich so sehr auf das Wochenende gefreut, wir hatten einen

Feiertag dazwischen und ich wollte einfach mal nichts tun. Mein Sohn fuhr zu seiner Freundin und da wusste ich, da bleibt er erst mal. Dann kam das nächste Grauen. Ich wollte mein Passwort in meinem Handy ändern, weil man mir da irgendwie immer Geld abbuchte. Ich machte das Handy aus und wieder an. Gab das Passwort ein und das Handy sagte falsch. Das machte ich viermal so. Dann war es auch schon geschehen. Handy gesperrt. Apple sagte, es ginge nicht mehr zu entsperren, nur mit Rechnung. Die hatte ich aber nicht, weil ich es vor einiger Zeit geschenkt bekommen hatte. Ich bekam Panik. Immerhin hatte ich alle meine Daten auf dem Handy und meine neue Telefonnummer. Ich suchte die halbe Nacht im Internet nach einem Handy und fand eines für 35 Euro. Mein letztes Geld gab ich dafür aus, nur um erreichbar zu sein. Ich beschwerte mich oben, obwohl sie ja nichts dafürkonnten. Aber etwas Hilfe hatte ich schon erwartet. Am Abend beschloss ich, mit meinen Arbeiten, die Gott mir aufgetragen hatte, weiterzumachen. Ich war vor einigen Tagen wieder oben bei Gott. Er sagte mir, ich solle jeden Tag eine Botschaft für mich selbst schreiben, um damit mehr Vertrauen zu mir selbst zu finden. Das tat ich auch immer. Bis ich immer öfters ins Zweifeln geriet. Die Botschaften waren fast immer alle gleich oder hörten sich ähnlich an wie die davor. Ich sagte Gott, dass es mir einfach zu schwer ist auf Erden. Ich konnte das alles nicht länger aushalten. Er sagte, ich solle mir keine Gedanken um meine Kinder machen, es ist bald vorbei. „Hab Geduld, es wird sich bald alles wandeln und sich auflösen. Auch die Engel schrieben durch mich, ich mache meine Arbeit sehr gut und sie lobten mich dafür. Es kommt jetzt bald der Tag, an dem ich meine neue Aufgabe bekommen würde. Ich fragte, wie das denn möglich wäre? Mit so vielen Sorgen und Nöten? Ich solle Geduld haben, Gott passt auf, dass meine Sorgen nicht all zu groß werden. Aber ich muss noch etwas lernen. Es muss leider sein, Gott lässt dich nicht allzu sehr leiden. Er ist jetzt noch mehr bei dir und in dir. Gott passt auf dich auf. Durch diese Botschaft fing ich wieder an, mehr zu vertrauen. Meine Liebe in mir wächst wieder. Ich weiß ja, dass alles gut werden wird, nur muss ich ja auch irgendwie auf mein Kind aufpassen, auf das, was es treibt. An einem Wochenende kündigte sich mein anderer Sohn an, er ist bei der Bundeswehr und hatte an diesem Wochenende frei. Am Abend war er immer noch nicht da, ich schrieb ihn an, wo er denn blieb. Er schrieb zurück, aber nur kurz angebunden. Er sei im Krankenhaus und ich solle mir keine Sorgen machen, er schreibe später noch mal. Ich machte mir aber Sorgen, er hatte Zeckenbisse und damit Herzprobleme bekommen. Ich wartete die halbe Nacht, aber es kam nichts. Dann schrieb ich nach Mitternacht noch mal, was denn los sei. Er schrieb, er sei in einem anderen Krankenhaus, 60 km von mir entfernt, gelandet. Im Bundeswehrkrankenhaus. Er schrieb alles durcheinander, sodass ich ihn nicht richtig verstand. Nur, dass er immer sagte: „Bitte, bitte Papa, hol mich hier raus.“ Ich versprach, sofort am nächsten Morgen so früh ich konnte zu ihm zu kommen. Das machte ich auch, geschlafen hatte ich so gut wie gar nicht. Ich schrieb ihn am Morgen gleich an, dass ich bereits auf dem Weg zu ihm sei. Als ich bei ihm war, sagte er immer noch mit zitternder Stimme und kaum verständlich: „Papa, die halten mich für verrückt. Im anderen Krankenhaus sagten sie, ich hätte nichts und bilde es mir nur ein. Ich hatte versucht, ihnen klarzumachen, dass ich sehr starke Herzschmerzen habe, aber sie wollten mir alle nicht glauben und da wurde ich noch unruhiger vor Angst. Sie gaben mir nur immer Tabletten. Papa, ich hatte wirklich Angst, ich müsse sterben. Sie gaben mir ständig Beruhigungspillen, bis ich nicht mehr reden und gehen konnte. Mama hat mich dann nach Hamburg ins Krankenhaus gefahren. Da gaben die mir auch dasselbe. Ich versuchte zu reden, sie fragten mich nach meinem Lebens-

lauf und das nachts um halb zwei. Ich versuchte zu reden, durch die Medikamente war ich aber wie gelähmt."
Ich blieb den ganzen Tag bei ihm, er fühlte sich sicher und wohl, dass ich bei ihm war. Er schlief dann etwas ein und ich verabschiedete mich. Am nächsten Tag schrieb er, es ginge ihm besser, aber er müsse den ganzen Monat dableiben. Ich besuchte in öfters und sah gute Fortschritte bei seiner Genesung. Ich betete jeden Abend für meine Kinder. Ich bete allgemein für alle Kinder dieser Welt und für alle Menschen. Ich machte bei meinem Sohn vor einiger Zeit eine große Sitzung und behandelte sein Herz. Ich bat Gott um Beistand bei dieser Sitzung und er half mir dabei. Deswegen war ich mir so sicher, dass sein Herz in Ordnung war. Die Ärzte fanden schließlich heraus, dass all das, was er fühlte und auch die Schmerzen ein Zusammenbruch war. Die Bundeswehr war zu viel für ihn, alles war zu viel für ihn. Mit 17 Jahren kam er zur Bundeswehr, dann die ständigen Versetzungen in andere Städte. Auch die Kindheit kam in ihm hoch und so kollabierte er dann. Mein Sohn schrieb mir aus dem Krankenhaus. Er sagte: „Papa, ich muss dir was sagen. Es weiß keiner und nur du kannst mich verstehen."
„Na klar", sagte ich, „mir kannst du alles sagen, mein Kind."
„Papa, ich sehe immer Menschen zwischen den Menschen, sogar jetzt sehe ich sie. Ein kleiner Junge steht hier an meinem Bett und guckt zu mir. Aber das Komische ist, ich habe keine Angst vor denen." Ich freute mich darüber, die Engel sagten damals in einer Botschaft, dass meine Kinder so etwas auch können. Ich redete viel mit ihm darüber und sagte: „Es ist schön, dass du das auch kannst, somit kannst du mir nun glauben, was ich dir alles erzählte."
„Ich glaubte dir auch so, Papa."
„Wann hat es denn angefangen bei dir?", fragte ich? Er sagte: „Als ich mal bei dir war, da saß ich im Auto vor deiner Woh-

nung und wartete auf dich. Da sah ich sie um ein Auto stehen. Dann sah ich sie öfter und dachte, ich bildete es mir nur ein." Später fuhr ich zu meiner Schülerin, die Krebs hatte, und erzählte ihr davon. Ich sagte: „Lass uns noch mal zusammen zu Gott gehen." Sie freute sich darüber, sie bekam nämlich immer ein Geschenk und ich fand es immer sehr süß, wenn sie danach vor Freude weinte. Wir machten es wie immer und fuhren auf in den Himmel. Meine Schülerin kam später zurück als ich, ich saß schon auf ihrem Sofa und schrieb meine Botschaft. Ich stand vor Gott, er begrüßte mich und umarmte mich. Anders als ich es kannte, er umarmte mich wie einen guten Freund. Es waren sehr viele Seelen und Engel anwesend. Sie freuten sich alle, dass ich wieder da war und jubelten mir zu. Ich sah Gott an, ich sah und spürte auch eine unglaubliche Liebe und Energie in mich hineinfließen. Ich kann es aber nicht beschreiben, was genau passierte. So als ob Gott in mich ging. Es war aber sehr schön, die Engel verbeugten sich vor mir, ich verbeugte mich zurück und verbeugte mich auch bei allen, die dort waren. Ich wusste, sie alle halfen mir auf Erden und ich wollte meinen Respekt vor ihnen zeigen und vor allem meine Dankbarkeit. Als ich wieder unten war und die Botschaft schrieb, schrieb ich sie für meine Schülerin. Sie schrieb eine für mich. Wir unterhielten uns lange über dieses Geschehen und waren sehr glücklich über dieses Erlebnis. Gott schrieb in ihrer Botschaft, dass er seine Energien in mich fließen lassen hat und sie auch im außen sind. Die Gottesenergien sind verankert. Mein Herzchakra wurde erweitert und das Sonnengeflecht sowie einige Kanäle erweitert. Meine Schülerin sagte, Gott hätte sie oben gefragt, warum sie das Geschenk, was er ihr vor Wochen gab, nicht auspackte. Ich fragte: „Was für ein Geschenk?" Sie sagte, sie hätte es gerade eben ausgepackt. „Und was war es?", fragte ich.
„Es war Heilung drin", sagte sie. „Ein Anzug, den ich überzog.

Da war ein Heilanzug drin“, sagte sie. Wir freuten uns sehr über all das. Ich vertraue nun weiter und bin davon überzeugt, dass alles gut werden wird!

Übung für dich und deine Seele

Malen ist eine kreative Übung, um sich selbst zu finden. Egal was ihr malt, es entsteht am Ende eine Freude in euch, die für inneren Frieden sorgt. Auch wenn einer meint, er könne nicht malen, das sagen sowieso viele Menschen! Egal, malt einfach, was ihr möchtet. Male einen Engel, wie es dir in den Sinn kommt, so wie du es am besten kannst. Konzentriere dich dabei und liebe dein Bild, das du malst, es ist deins und gibt dir Kraft. Das ist eine Prüfungsaufgabe, die ich meinen Schülern immer mitgebe. Du kannst hiermit deine Kreativität entfalten und gibst dir zusätzlich viel Liebe für dich selbst. Du wirst sehen, es erzeugt in dir ein Glücksgefühl und den Antrieb, deinen neuen Weg weiter zu gehen. Um dieses Glücksgefühl aufrechtzuerhalten und zu steigern, gehe dorthin, wo Blumen stehen. Erfreue dich der Natur, oder wenn du kannst, fahr an einen Ort, der dir guttut. Die Engel führen dich, wenn du an diesem Ort sogar deinen Lebenspartner suchst, den du dir immer sehnsüchtig gewünscht hast, sofern du keinen hast. Auch für die Schule im Unterricht ist es sehr gut anzuwenden. Ihr werdet sehen, wenn die Lehrer euch genügend Zeit für dieses Bild geben, dann habt ihr einen Hauch von Frieden in euch. Es entsteht tatsächlich eine große Energie um euch alle. Diese Energie breitet sich dann in rascher Geschwindigkeit um die Erde aus und dringt tief in die Herzen der Menschen ein, die es nötig haben. Das Dunkle in den Menschen wandelt sich in Licht um und somit kommt der Weltfrieden immer näher. Das ist jetzt nicht nur so daher gesagt. Was glaubt ihr, was mit Schreiben und Malen alles in Gang gesetzt werden kann. Das ist auch Denken, ihr schreibt ja mit Gedanken oder besser gesagt: Alles macht ihr mit den Gedanken. Versteht ihr, was ich meine? Gedanken formen die Welt.

Geld

Was bedeutet Geld eigentlich für uns? Wir brauchen es, um unsere Rechnungen zu bezahlen, um Essen zu kaufen. Geld beruhigt uns, daher haben wir so weniger Sorgen diesbezüglich. Wir müssen aber zuerst arbeiten, um unseren Lebensunterhalt zu sichern. In Deutschland bekommt man auch Geld, ohne zu arbeiten. Das nennen wir jetzt Harz IV. Aber glücklich ist man damit auch nicht wirklich, wenn man alles so bekommt. Es gibt viele reiche Menschen, die sehr viel Geld besitzen, aber wie sieht es mit ihren Sorgen aus? Alle haben ein Problem. Ich sah mal eine Sendung, da waren Superreiche. Deren Sorge war immer, wie sie das Geld ausgeben sollen. Sie gaben am Tag 15.000 Euro und mehr für irgendwelchen Schnickschnack aus.
Ich dagegen lebte von 600,- Euro und weniger im Monat und musste davon alles bestreiten. Einerseits war ich glücklich, nur hätte ich mir auch manches Mal gewünscht, etwas mehr zu haben. Es gibt Menschen, die wollen arbeiten, können aber aufgrund von Krankheit nicht. Die Engel sagen: „Geld gehört jedem, gibt etwas davon den Armen, sie können teilweise gar nichts dafür, dass sie arm sind. Ich kenne immer noch Familien, die gar nichts haben und verheerend herumlaufen. Sie werden meist von der Öffentlichkeit abgelehnt. Ich lebte sogar mal von einem Einkaufsgutschein. Es war mir so peinlich, dass ich in eine andere Stadt fuhr, um ihn einzulösen. Ich nahm meine Kinder mit, damit es nicht ganz zu peinlich war. An der Kasse bekam ich dann so einen roten Kopf, dass es jeder bemerkte.

So etwas machte ich nie wieder, deshalb nahm ich so viele Gartenarbeiten an, wie ich konnte. Arbeitete von morgens bis spätabends und das, obwohl ich Schmerzen hatte, nur um das mit dem Einkaufsgutschein nicht noch mal erleben zu müssen. Was mich immer wieder entsetzt, ist: Woher nimmt ein Mensch das Recht, das Wasser auf der Erde für sich zu beanspruchen und dafür noch Geld zu nehmen? Hat man kein Geld, dann hat man Pech und muss schlimmstenfalls verhungern oder verdursten. Warum dürfen andere Kulturen der Erde nicht in andere Länder? Die Erde gehört allen Menschen und Lebewesen. Es sterben täglich viele Menschen durch Hunger und Durst, durch verunreinigte Luft. Alles ist beabsichtigt. Der Mensch ist habgierig und will immer mehr. Ich sah mal einen Film im Fernsehen über Länder, die riesige Löcher in die Erde buddelten, so groß, dass da mehrere Länder reinpassen würden. Ich sah Berichte über unsere Meere – das meiste an Sauerstoff kommt aus dem Meer. Aber das Meer stirbt langsam. Warum das alles? Weil die Menschen mehr wollen, sie wollen mehr Reichtum und bringen Millionen Opfer dadurch. Das Geld oder besser das Vermögen, was sie dadurch für sich aufbauen, ist nicht von Gott. Gott will jedem Geld und Reichtum schenken, aber das macht er nur für den, der in der Liebe ist und zu ihm steht. Die gierigen Menschen haben wenig Liebe in sich und verbünden sich mit der dunklen Welt. Nur auf Erden haben sie all das, im Himmelreich leider nicht mehr. Wer in Liebe lebt und handelt, der bekommt im Himmelreich seinen Reichtum weiter, sagte Gott. Aber darüber schreibe ich extra ein Kapitel und erkläre es dann noch ausführlicher.

Ich lernte mittlerweile Menschen kennen, die auch zu viel Geld besitzen. Sie kaufen allen sinnlosen Mist, ich ärgere mich immer sehr darüber.

Ich habe mir vorgenommen, dass wenn ich zu Geld komme, möchte ich etwas Sinnvolles für die Menschheit tun und ihr den Weg zeigen, damit sie wieder nach oben finden und glücklicher leben können. Ich denke auch sehr viel an Hospize.

Da liegen Menschen und Kinder, die sterben. Die wollen die letzten Tage, die sie haben, nur etwas glücklich sein. Ich bitte euch: Wenn ihr zu viel Geld habt und auch nur einen Euro ans Hospiz abgebt, dann habt ihr schon viel geholfen! Da arbeiten so viele ehrenamtlich und alles wird aus Spenden finanziert. Ich gebe hier noch einmal eine Hilfestellung über Geld.

Ihr sollt das Geld lieben und seid ehrlich, dass ihr es auch wollt.
Denkt nie an Rechnungen oder sagt nie etwas Negatives über Geld. Wie zum Beispiel: „Ich habe wenig Geld." Oder „Wie soll ich das bezahlen?" Einfach andersherum sagen oder denken. „Ich bin ... Ich habe viel davon ..." Denkt nach und übt!

Gönne jedem, dass er mehr hat als du. Du weißt nie, wie er sich das erschaffen hat.
Sei im Vertrauen zu Gott. Sei oder übe in der Freude mit allem was ist zu sein. Liebe alles und sei zu jedem freundlich.

Es wird dir gelingen. Dabei spielt Geduld eine große Rolle. Werde nicht negativ, wenn mal etwas nicht so klappt, wie du es gerne wolltest. Sehe alles mit einem Lächeln und freue dich einfach über alles. Es kommt alles mit der Zeit!

Was meint ihr, was ich aushalten musste? Ich habe es auch geschafft und andere auch. Gebt nicht auf und sagt niemals, dass ihr es nicht schaffen werdet!

Der böse Blick

Wenn ihr euer Glücksgefühl um 90 % steigern wollt, dann gibt es da eine ganz einfache Methode dazu.
Ich sagte ja bereits im Vorfeld, dass ich Menschen seit meiner Kindheit beobachte. Ich kann gar nicht mehr anders, ich sehe so viel darin. Bei einigen weiß ich genau, wie sie leben. Das habe ich festgestellt, in dem ich einige kennenlernen durfte und da hatte sich im Nachhinein dann auch alles bestätigt. Wenn ihr am Bahnhof steht oder besser in der Stadt und ein Eis esst, da kommt ihr innerlich zur Ruhe und seid entspannt. Schaut euch die Menschen in so einem Moment mal an. Ihr werdet feststellen, sie sehen fast alle grimmig aus.

Ich habe viel mit Kunden zu tun und fuhr zudem fast jeden Tag mit dem Bus. Fast keiner sagt Guten Tag oder lächelt. Ich selbst war auch mal so. Ich schaute morgens nach dem Aufstehen in den Spiegel, ich schaute normal, ich machte mal Passfotos, ich schaute normal. Warum schaut man nicht auf der Straße so??

Dann probierte ich etwas Anderes aus und achtete fast stündlich auf mich selbst. Es gab Leute, die sagten, dass ich ziemlich grimmig dreinschaute. Ich wollte aber gar nicht so gucken. Es kam einfach vom Ärger, den ich im Leben hatte. Also negativ. Wie gesagt, ich probierte was aus. Ich beschloss, immer ein kleines Grinsen im Gesicht zu behalten, jeden Morgen … und was meint ihr, was passiert war?? Es grüßten plötzlich Leute, die sonst nie gegrüßt hatten. Ständig wurde ich von verschiedenen Menschen angelächelt, die sonst nie gelächelt hatten. Es gibt natürlich auch Ausnahmen. Ich kenne auch welche, die immer so gucken, zu jedem, zu sich selbst sogar. Aber ich wusste ja, warum sie so waren, teilweise sehr unfreundlich.

Solchen Menschen gehe ich mit einem Lächeln aus dem Weg, da sie mit sich selbst nicht zufrieden sind und dem anderen, der immer freundlich ist, nichts gönnen.

Indem ich an Gott denke, wächst meine Freude täglich mehr. Ich arbeite ja mit ihm zusammen. Jeder kann das. Redet mal mit ihm. Fragt, was ihr wollt. Fangt an, jeden Tag mit Gott zu plaudern. Ihr werdet sehen, dass ihr jedes Mal eine Antwort bekommt. Das ist meine Freude, die dadurch so stark geworden ist, dass ich schon fast vor Freude für alles platze. Zudem wächst auch die Liebe in mir zu allem, was ist. Was will man denn mehr? Ist das nicht Reichtum? Glaubt ihr, ich war immer so, wie ich jetzt bin? Bestimmt nicht. Ich war ein ungläubiger Mensch, der nicht an Gott glaubte. Ich habe auch gesündigt auf Erden und Menschen verletzt. Für mich war das, was ich sehe und erlebe, das Leben und fertig. Hätte ich nur schon eher erfahren, dass dieses Leben so wundervoll sein kann und überhaupt die Liebe so unglaublich schön ist. Ich weiß nicht, wie ich es sagen soll. Ohne Gott und die Engel hätte ich es bestimmt niemals geschafft. Und ihr werdet es ohne Gott auch niemals schaffen. Das ist unmöglich. Ich weiß nun, wer ich bin und bin endlich aus meinem Tiefschlaf erwacht. Ihr werdet es auch schaffen!

Dadurch geht es mir viel besser. Die Menschen lächeln und das Beste ist, du ziehst dadurch nur noch mehr Positives an. Wer positiv denkt und redet, dem geht es immer besser.
Testet es mal und ihr werdet sehen, es funktioniert wirklich hervorragend …

Anleitung für Astralreisen im Bewusstseinszustand

Aus meiner Erfahrung gibt es zwei Möglichkeiten. Es funktionieren beide, aber es bedarf vieler Übungen. Ich kenne einige, die es gleich beim ersten Mal geschafft haben und andere, die schon fast aufgegeben hatten und es erst beim 30. Mal geschafft haben.

Die erste Übung:
Setzt euch dazu am besten bequem auf einen Stuhl. Das hat den Vorteil, dass ihr nicht einschlaft, da es im wachen Bewusstsein passieren sollte. Konzentriert euch auf euren Atem, atmet ganz ruhig und langsam, aber tief ein und aus. Achtet erst einmal nur auf euren Atem, atmet mindestens 30-mal in diesem Rhythmus und beobachtet dabei euren Körper. Denkt an nichts anderes, konzentriert euch jetzt auf euren Körper, nehmt euren Körper von oben bis unten einzeln wahr. Atmet dabei normal weiter.

Nehmt eure Arme, Finger, Bauch, Beine, Füße und alles andere nacheinander wahr. Dann wieder zurück zum Kopf. Stellt euch einen Lichtball unten in der Bauchgegend vor, wie er sehr stark leuchtet und immer heller wird. Euer Körper wird schwerer und schwerer, ihr müsst nach und nach ein Vibrieren am ganzen Körper spüren. Achtet auf euer Inneres, ihr müsstet jetzt bereit sein, aufzustehen oder der Astralkörper löst sich schon und ihr schwebt. Fallt ihr zurück in euer altes Denkmuster, müsst ihr von vorne anfangen. Dann wart ihr noch nicht bereit und es geht nicht mehr.
Steht also einfach auf, ihr schwebt, ihr fühlt euch leicht, seht euch um, in Gedanken könnt ihr euch fortbewegen, überall hin, wo ihr wollt!

Übt erst mal, euch im eigenen Raum zu bewegen, zur Decke

und zurück, erst mal ganz langsam. Bekommt ihr Angst, seid ihr im Nullkommanichts in eurem Körper. So was muss man üben, es kommt mit der Zeit. Viel Spaß dabei!

Die zweite Möglichkeit

Kommt zur Ruhe, passt aber auf, dass ihr dabei nicht durch ein Telefon oder sonst irgendwas gestört werdet.

Setzt euch auf einen Stuhl, achtet auf euren Atem, atmet min. 100-mal sehr schnell tief ein und aus. Keine Angst, es passiert euch nichts! Achtet nur auf euren Atem. Dann auf euren Körper, wie er immer schwerer und schwerer wird. Atmet weiter schnell ein und aus, bis ihr das Gefühl bekommt, dass ihr euch leichter fühlt. Dann atmet langsamer und normal weiter, konzentriert euch jetzt darauf, wie ihr euch innerlich leichter fühlt. Es passiert wieder was.

Spürt ihr wieder Angst, ist es vorbei und ihr müsst wieder von vorne anfangen. Das würde ich aber an einem anderen Tag versuchen. Wenn ihr euch leichter fühlt, dann ist es euer Astralkörper. Versucht aufzustehen, es kann auch sein, dass eurer Astralkörper sich von alleine löst und ihr dann schon schwebt. Ist bei jedem anders. Denkt ihr an einen Ort, dann seid ihr in einer Sekunde da. Denkt ihr an euren Körper, seid ihr auch wieder da drin.

Einige fragen sich sicher, wie man das alles so gut hinbekommt, ohne viel geübt zu haben. Sei es Klavierspielen oder beruflich oder sonst was. Es hat viel mit dem vorigen Leben zu tun, das man gelebt hat. Vieles ist nämlich in der Seele gespeichert. Die Seele ist vielseitig und sehr viel größer, als ihr denkt. Es ist ein Großes von einem Ganzen, wir sind alle aus einem Stück und teilen uns im Laufe der Jahrtausende von Jahren. Es ist sehr schwer für die Menschen zu verstehen, dennoch verstehe ich es sehr gut. Die Engel übermittelten mir dieses Wissen sehr gut …

Es ist nicht leicht, es zu erklären, weil viele es nicht glauben können.

Jemand meinte einmal zu mir, dass ich spinne. Ich sagte: „O. k., aber woher kommst du denn?“ Er sagte: „Von seinen Eltern …“ Meistens werden wir in einer anderen Familie wiedergeboren, daher müssten wir Tausende Verwandte haben. Und das haben wir auch.
Wir haben eine große, intelligente Seele, alles von Gott, das Ebenbild von Gott. Wir lernen, um die ewige Erlösung zu finden, die wahre Liebe, wir sind Liebe und alles ist Liebe. Ängste und das Böse erschaffen wir auch selbst in unserem Kopf. Es gibt nur Liebe und Licht in der geistigen Welt. Einige verstehen das nie, ich weiß. Aber andere schon. Lebt einfach und bewältigt eure Schwierigkeiten, die ihr gerade habt, egal, was es ist. Die Belohnung kommt dafür später, versprochen! Ruft die Engel an eure Seite, sie helfen immer gerne und eines Tages könnt ihr sie sogar hören. So wie die Kinder und ältere Menschen. Die können es, es ist normal für sie, genauso wie für mich.

Erzengel

Ich habe mir überlegt, an dieser Stelle doch noch einige Engel aufzuführen. Meine Seminargäste fragten danach, was mich sehr erstaunt hat. Ich dachte, sie wüssten Bescheid, wenn sie zu mir kommen.
Es gibt einige Millionen Engel, für jeden Anlass einen besonderen Engel. Das heißt für alles, was wir wollen. Ich nenne aber nur die bekanntesten Erzengel. Da gibt es auch einige mehr, als in der Bibel steht. Wir kennen aber nur die 15 und die stelle ich mal vor. Die meisten meiner Schüler bekommen die hier Aufgeführten auch mit zur Unterstützung und sie stehen immer an ihrer Seite. Engel haben nämlich die Fähigkeit, sich überall gleichzeitig zu zeigen oder aufzuhalten.

Erzengel Ariel
Unterstützt die Naturwesen und ist der Erde sehr nah, er hilft Tieren und gibt ihnen Heilung

Erzengel Azael
Er steht denen gerade bei, die dem Tod nah sind und gehen müssen. Er begleitet sie mit 'hinüber. Er ist zudem auch oft bei spirituellen Lehrern und unterstützt sie.

Erzengel Chamuel
Er ist für Beziehungen zuständig. Er macht es möglich, wiederzufinden, was verloren gegangen ist, sei es eine Beziehung oder Gegenstände.

Erzengel Gabriel
Er ist der Bote Gottes, er hilft auch Ängste zu überwinden, unterstützt Lehrer, gibt Vertrauen und mehr Glauben.

Erzengel Haniel
Er verhilft zu Freude, Frieden oder bei Streitigkeiten. Er hilft auch bei der Jobsuche.

Erzengel Jaremiel
Er unterstützt Spirituelles. Er hilft auch zu verzeihen, wenn einer es nicht kann, es aber müsste.

Erzengel Jophiel
Er hilft und unterstützt die Künstler oder die es werden wollen. Er ist der Erde sehr nah und hilft uns, unsere Erde vor Umweltverschmutzung zu reinigen. Zudem unterstützt er auch die Reinigung des Körpers – bei Entgiftung oder wenn man ihn ruft, auch bei der Reinigung der Aura.

Erzengel Metatron
Er ist sehr oft bei meinen Schülern. Er hilft bei einer Entscheidung der Gegenwart, unterstützt Kinder und Eltern, deren Kinder etwas Spirituelles in sich tragen.

Erzengel Michael
Der ist oft bei mir und auch auf meinen Seminaren. Er ist die zweite Hand Gottes, vertreibt Ängste und ist ein großer Kämpfer, der euch Mut macht. Er ist immer da, wenn ihr ihn ruft und Schutz jeglicher Art braucht.

Erzengel Raguel
Er verhilft euch zu Gerechtigkeit. Er steht euch bei ungerechter Behandlung zur Seite, aber ihr müsst ihn rufen, wenn ihr Hilfe braucht.

Erzengel Raphael
Er ist der größte Heiler unter den Engeln, er hilft unter anderem den Ärzten und Heilern und denjenigen, die ihn rufen. Ruft ihn, wenn ihr euch schlecht und krank fühlt. Er unterstützt auch Heiler oder die es werden wollen.

Erzengel Raziel
Er hilft beim Manifestieren und beim Verstehen eurer Träume.

Erzengel Sandalphon
Er ist für die Musik zuständig, er macht euch dadurch Freude und vertreibt mit Erzengel Michael eure Ängste, wenn ihr ihn ruft und dabei Musik hört.

Erzengel Uriel
Der ist auch sehr oft bei mir, er bringt Licht. Er ist bei Schülern und hilft ihnen zu verstehen, was sie lernen.

Erzengel Zadkiel
Er hilft dabei, uns an etwas zu erinnern, meistens zum Glauben an Gott zurückzufinden und an uns selbst zu glauben.
Ich möchte nicht zu viel darüber schreiben, denn dann bräuchte ich noch ein weiteres Buch. Wenn ihr meine Übungen gut macht und evtl. einen Lehrgang besucht, dann lehren euch dies auch die Engel.

Meine erste Fernausbildung

Übers Internet lernte ich eines Tages eine junge Frau kennen. Sie interessierte sich für Engel und stellte mir Fragen zu dem Thema. Sie bekam Interesse und schaute meine Internetseite an und wollte es auch so gerne lernen. Da sie aber fast neunhundert Kilometer weit weg wohnte, konnte sie nicht kommen. Ich überlegte, ob es nicht ginge, sie auch aus der Ferne auszubilden. So stellte ich mir Unterlagen zusammen und unterrichtete sie fast täglich per Chat. Es dauerte ca. drei Monate, bis sie erste Erfolge damit erzielte. Sie schickte mir immer wieder ihren Erfahrungen, darunter ihre guten Ergebnisse mit den Engeln. Ich freute mich sehr darüber. Die Engel machten es auch so möglich, es gibt für die Engel keine Entfernung. Ich unterstützte sie, wo ich nur konnte, beantwortete alle Fragen und das mache ich heute noch so. Die Engel sagten, dass sie eine gute Heilerin werden würde und das ist auch der Weg, den sie eingeschlagen hat. Wenn einer es sich von Herzen wünscht, dann unterstützen die Engel das sehr, sehr gerne. Du hast dich für das Licht entschieden und für die Liebe. Alles kann ich aber nicht lehren, das meiste kommt mit der Erfahrung, da jeder sein eigenes Tempo hat.

Ich erzähle hier zwischendurch ein paar Geschichten von meinen Schülern, wie sie mit mir zu den Engeln gefunden haben, um dir die Zuversicht zu geben und um nicht aufzugeben.
Hier ein Originalbericht von meiner ersten Schülerin bei der Fernausbildung:

Mein persönlicher Weg zu den Engeln:
Begonnen hat alles vor ca. drei Jahren. Nach einer großen Ent-

täuschung suchte ich Trost und Hilfe bei den Engeln. Kurz darauf ging es mir gleich besser und auch meine ganze Einstellung hat sich geändert.
Die darauffolgende Zeit verlief normal, aber im Hinterkopf hatte ich immer die Engel. Ich kaufte mir unzählige Bücher über Engel und verschlang diese regelrecht.
Mein Wunsch, den Engeln näherzukommen, mit ihnen zusammenzuarbeiten, sie zu sehen, zu hören und sie zu spüren wurde immer größer, ich wusste aber nicht, wo und wie ich das lernen sollte.
Im Januar dieses Jahres hatte ich wieder ein Tief. Ich wusste nicht sofort, wie ich da wieder rauskommen sollte.
Ich weiß bis heute noch nicht, wie und warum, ich kann es nicht erklären, aber es ist so, es ist die Arbeit der Engel, sie haben meinen Herzenswunsch erhört und erfüllt.
Auf erklärbare und ungewöhnliche Art lernte ich Mathias kennen. Nach zahlreichem Miteinanderschreiben stellte sich heraus, dass genau er mein Lehrer werden sollte. Dass Mathias mir das Hören, Fühlen und Sehen der Engel lernen sollte.
Zu Beginn konnte ich es mir nicht vorstellen, wie das gehen soll, weil die Entfernung zwischen uns sehr groß ist (Deutschland – Österreich ca. 900 km). Es war und ist mir heute noch unbegreiflich, warum gerade ich das Glück und diese Möglichkeit habe, das zu lernen, aber es ist so. Die Engel wollen es so und ich auch.
Mathias schickte mir gleich Übungen und Anleitungen, die ich regelmäßig üben sollte (und heute noch übe). Es dauerte nicht lange, da hatte ich meine ersten Erfolge. Ich spürte und hörte die Engel. Ein wunderbares Gefühl der Liebe, Geborgenheit, Ruhe.
Seit diesem Zeitpunkt merke ich, wie der Kontakt zu den Engeln immer mehr und intensiver wird, ich erhalte Botschaften auf Fragen, die ich stelle, auf meine Gedanken, sie wissen so-

fort, was ich wissen will.
Durch regelmäßiges Feedback an Mathias kann er genau beurteilen, wie weit ich mit den Übungen und dem Arbeiten bin. Ich bekomme immer wieder neue Übungen und hilfreiche Tipps, die ich sehr gut anwenden kann.
Mein ganzes Leben, meine ganze Einstellung, einfach alles hat sich zum Positiven verändert. Ich freue mich, wenn ich Menschen damit helfen kann.

Lieber Mathias!
Ich bin dir unendlich dankbar für alles, für deine Zeit, deine Geduld, deine Hilfe, deine weisen Worte und Erklärungen, einfach für alles!!
Ich bin den Engeln sehr dankbar, dass ich dich, wenn auch auf unerklärbare Weise, kennenlernen durfte und von dir lernen darf!
Du bist ein wahrer Engel auf Erden. Ich wünsche mir, dass auch viele andere Menschen die Möglichkeit bekommen, von dir zu lernen.
Danke
Nicole aus Österreich

So schön kann es sein, wenn man eine Fernausbildung geschaffen hat. Nicole hat eine sehr gute Prüfung absolviert, und ist damit eine ganz tolle Schülerin. Ich halte weiterhin Kontakt zu ihr und werde sie auch in Zukunft begleiten. Ich bin mir absolut sicher, dass sie es gut macht und dass die Botschaften der Engel richtig sind. Mache weiter so, Nicole, und ich freue mich auf weitere Schüler wie dich.

Diese Berichte, die hier jetzt kommen, haben mich sehr fasziniert, sodass ich mich entschieden habe, sie hier als Beispiel mit ins Buch zu setzen. Meine Schülerin Andrea ist so gut geworden, dass sie den ganzen Tag mit den Engeln redet. Wir beide haben mittlerweile einen sehr engen und guten Kontakt geschlossen und ihre Engel helfen mir sogar dabei, dieses Buch zu schreiben.

Hier noch die wahre Geschichte im Original von meiner Schülerin Andrea – die ersten Tage, an denen sie nach schriftlichen Anweisungen von mir lernte.

Wir halten täglich Kontakt und sie ist mittlerweile einer der wichtigsten Menschen in meinem Leben geworden. Sie und meine beste Freundin Barbara sind die Einzigen, denen ich momentan vertraue. Andrea hatte die meisten Fragen von all meinen Schülern und dennoch habe ich sie liebevoll betreut. Am Anfang musste ich immer grinsen, denn Andrea sagte am Anfang immer, sie würde nichts sehen. Man sieht sie mit dem dritten Auge, also zwischen den physischen Augen. Ich erklärte Andrea, dass die Wesen durchsichtig sind und sie nicht vor ihr stehen. Sie zeigen sich in unserem Kopf, sie reden auch mit uns im Kopf. Es ist schwer, das zu verstehen, ich weiß, aber wenn die Ausbildung fertig ist, dann versteht man es besser. Die Engel lehren dich weiter. Glaubt mir, es wird mehr und mehr.

Die ersten Tage, an denen Andrea lernte

So, endlich habe ich es geschafft, alleine in die Natur zu gehen, um mich mit den Feen und Elfen zu unterhalten.

Ich setzte mich neben meine Pflanzen und fing an, mit ihnen zu reden. Ich hatte plötzlich in meinen Gedanken, dass ich sie, eine Elfe, schon die ganze Zeit anschauen würde. O. k., dachte ich, wenn sie meint! Ich hatte sie gebeten, mich in die Nase zu zwicken, das tat sie aber nicht! Dafür fühlte ich etwas anderes, was sich wie ein Faden in meinem Gesicht bzw. am Mund anfühlte. Ich langte hin und tat ihn weg, ich sah kurz einen, dann war er weg, fort, keine Ahnung, wo er hin ist.
Nun schaute ich wieder in die Blumen, und wieder die Gedan-

ken, dass mich jemand anschaute, das gleiche Spiel wieder, nur diesmal spürte ich ein Kribbeln im Gesicht. Ich drehte meinen Stuhl um und schaute zu meinen anderen Pflanzen und in die Sonne, ich spürte überall ein Kribbeln oder ein leichtes Kitzeln, eine große Energie. In Gedanken waren ganz viele Elfen und Feen, ein Gnom und einige Engel, dies war ein herrliches Gefühl. Ich blieb so einige Zeit sitzen und dann kam mir der Gedanke wieder, den ich unter der Woche gehabt habe. Ich lief damals heim und fühlte mich das erste Mal so richtig mit der Erde verbunden, als würde dies meine Heimat sein und das Haus nur ein Schutz! Das war ein Gefühl, sag ich dir. So ähnlich war es heute dann auch wieder. Ich fühlte mich in der Natur zu Hause. Ich fühle mich sowieso hier zu Hause und im Garten erst recht!

Andrea schrieb mir eine E-Mail darüber, was sie beim Lernen erlebte

Hallo Mathias,

Ich habe heute die Übung gemacht, es waren die drei Engel wieder anwesend und ich spürte aber noch eine andere stärkere Kraft. Der Name war Erzengel Metatron. Auch hatte ich die folgenden Gedanken im Kopf:
Metatron: Ich werde eine große Heilerin werden.
Michael: Ich gebe dir Mut und Kraft.
Gabriel: Ich helfe dir bei deiner Spiritualität.
Raphael: Ich helfe dir, heil zu werden.
Dies kam, bevor ich die Chakren gereinigt hatte. Auch waren wieder die gleichen Bewegungen zu spüren.
Waren es heute vier Engel?
Liebe Grüße, Andrea

Andrea bei der nächsten Übung

Lieber Mathias,
ich habe die Übung gerade durchgeführt.
Hier mein Feedback dazu.
In Gedanken hatte ich Erzengel Michael, Gabriel und Raphael.
Meine Gedanken bei der ganzen Übung waren ruhig, ab und an hat sich mal etwas eingeschlichen, aber dies habe ich sofort wieder verworfen. Es hat viel an mir gekribbelt, Gesicht, Hände, Beine, Hals. Es hat energievoll gewirkt und ich nahm dies alles in einem hellen Licht wahr und spürte Wärme.
Ab und an spürte ich etwas kältere Luft. Es drehte sich etwas um meinen Körper so wie eine Spirale. Als ich dies nicht mehr wahrnahm, reinigte ich die Chakren. Dabei verspürte ich auch wieder so kreisende *Bewegungen. Beim dritten Auge ging es etwas schwerer und beim Hals und Herz auch.*
Als der Körper gereinigt worden ist, wurde es immer heller in mir.
Ich arbeite ca. die letzten zwei, drei Monate fast täglich an mir und gehe in die Ruhe. Am Wochenende ist das Haus voll, da hab ich dies nicht immer geschafft. Mir ist es wichtig geworden, dass ich ca. 20 bis 30 Minuten Ruhe finde, manchmal mehr oder auch etwas weniger.
So, nun bin ich mal auf deine Antwort gespannt.
Schönes Wochenende wünsche ich dir.
LG Andrea

Die nächste Übung von Andrea

Lieber Mathias,
ich habe heute die nächste Übung absolviert. Hier mein Ergebnis. Langsam hört sich alles weniger unheimlich an.

Kurz nachdem ich die Engel gebeten habe, mich zu reinigen, nahm ich Gold wahr, dies alles spielte sich in meinen Gedanken ab. Die Farbe Gold sah ich auch vor meinem dritten Auge. Also alles Gedanken, ich ging eine Treppe hoch bis zu einem Thron, ich kniete mich nieder, auf dem Thron saß Gott, er hatte ein Schwert in der Hand und legte es erst auf die eine und dann auf die andere Schulter, so wie früher bei den Rittern. Danach ging ich wieder runter.

Es dauerte etwas, dann kamen neue Gedanken, Freiheit dem König! Des ständig und ein Jubeln von Menschen. Danach war es aus! Keine Ahnung, was dies zu bedeuten hat!
Da fällt mir gerade ein, gestern bei der Übung Teil 1 hatte ich auch schon mal an eine jubelnde Menschenmenge kurz gedacht, gefühlt, gesehen, keine Ahnung, ich wusste auch nicht, was ich damit anfangen soll. Kannst du mir das sagen?

Ich antwortete ihr: „Ja, Andrea, das kann ich, ich mache dasselbe auch gerade durch, aber das geht nur uns was an und so darf es kein anderer wissen.

Weiter zur Übung:
Was fühlst du? Kraft, Liebe, Wärme, Energie
Was nimmst du wahr? Kribbeln am Körper, Energie
Ist es dein Gefühl? Ja, Freude kam hoch.
10 Engel
Michael, Azrael, Raphael, Gabriel, Jophiel, Emanuel, Metatron, Chamuel, Uriel, Haniel
Botschaft: Jesus der Heiler ist bei dir, spür in dich hinein, du wirst es spüren.
Auch habe ich die Engel von dir gegrüßt und ich soll dich zurückgrüßen und hier die Antwort, die ich so in Gedanken hatte: Mathias ist auch ein Messias, wie du auch! Gott hat euch zu-

sammengeführt, daher kommt die Kraft und der Glaube in dir, dass du einen großen Schritt in deinem Lebensweg gehst. Grüße auch Mathias von uns, er ist ein großer Lehrer.
Liebe Grüße
Andrea,
wenn ich solch ein großes Lob von oben bekomme, dann geht mein Herz immer auf vor Freude, das bestärkt mich immer so sehr darin, dass ich richtig liege mit meinem Vorhaben.

Nächste Übung mit meiner Schülerin:

Hallo lieber Mathias,
ich habe heute die Rückführung durchgeführt, dies waren alles Gedanken und zum Teil Gefühle. Es waren 3 Leben und das heutige, ich sitze jetzt hier und schäme mich etwas dafür, aber ich denke, es ist besser, wenn ich es einem erzählen kann, dann steh ich ja auch gleich dazu.
Vorher war ich wieder bei Gott, die Engel führten mich zu ihm. Er meinte, dass sie mich beschützen und dass mir nichts passieren kann.
So war Metatron, Michael, Gabriel, Raphael und Jesus bei mir, kommen diese jetzt immer?

1. Leben:
15. Jahrhundert v. Christus, ich war ein Mann, habe Frauen brutal verg ..., war ein junger Soldat.

2. Leben:
12. Jahrhundert n. Christus – Mädchen – 16 Jahre – verg ... von 5 Männern – über Jahre – mit 21 Jahren abgehauen.
Vor 300 Jahren – vom Vater ab ca. 2 Jahre miss ... – bis 35 Jahre ging das so – immer wieder – wurde schwanger von dem

Mann – nahm ein Messer und stach mir ins Herz, dabei fühlte ich Freiheit.

Und jetzt: von einem Mann ... – wehrte mich – verdrängte es – mit ca. 32 Jahren hochgekommen – aufgearbeitet verziehen, aufgelöst?
Dann spürte ich, dass sich mein Bauch total zusammenzog und etwas ging.
Werden sich nun meine Probleme in diesem Bereich noch verbessern?
Was passiert nach so einer Rückführung mit einem? Löst sich dieses Thema dann automatisch auf, oder versteht man hier das Ganze besser, warum dies so war?
Auch Zukunft für ca. 3 Monate hab ich mal gemacht, wird sich zeigen in naher Zukunft.
Hier hatte ich in Gedanken, dass ich meine Prüfung vorzeitig ablege.
Liebe Grüße
Andrea

Mail von Andrea

Lieber Mathias,
ich fange, glaub ich, zu spinnen an. Ich fühle jetzt überall Geld, ich denke, ich schwimme im Geld, die Gedanken lassen sich nicht abschalten. Ich kann nur daran denken. Überall nehme ich Geld wahr auf dem Schrank, am PC ...
So der Grund, Rückführung!? Ich machte dies, weil ich schon immer Probleme mit dem Geld habe. Wurde schon in eine Familie geboren, die hatten nie Geld, zumindest sagten sie dies auch heute noch, obwohl sie Geld haben, dann meine ersten Schwiegereltern hatten nie Geld, immer ein Gejammer, ich

übernahm das Ganze, auch wenn sie Geld hatten, hatten sie nie welches. Meine jetzigen Schwiegereltern waren nie so und mein Mann auch nicht, nur jetzt fängt er damit an. Das nervt, immer zu schauen, wie man über die Runden kommt. Daraufhin machte ich eine Rückführung. Hier das Ergebnis:

13. Jahrhundert v. Christus: Ich war ein reicher, mächtiger Mann, hatte viel Geld, so viel, dass ich es den Armen geben konnte, ich tat es nicht, ich schaute zu, wie die Menschen verhungerten vor meinen Augen.
18. Jahrhundert n. Christus: War wieder ein Mann, lebte auf der Straße, hatte kein Geld und keine Bleibe und verhungerte.

Vor 800 Jahren: Meine Eltern waren reich, war ein Mädchen, sie gaben nichts ab, ich lernte einen Mann kennen, heiratete ihn, den mochten sie nicht, daraufhin ließen sie mich im Stich. Wir hatten nichts, bekamen ein Kind, ich gab alles Essen meinem Kind und verhungerte dann dabei, dies war in Moskau.

Jetzt: Musste bis jetzt immer kämpfen, dass ich Geld hatte und durchs Leben kam, auch in diesem Leben ließen meine Eltern mich im Stich und halfen mir nicht. Ließ mich damals scheiden, stand da mit 2 Kindern, wusste auch nicht, wie und wo und was. Auch mein Essen gebe ich heute noch ab, wenn meine Kinder oder mein Mann Hunger haben, verzichte ich lieber darauf! Der Hammer oder?

So nun saß ich da und schrieb das Ganze nieder auf einen Zettel, auf einmal legte ich den Stift auf die Seite, ging automatisch, öffnete meine Arme und schloss meine Augen und fühlte, wie es Geld regnete, ich stand in einem Berg von Geld, mein Herz ging auf und ich war glücklich und hatte dabei Tränen in den Augen. Dann hatte ich im Kopf: Geld teilt man, wenn man

reich ist und wenn man arm ist! Das Geld ist für alle da. Und wenn ich jetzt hinfühle, ist überall Geld, der ganze Raum ist voll Geld!
Was hat das mit dem Geld auf sich? Bin ich jetzt irre?
Auch jetzt bin ich noch eingehüllt in Geld!
Liebe Grüße
Andrea

Ich fragte meine Schülerin, ob sie bei mir eine Fernheilung machen würde, weil ich mich momentan nicht so gut fühlte. Die Engel sagten mir, ich solle es von Andrea machen lassen. Sie meinte: „Ja, sehr gerne und es wäre ihr eine Ehre, es zu tun." Wir machten einen Termin aus und dieses bekam sie als Botschaft für mich.

Vierte Fernheilung bei Mathias am 21.02.2014 um 10:40 bis 11:07 Uhr

War sehr aufgeregt bei dir, hat sich aber gegeben. Habe zwei Seiten geschrieben, schicke dir alles so, wie ich es bekommen habe.

- Spürte am Anfang Ängste und Trauer.
- *42 Engel*
- *Er soll positiv denken, es wird alles gut.*
- *Sein Buch soll er weiterschreiben und seinen Plänen folgen und sich nicht vom Weg abbringen lassen.*
- *Er wird es schaffen, ist aber noch ein steiniger Weg.*
- *Ihr könnt euch gegenseitig helfen, daher auch der Plan, euch zusammenzuführen.*
- *Er soll weinen, schreien, einfach alles raushau-*

en aus seinem Körper.

- *Tun, wozu er gerade Lust hat, ist es hauen, dann soll er alles in ein Kissen hauen oder sonst wohin, außer auf Wesen.*
- *Wir sind immer bei ihm, soll mehr ins Vertrauen gehen und nicht so viel zweifeln, das Buch ist wichtig, es kommt der fehlende Teil, er soll Geduld haben,* soll sich nicht selbst unter Stress stellen, es ist nicht wichtig, wann es auf den Markt kommt, aber es soll kommen mit Zeit und Geduld.
- Er wird für seine Geduld belohnt werden.
- *Helft euch gegenseitig, geht diesen Weg gemeinsam.*
- *Gott lässt ihn nicht im Stich.*
- *Wir Engel auch nicht.*
- *Auch soll er seine Ausbildung weiter anbieten.*
- *Er wird die Steine noch überwinden, die vor ihm liegen.*
- *Ziehen jetzt eine Blockade heraus, wird ihm wehtun in der Seele, muss aber sein, damit er vorwärtsgehen kann und nicht stehen bleibt.*
- *Fühlt sich alleingelassen.*
- *Ja, schreie und weine, lass los.*
- *Wir ziehen sie heraus.*
- *Komm, lass sie los, nicht festhalten.*
- *Er hält sie fest, wehrt sich.*
- *Lass los, es wird besser werden.*
- *Die Angst frisst ihn sonst auf.*
- *Ja, ja, ja, lass los, jetzt, jetzt.*
- *Weine, ja weine.*
- *Werden seine Wunden mit Licht füllen.*
- *Er weint.*

- *Trösten ihn.*
- *Reinigen Aura und Chakren.*
- *Blockade saß tief im Bauchraum.*
- *Wird jetzt besser werden, gib ihm noch etwas Kraft, bestärke ihn, arbeitet zusammen*
- *trefft euch, redet miteinander.*
- *Michael, Raphael, Jesus, Gott, Metatron, Uriel, Emanuel, Raziel, Ariel, Heilungsengel.*
- *Arbeiten weiter an ihm.*
- *Soll dranbleiben.*
- *Evtl. noch mal Heilsitzung durchführen lassen.*
- *Wird sich besser fühlen.*
- *Herzchakra blockiert, reinigen intensiv, arbeiten weiter daran.*
- *Lacht jetzt beide (hier habe ich gelacht).*
- *Ängste besser.*
- *Fühlt sich leichter.*

So, das habe ich alles aufgeschrieben.
Ab dem Zeitpunkt „Komm lass sie los“ bis ca. „Ja, ja, ja lass los“, ... hatte ich Tränen in den Augen und mein Bauch hat sich richtig nach innen gezogen, immer mehr und mehr, bis es Buff machte und ich war wieder normal im Bauch! So, nun bin ich mal gespannt, was du so schreibst oder sagst, können auch mal telefonieren, wenn du möchtest!

Das war ein Bericht über mich von Andrea

Andrea bat mich auch um eine Fernheilung, sie wollte gern wissen, wie sich das anfühlt, ich machte mit ihr einen Termin aus und das war das Ergebnis.
Ich begann dann mit der Fernheilung am abgemachten Termin.

Ich sah 32 Engel als Helfer, 7 Erzengel, Gott und Jesus waren auch dabei. Wir werden jetzt ihre Seele heilen, da steckt viel Schmerz drin, einige Karmastränge werden gekappt, Chakra an der Bauchgegend ist sehr verkümmert (Solarplexus). Erzengel Raphael gibt gelbes Heillicht hinein, wird etwas weh tun und sie wird weinen. Alte Sorgen und viele Ängste halten sich darin auf, wir werden sie rausziehen. Füße werden behandelt, am rechten Bein hängt viel Last. Erzengel sagen, gib all deine Ängste und Sorgen ab an Gott, er wird dir ein Wunder zukommen lassen, es ist bereits unterwegs.

Michael sagt, du sollst dir deine Träume und Ziele bildlich vorstellen, es wird dir so zugeschickt, wie du es gerne hättest. Stell dir vor, wie du Menschen hilfst, stelle dir finanzielle Sicherheit vor. Du sollst deine Wünsche immer im Herzen tragen, es kommt dann so, wie du es dir wünscht. Habe mehr Vertrauen, sagen die Engel, hörst du?

Das war meine Fernbehandlung an Andrea und was ich vernahm. Andrea berichtete mir nach der Behandlung Folgendes:
Ich vernahm Energien und viel gelbes Licht. Ich wollte weinen, konnte es aber nicht, aber dann ging es los. Ich weinte, aber es ging schwer. Lag über eine Stunde danach im Bett, konnte nicht raus und jetzt fühle ich mich irgendwie erschlagen, sitze da mit dem Mund nach unten gezogen und null Bock ... geh, glaub ich, wieder weinen – in mein Bett.
Es stimmte, was die Engel letzte Woche zu dir sagten, dass ich eine große Traurigkeit in mir habe, am Freitagabend oder Samstag früh habe ich geweint, es ist ein Problem, das mich seit Längerem belastet und ich nicht aufgelöst bekomme. Ich schloss gerade meine Augen, da war ein sehr grelles grünes Licht zu sehen, dies war sehr intensiv. Danach sah ich ein rotes Licht, auch sehr intensiv.

Sie fragte mich später, was es war, ich musste grinsen, die Engel arbeiteten immer noch an ihr und das sagte ich ihr auch. Andrea wird eine große Heilerin und wird darauf vorbereitet. Noch immer bin ich für sie da und werde es auch weiterhin machen, so wie bei meinen anderen Schülern. Ich danke den Engeln sehr dafür, dass sie Andrea von allen Lasten befreien und ihr den Mut geben, anderen Menschen zu helfen.

Das war eine Fernheilung für Andrea. Es ist also wichtig, sich gehen zu lassen, damit die Engel an einen rankommen können.

Nun lasse ich das Kapitel Fernausbildung und komme auf weitere Berichte einiger Kunden, die schon zu mir gekommen sind, als ich als Medium gearbeitet habe. Sie berichteten mir folgendes:

Ich war gerade mitten in einer Einzelausbildung und hatte eine sehr nette junge Frau vor mir sitzen. Wir waren gerade bei dem Teil der Ausbildung, wo es um Meditation ging. Ich machte eine kurze Meditation, um sie besser auf die Engel einzustimmen. Als ich fertig war, war sie immer noch mittendrin, ich sagte zu den Engeln: „Nun reicht es, bringt sie wieder zurück!" Es dauerte bestimmt noch 10 Minuten länger als gewöhnlich. Als sie wieder zu sich kam, berichtete sie mir, dass ein Engel sie getragen hätte und sie mitnahm. Der Engel sagte zu ihr, sie solle sich auf eine große Reise in ein asiatisches Land vorbereiten und dort helfen. Die Menschen dort werden ihre Hilfe brauchen. Ich freute mich über diese Nachricht, da ich wieder nicht alleine dastand und jemand mich für verrückt hielt. Wieder einer mehr, der die Engel sehen konnte.

Ich will hier jetzt nicht alles von meinen Schülern oder Tagesgästen reinschreiben, sondern nur einige Beispiele, damit ihr versteht, dass alles echt ist und dass auch ihr all das könnt, wenn ihr es nur wollt!

Abschlussprüfung von Andrea

Ich fuhr zu Andrea, denn so war es geplant. Gott und die Engel wollten es so. Andrea sollte mir etwas überreichen, was für mich und das Buch wichtig sei. Ich wusste nicht, was es war. Andrea hatte von Gott und den Engeln Redeverbot, es sollte eine Überraschung für mich sein, teilte mir Andrea mit. Ich nahm ihr Zertifikat mit und überreichte es ihr persönlich. Sie hatte alles bestanden. Ich sagte ihr aber nichts, wollte ihr Gesicht dabei sehen. Aber dazu die wahre Geschichte von Andrea, damit ihr den Übergang versteht. Ich schreibe dieses Buch anders, als ihr es vielleicht gewohnt seid, daher prüfe ich eure Geduld. Das legt eine Neugier und Spannung in euch.

Meine Engelausbildung (Andrea) bei Mathias Stumpf

Endlich war der Tag gekommen, an dem ich meine erste Aufgabe bekam. Ich setzte mich gleich hin und fing fleißig an zu üben. Es funktionierte sofort wunderbar, ich war offen für die Welt der Engel. Allerdings habe ich mich schon eine Zeit lang vor der Ausbildung mit den Engeln beschäftigt und eine andere Engelausbildung durchgeführt. Ich hatte keine Angst. Früher, ja, da hatte ich voll Angst vor den Engeln, aber das muss man nicht, die Engel tun einem nichts, sie wollen nur das Beste.
Auch Mathias spürte dies sofort, dass ich für die Engel offen war. Das freute ihn sehr und auch ihm machte das Lehren der Engel viel Spaß.

So nun kam Teil zwei. Ich führte dies durch und glaubte zu träumen. Es geschah etwas sehr Großes, bei der Meditation wurde ich vor Gott geführt, das war ein Gefühl, sag ich euch, wer steht denn schon vor Gott? Er sprach mit mir und ich wurde ein von Gott Gesandter. Danach hörte ich etwas jubeln, ich konnte mir nicht vorstellen, was das sein sollte, ich stand da und um mich herum jubelten mir die Wesen zu. Ich fragte Mathias, was das war und zur Antwort kam: „Das waren die Engel, sie jubelten dir zu!" Ich sag euch, das war ein Gefühl, einfach der Hammer! Auch hörte ich die Engel bei einer Meditation singen! Wieder eine neue, sehr schöne Erfahrung, die ich bei der Ausbildung erlebt habe. Es war schon allein wegen Teil eins und Teil zwei die Reise wert. Es ging aber noch weiter.

Nun kam Teil drei, die Rückführung. Ich wollte schon immer mal eine Rückführung durchführen, hatte aber zu viel Angst davor. Jetzt sollte ich es bei dieser Ausbildung selbst durchführen! Klar kam mir erst mal die Angst hoch, aber so schnell sie kam, verschwand sie auch schon wieder, da die Engel mich in ihre Energie einhüllten und mir die Angst nahmen. Ich führte Teil drei durch und siehe da, es klappte beim ersten Versuch. Ich saß da und erlebte meine letzten drei Leben, diese waren nicht sehr schön, aber danach weiß man, warum man manches durchleben muss. Auch dies war eine sehr schöne Erfahrung.

Teil vier führte ich bei mir durch und bei einem Klienten, dieser war sehr unruhig dabei, er wusste nicht, was er wollte, es ging dabei so weit, dass die Engel Teil 4 bei ihm abbrachen und zu mir sagten, dass sie weitermachen würden, wenn der Klient schläft.

Danach wollte ich Teil fünf durchführen, aber dies war nicht nötig, zumindest jetzt noch nicht.

O. k., dann gleich zu Teil sechs, drei Fernheilungen. Super, dachte ich, wie und mit wem soll ich dies durchführen? Na ja, Kopf einschalten, wen kannst du nehmen, die Wesen müssen ja auch bereit dafür sein. Der Kopf glüht schon vor lauter Denken. Schwupps kommen Namen hoch, o. k., ich fragte, sie sagten ja, super, freute mich total! So dann kann's losgehen mit der ersten Sitzung. Angst kommt auf, etwas Falsches zu machen, zu versagen, bleib ruhig, es wird schon, sprach die innere Stimme zu mir. O. k., tief durchatmen und alles machen, wie bei Teil sechs beschrieben und je mehr man sich entspannt, desto leichter fällt es einem. Super, dann legt man los, alles läuft super, Sitzung beendet, mit dem Klienten gesprochen, alles wieder für den Lehrer aufschreiben und ihm schicken. So, nur da kommt wieder die Angst, ist es richtig, passt es, was wird er sagen, sind es Fantasien, die man hier niedergeschrieben hat. Das Bangen geht an, nach dem man die E-Mail verschickt hat. Warten auf die Antwort, dann kommt eine und was steht drin, nicht viel, na super. Ich gleich noch mal nachgefragt und passt alles? Er: Ja, vergesse dies immer zu schreiben, da ich dies so gewohnt bin! Haha, na super, er schon, aber wir armen Schüler nicht! O. k., dann einfach nachfragen und nerven, wenn mal keine Antwort kommt! Ist der beste Weg! Lehrer nerven bis zum Umfallen!

Nach Teil sechs musste ich noch einen Engel malen und dem Lehrer schicken!
Ich versuchte mein Glück und malte einen, der gefiel mir aber nicht, so setzte ich mich noch mal hin und malte, da Mathias sagte, die Engel helfen einem beim Malen. Nun gut, darauf vertraute ich dann auch.

Nun versuchte ich noch mal mein Glück! Der zweite wurde, finde ich, schön! Mir gefiel er! Und meinem Mann auch. Nun schickte ich ihn Mathias. Ich war etwas enttäuscht von seiner Antwort! Er sagte nicht viel dazu! Na ja, ich nervte mal wieder und eines Tages bekam ich zur Antwort, es sei ein Kinderengel! Er nannte meinen Engel KINDERENGEL! Ich war etwas traurig darüber und dachte mir, na ja, es ist Ansichtssache! Die Engel allerdings fanden ihn schön!

Fazit bis hierhin:
Super Ausbildung bis hierher, super Lehrer, alles ok.
So nun geht es weiter mit Teil sieben. Ja, Teil sieben, das war das mit den Feen und Naturgeistern. O. k., ich nahm einen Stuhl, setzte mich in den Garten neben die Pflanzen und schaute hinein, fing an, mit ihnen zu reden. Ich sah nichts. O. k., dachte ich mir, dann beim nächsten Mal, nun passierte doch etwas, eine Stimme in meinem Kopf sagte: Du schaust mich die ganze Zeit schon an."Hmm, ich dich?", fragte ich mich!
„Ja, du mich", kam wieder diese Stimme.
„Nun, wenn es so ist, dann zwick mich doch mal in die Nase", sagte ich zu der Fee. Dabei kamen in meine Gedanken wieder die Zweifel, so wie es halt ist, nun ja, gezwickt hat sie mich nicht, aber ich spürte dennoch etwas, es hing ein Faden an meinem Mund. Dieser kitzelte mich, ich redete noch etwas mit ihr, dabei nahm ich den Faden, sah ihn an und plötzlich war er weg, spurlos verschwunden. Ich dachte, ich träume! Ich versuchte es gleich noch mal. Auch hier klappte es. Nun drehte ich meinen Stuhl um und schaute in den Garten, dabei kam eine wahnsinnige Energie auf und ich fühlte die Engel und Naturgeister um mich herum. Nun war mir klar, es ist wahr, denn ich spürte so eine ähnliche Energie schon mal im Treibhaus bei den Pflanzen. Jetzt im Nachhinein spürte ich diese Energie schon viel öfters von den Feen, nur konnte ich dies nicht einschätzen, da ich die Erfahrung nicht kannte. Ich habe die letzten Jahre immer an Feen und Elfen geglaubt und sie zeigten sich mir

schon länger. Nur wusste ich das damals nie!

Teil acht ist auch für mich etwas anstrengend und schwer. Es ist das Aurasehen. Ich versuchte mein Glück erst an einer Pflanze, da zu dieser Zeit niemand in meiner Nähe war. O. k., nach längerer Konzentration sah ich einen weißen Schein um die Blume. Ich freute mich, plötzlich sah ich auch eine goldene Farbe.

Einige Tage später übte ich dies an einem Mann, auch hier war es sehr anstrengend, ich vernahm auch hier wieder einen weißen Schein um den Mann und als ich in den Raum schaute, sah ich alles irgendwie anders, aber fragt mich nicht, warum. Also das Ganze weiter üben, alles geht doch nicht immer von allein. Auch ich muss üben!

So nun habe ich noch Teil neun und dann bin ich fertig. Teil neun beinhaltet die Prüfung.
Hier musste ich mir 3 Klienten suchen, die sich bereit erklärten, Versuchskaninchen zu spielen. Ja, aber wen nimmt man hier? Kopf einschalten und überlegen! Ich fand welche und absolvierte meine Prüfung. Bei Klient eins führte ich eine Heilsitzung durch, es hat geklappt. Mathias war stolz auf mich, da ich alles gut gemacht hatte. Super, ich freute mich darüber, so kann man besser in die nächste Prüfung gehen.

Nun legte ich die zweite Prüfung ab. Hier musste ich channeln. Es waren sehr viele Fragen, ich beantwortete diese und schickte sie Mathias. Nun bekam ich eine Nachricht von Mathias, ich sollte zu zwei Fragen noch eine Erklärung abgeben. Na, super dachte ich, erst heißt es immer, das was im Kopf ist, stimmt und nun stimmt was nicht. Ich sollte die Engel noch einmal fragen. Ich tat es am Abend und wollte es ihm am nächsten Tag schicken, da ich mir erst sicher sein wollte. So fragte ich die Engel ständig das Gleiche! Nun schimpften sie schon, weil ich nicht auf sie hören wollte. Dies schrieb ich Mathias und alles war gut. Nun ja, zweite Prüfung auch geschafft. Jetzt liegt die dritte noch vor mir.

Die dritte Prüfung habe ich auch durchgeführt, aber Mathias bekommt dies erst, wenn wir uns treffen. Als der Tag gekommen war, wo Mathias anreiste, war ich sehr aufgeregt! Ich kannte ihn ja nur vom Telefon! Auch hatte ich Angst vor diesem Treffen, da ja viel davon abhing.

Am Freitag gab ich ihm dann meine dritte Prüfung und er gratulierte mir zur bestandenen Prüfung. Er überreichte mir ein Zertifikat mir der Note Sehr gut! Das freute mich sehr! Ich musste ihn einfach umarmen dafür und bedankte mich auch bei ihm für die Ausbildung. So, nun ist meine Ausbildung zu Ende und mein Leben hat sich zum Positiven gewandelt!

Seit der Ausbildung habe ich mich verändert, mein Inneres hat sich verändert. Ich lief z. B. nach Hause, auf einmal kam ein Gefühl in mir hoch, das sagte mir: „Dein Zuhause ist die Erde.“ Ich fühlte mich mit der Erde auf einmal total verbunden, das kannte ich so nicht, die Gedanken gingen weiter. Deine Heimat ist die Erde, die Natur, das Leben. Dein Haus ist nur der Schutz. Ich dachte, hmm, was ist jetzt los, aber je länger ich nachdachte, desto mehr Wahrheit hat sich darin gezeigt! Es ist so, die Erde, die Natur ist dein Zuhause, dein Haus ein Schutz! Ich habe auch viel Heilung bei dieser Ausbildung erfahren! Ich arbeitete viel an mir und auch Mathias half mir dabei.

Mathias ist ein sehr guter Heiler und Lehrer! Danke für deine Heilsitzung und den Erfolg, den ich erleben durfte.

Mathias stand mir während der ganzen Ausbildung zur Seite, dies fand ich total super. Er erklärte einem alles, was man wissen möchte sehr ausführlich. Er ist sehr geduldig, da ich eine Schülerin mit sehr vielen Fragen war. Ich wollte immer alles genau wissen, damit ich es auch richtig verstand und es auch dann so durchführen kann.
Auch sind wir Freunde geworden und arbeiten soweit es geht zusammen. Wir wohnen über 500 Kilometer auseinander, aber das Zusammenarbeiten klappt!

Nun habt den Mut und ändert was an eurem Leben, wir haben es geschafft, so werdet ihr es auch schaffen! Ihr müsst nur den Mut haben und den Weg dazu gehen, auch der Glaube gehört dazu! Wenn ihr ganz fest daran glaubt und es euer Wunsch ist, werdet auch ihr es schaffen und einen neuen Weg einschlagen. Auch könnt ihr euch Hilfe holen, ihr seid nicht alleine. Wenn ihr wollt, stehen wir an eurer Seite.
Liebe Grüße
Andrea

Der Heilungsweg von Andrea

Lieber Mathias,
erst einmal vielen Dank für die Engelausbildung und deinen Beistand. Du hast es total super gemacht, ich habe dich immer gelöchert mit meinen Fragen, da ich alles genau wissen wollte. Bestimmt warst du ab und an genervt von mir.
Ich suchte erneut eine Engelausbildung und wurde auf deine Internetseite geführt. Ich las mir alles durch, schrieb dich an. Wir telefonierten miteinander und ich beschloss, die Ausbildung bei dir zu absolvieren. Je näher der Tag kam, an dem die Ausbildung anfing, desto mehr spürte ich, dass sich durch diese Engelausbildung etwas verändern würde. Ich spürte dies sehr

intensiv. Manchmal dachte ich mir, es ist nur ein Wunschdenken, aber es hat sich einiges in mir verändert.

Jetzt erst mal, warum ich bei diesem Buch mitwirken soll.
Dies ist Mathias' Buch und ich wollte nie mein Leben hier erzählen, aber Gott wollte es so. Die Engel sagten uns schon ziemlich früh, so nach ca. 6 Wochen, dass wir zusammenarbeiten sollen, wir wussten nicht, wieso. Einmal musste ich Mathias warnen.
Ich dachte mir, er sagt immer, alles was im Kopf ist, stimmt. Nun warnte ich ihn eben. Danach ging es immer in der Nacht los, ich wachte auf und konnte nicht mehr schlafen. O. k. dachte ich, es geht schon wieder vorüber, so eine Zeit hab ich ab und zu. Aber nichts ging vorüber, ich hatte immer nur Mathias und sein Buch im Kopf, fragte mich, was soll das, was habe ich mit dem Buch zu tun! Nichts. In der einen Nacht hörte ich dann in mich hinein und die Engel sagten zu mir, ich solle anfangen, eine Referenz über meine Erfahrung der Ausbildung zu schreiben. O. k., machte ich, ist ja nichts dabei, wenn eine Referenz im Buch steht. Danach drängten die Engel ständig in mich hinein, dass Mathias mir sein Buch schicken soll, ich solle es lesen, meinten sie. Ich sagte es Mathias, auch er fragte, wozu? Wir standen beide da und wussten nicht, warum ich dies lesen sollte, wir konnten uns keinen Reim darauf machen. Der Druck wurde immer größer, er solle es mir endlich schicken. Am Sonntag den 02.03 2014 war es dann so weit. Ich bekam das Buch, abends fing ich zu lesen an. Um 21:05 Uhr schickte mir Mathias eine Warnung, ich solle früh ins Bett, ich bekomme heute Nacht eine schwere Aufgabe, sagte er. Du musst stark sein. In mir kam sofort die Angst hoch, was wollen sie von mir? Ich ging um 22 Uhr schlafen, da bekam ich schon die ersten Anzeigen. Die Engel sagten zu mir, ich solle meine Lebensgeschichte mit in diesem Buch veröffentlichen. Ich fragte,

warum, geht mich doch nichts an, ist Mathias' Buch, sie meinten, ich solle es mir überlegen und nach meinem Urlaub Bescheid geben, ob ich es mache. Ich war beruhigt und sagte: O. k., ich überlege es mir, freute mich, dass ich endlich nachts schlafen konnte. Aber das Schlafen fiel aus. Ich durfte bis 2 Uhr in der Nacht schlafen, dann wurde ich wach, weil mein Sohn ins Bett ging. Ich dachte: O. k., kann gleich wieder einschlafen, nichts mit schlafen.

Die Engel brachten mich zu Gott, dieser verlangte von mir, dass ich einen Teil meines Lebens mit in dieses Buch schreibe.
Ich sagte, wozu? Dieses Buch war Mathias' Idee, da habe ich nichts darin verloren.
Gott meinte: „Doch, ohne dich gibt es das Buch nicht, wenn du nicht schreibst, dann kann Mathias' Buch nicht auf den Markt kommen.
Ich: „Wieso nicht?"
Gott: „Es ist so: Das Buch soll Menschen zeigen, dass man trotz harter Vergangenheit wieder auf den richtigen Weg kommen kann. Mathias hatte eine harte Vergangenheit und du auch. Es müssen zwei Leben in diesem Buch stehen, damit sie sehen, dass man aus verschieden Krankheiten auch wieder rauskommen kann und ein wunderschönes, gesundes, glückliches Leben mit uns, der geistigen Welt, führen kann.
Dies war der Auftrag, ohne dein Leben wird das Buch nicht existieren. Ja super, dachte ich, was soll das? Bin ich im falschen Film? Er verlangte viel, sehr viel von mir, ich sollte Mathias mit meinem Leben helfen und wusste nicht, was mein Mann dazu sagte. Ich durfte ihn nicht wecken, ich musste dies alleine in dieser Nacht entscheiden.
Ich schrieb nachts um 3 Uhr eine E-Mail an Mathias, das durfte ich, nur haben sie mir verboten, den Grund mit hineinzuschreiben. Ich konnte ihm einen Bruchteil erzählen, mehr nicht. Ich

weinte sehr dabei, da die Angst in mir hochkam. Ich ging dann wieder in mein Bett und verhandelte weiter hart mit Gott. Ich wollte mein Leben nie öffentlich machen, aber was sollte ich machen? Mathias seinen Traum zerstören? Ich war in der Zwickmühle. Ich wusste nicht ein noch aus.

Nach langem Hin und Her einigte ich mich mit Gott und bekam auch das Versprechen von ihm, dass alles gut werden würde. Danach wurde ich von Gott gekrönt und wurde ein aufgestiegener Meister. Ich hörte die Engel singen und jubeln. Nun vertraute ich Gott und den Engel und so kam dieses Buch, Mathias' Buch, doch zustande.

Mathias wird bis zu diesem Tag, an dem ich ihm diese Zeilen persönlich überreiche, auf eine harte Probe gestellt. Die Engel reden nicht mehr mit ihm, sie sagen alles mir und ich soll es ihm mitteilen. Dies soll uns verbinden, damit wir uns gegenseitig vertrauen, um zusammenzuarbeiten. Mathias ist nun voll auf mich gestellt. Ich habe oft Angst, wenn es so weit ist und ich ihm diese Zeilen gebe, sodass er es auch versteht, was das Ganze für einen Sinn hat.
Auch brachte mich meine Angst oft zur Verzweiflung. Einen Tag lang kam keiner an mich heran, nicht mal Mathias schaffte es, mich aus meiner Angst zu befreien, so hatte sie mich im Griff. Ich wollte weder etwas hören noch sehen. Ich verkroch mich in mein Bett und bat die Engel, mir zu helfen, hier gestärkt herauszukommen, um dies positiv zu sehen. Ich habe ja nichts zu verlieren! Er kann nur Ja oder Nein dazu sagen. Mehr nicht! Die Angst ist wieder total unbegründet. Ich spürte, wie die Engel mir am Morgen die Angst davor nahmen und seitdem geht es mir besser und ich sehe es positiv.

Nun zu mir.
Ich heiße Andrea, bin im Jahre 1969 geboren. Ich habe noch Geschwister.
Von meiner Kindheit weiß und wusste ich bis im Jahre 2001 – 2002 gar nicht viel, denn ich hatte alles in mir verdrängt. Ich kam mir schon immer blöd vor, wenn mich jemand gefragt hatte, na wie war deine Kindheit so? Ich konnte keine Antwort darauf geben. 1990 habe ich meinen ersten Mann, ich nenne ihn Simon, geheiratet, wir waren soweit glücklich, einige Jahre später kam mein erstes Kind zur Welt, danach fing alles an. Ich bekam Depressionen. Diese wurden immer schlimmer, mein Arzt erkannte nicht, dass ich unter Depressionen litt. Ich war viel im Bett und weinte. An einem Tag sagte ich zu Simon: „Wenn du nicht sofort den Arzt holst, geh ich weg und bringe mich um.“ Ich konnte nicht mehr, seit diesem Tag verstehe ich die Menschen, die sich umbringen. Die Depression hatte mich voll erwischt. Der Arzt kam und gab mir eine Spritze zur Beruhigung. Danach bekam ich starke Nerventabletten, aber leider keine gegen Depressionen.

Nach einiger Zeit wurde mir erzählt, dass es einen Mann gibt, der legt Hände auf. Ich ging zu ihm und ließ mich behandeln, damals wusste ich aber nicht, was er da so machte, außer Hände auflegen. Es wurde besser und ich wurde wieder schwanger, mein zweites Kind kam zur Welt. Nach der Schwangerschaft fingen die Depressionen wieder an. Mein Arzt erkannte sie wieder nicht und es wurde wieder schlimmer. Ich wechselte den Arzt und dieser sagte: „Sie haben Depressionen.“ Dies wollte ich aber nicht hören und wahrhaben. Wer möchte das schon? Hier wird man immer gleich als Irrer abgestempelt, obwohl das nicht so ist.
Er verschrieb mir Tabletten und eine Gesprächstherapie. Ich machte alles, was er mir sagte und es wurde besser.

Dann passierte es im Jahre 2001. Ich traf eine alte Freundin und wir gingen am Abend in die Disco. Das machten wir dann öfters, so passierte es, dass Simon eifersüchtig wurde. Ich erzählte ihm damals, dass mich ein fremder Mann angemacht hat. Das hätte ich lieber nicht tun sollen, denn dies hatte starke Auswirkungen auf mein weiteres Leben. Es wurde immer schlimmer mit der Eifersucht und ich fühlte mich zu Hause nicht mehr wohl. Simon wurde sogar auf meine Freundin eifersüchtig. Ich kam von der Disco frühmorgens nach Hause und er schimpfte immer. Dies ging lange so zu, ich hatte ihm immer alles erzählt, war ehrlich und er glaubte mir nicht, er bildete sich ein, dass ich fremdginge, was ich aber nicht tat.
Durch das ständige Schimpfen und Bevormunden dachte ich, er ist doch nicht der Mann von meiner Kindheit? Und so ging es an, dass meine Verdrängungen hochkamen, es fing durch Simon langsam an. Die Ehe ging immer mehr kaputt. Simon wollte damals unbedingt, dass wir uns lieben, also auf Druck und Zwang, da kam das erste Bild in mir hoch. Ich sah den Mann von meiner Kindheit vor meinen Augen, bekam sehr großen Ekel und dachte, was ist jetzt los? Was hat dieser Mann jetzt hier zu suchen? Und so kam ich darauf. Ich sah immer mehr Bruchteile meiner Kindheit, konnte es nicht glauben, ging zu einer Ärztin, die machte eine Art Hypnose. So fand ich allmählich heraus, was in meiner Kindheit geschehen ist. Es war schlimm, ich konnte es nicht glauben, fragte meinen Psychologen, ob mein Verdacht wahr sein kann, er bejahte dies. Als ich mir sicher war, ging ich zu diesem Mann und seiner Frau. Sie wussten, dass ich in der Vergangenheit stöberte. Als der Tag gekommen war, sagte ich zu der Frau und dem Mann, ich möchte mittags mit euch reden. Ich besuchte sie am Mittag, Simon begleitete mich damals auch, obwohl er mir dies alles nicht glaubte. Dazu später mehr. Nun war ich noch verheiratet, aber meine Ehe war im Grunde schon vorbei.

Ich hatte innerlich schon abgeschlossen mit der Ehe, da Simon nicht ein wenig auf mich zukam. Er versprach mir ständig, dass er sich ändert, aber geändert hat er nichts. So trieb er mich mit seinem Verhalten regelrecht aus dem Haus. Ich wollte nicht mehr heim, ich bekam immer eine Riesenangst, wenn ich daran dachte, dass ich nach Hause muss. Es ging schon so weit, dass ich auch Angst bekam, wenn ich nur vom Einkaufen heimging und ich wusste, dass er zu Hause ist. Was mich aber noch an der Ehe festhielt, waren die Kinder. Ich wollte ihnen nicht ihr Zuhause nehmen. Allerdings wusste ich auch, dass es so nicht weitergehen konnte.

Irgendwann lernte ich einen Mann übers Internet kennen. Ich nenne ihn hier Konrad, er wohnte ganz in meiner Nähe, wir chatteten eine Zeit lang und trafen uns. Wir verstanden uns sofort sehr gut. So kam es, dass wir uns öfters trafen und er in meinem Heilungsweg auch eine große Rolle spielte. Konrad hatte sich in mein Herz geschlichen, dann eines Tages ging es los. Ich fragte, ob wir uns treffen wollen. Er sagte: „Nein, ich habe keine Zeit." Konrad wurde immer kälter zu mir, ich wusste nicht wieso. Dies wechselte bei ihm dann ständig, mal war er total lieb und warm und dann wieder böse und kalt. Nach langer Zeit mit dem Hin und Her liebten wir uns, mein Herz ging dadurch immer weiter auf und die Liebe zu ihm wurde immer größer. Sein Hin und Her weckte in mir aber auch weiter meine Vergangenheit auf. Eines Tages dachte ich, er ist wie dieser Mann, er kommt, wenn er möchte, obwohl ich auch meine Macht bei Konrad ausüben konnte. Ich löcherte ihn manchmal so lange, bis er seine Meinung änderte und dann doch ja sagte und er zu mir kam. Hatte ich es geschafft, dass Konrad zu mir kam, war ich glücklich darüber. Schaffte ich es aber nicht und Konrad sagte nein, er komme nicht, fühlte ich mich wie damals als Kind. Allerdings ärgerte ich mich auch immer darüber, wenn er da war und wieder fortging. Danach ging es mir meistens schlecht, ich zog mich runter, da ich wieder den gleichen Fehler gemacht habe.

Es kamen durch Simon und Konrad immer mehr Erinnerungen von meiner Kindheit hoch. Ich saß oft da und schrieb alles auf, was so hochkam, es war ein Missbrauch und sehr schlimm, aber ich möchte hierzu nicht mehr erzählen.

So nun hatte ich zwei Männer, die mich dazu zwangen, meine Kindheit anzuschauen, um diese eines Tages zu verarbeiten, um den Mann und der Frau verzeihen zu können. Denn Verzeihen ist wichtig, um Heilung zu erfahren. Ich schaffte es, ich konnte ihnen verzeihen, sonst würde dies alles nicht hier stehen und ihr könntet dies nicht lesen.

So nun wieder zu diesem Mann und der Frau.
Ich hatte nie einen wirklichen Draht zu diesem Mann, wusste aber nie warum, bis es sich in mein Leben schlich.
An diesem besagten Tag ging ich zu dem Mann und der Frau. Der Mann wollte nicht mit mir reden. Ich musste ihn ein paar Mal darum bitten, dass er endlich ins Zimmer komme, weil ich ihn was fragen wollte. Nun kam er doch und setzte sich rechts neben mich. Ich wollte nur die Wahrheit von ihnen wissen, mehr nicht. So fragte ich, was vor ca. 30 Jahren war. Ich bekam nur eine Gegenfrage: „Ja, was war denn da?“
Ich sagte: „Ja, das möchte ich gerne von euch wissen.“
Aber es kam keine Antwort auf meine Frage.
Nun sagte ich nur: „Ich sage nur Missbrauch.“ Das Wort hatte ich nicht mal ganz ausgesprochen, stand der Mann neben mir auf, ging auf mich zu und sagte: „Ich bringe dich um!“
Simon und die Frau hielten ihn zurück. Was mir hierbei auffiel, ist, kein Schock für so einen Vorwurf, keine Frage, wie kommst

du darauf, nichts, nein es kam: Ich bringe dich um!
Der Mann setzte sich noch kurz hin, redete aber kein Wort mehr, bevor er aufstand und den Raum verließ und auch nicht wiederkam.

Die Frau suchte dann sämtliche Fluchtwege wie, das haben dir die Ärzte eingeredet und wieso ich das jetzt erst sage, so was kann man nicht vergessen und warum ich es nicht gleich gesagt habe usw. Ich sagte es damals der Frau, aber sie hatte nichts dagegen unternommen. Auch möchte ich an dieser Stelle hinzufügen:
Lasst euch nicht das Gegenteil einreden, man kann viel verdrängen. Manches macht sich wieder im Leben breit und anderes wieder nicht, aber es ist die Wahrheit, was ihr fühlt!
Diese Frau wurde immer gemeiner zu mir. Dies ließ ich mir nach einiger Zeit nicht mehr gefallen und ich stand auf, um zu gehen. Ich ging in den Flur, nun weiß ich nicht mehr genau, wie dies zustande kam, aber dieser Mann kam auf mich zu und sagte, er bringe mich um, ich stand da und sagte zu ihm: „So wie damals, genauso wie damals."

Ich rief Simon, er hielt ihn dann fest, der Mann beruhigte sich wieder und wir gingen nach Hause.
Ich traf diesen Mann und die Frau noch einige Male, bis ich den Kontakt komplett abbrach und auch zum Rest der Familie, da mir keiner glaubte.
Nun ist der Täter zum Opfer geworden und das Opfer zum Täter.
So schnell werden die Rollen neu verteilt. Damals machte es mir sehr viel aus, dass ich der Täter geworden bin. Auch hatte ich eine große Wut auf den Mann, sodass ich öfters daran dachte, diesem Mann sein Leben zu nehmen. Die Wut und Verletztheit war damals sehr groß.

Was hätte es mir aber gebracht, wenn ich dies getan hätte? Ich wäre wirklich der Täter geworden und das war es mir auch nicht wert. So lernte ich über die Jahre, damit zu leben. Heute weiß ich, dass man sein Leben plant, bevor man auf die Welt kommt und so gibt es keine Opfer und Täter und auch keinen, der Schuld daran hat. Weil ich (wir alle) wollen dies ja so leben! Klar, es gibt verschiedene Wege, die man einschlagen kann. Aber auch diese sind geplant.

Simon zog aus dem Haus aus. Wir wollten erst einmal Abstand, so stand ich dann alleine da, war auf Freunde angewiesen, Konrad wollte zu dieser Zeit auch nichts von mir wissen.
Ich wohnte mit meinen Kindern in dem Haus und freute mich auf Ruhe. Diese hielt aber nicht lange an, da Simon fast täglich vor der Tür stand und es ging von vorne los.
So war das nicht geplant. Ich sagte ihm das, aber er kam täglich. Eines Nachts hörte ich die Haustür, es war so gegen 4 Uhr früh. Ich bekam Angst, es war Simon, er kam betrunken ins Haus. Ich hatte Gott sei Dank immer ein Telefon an meinem Bett liegen und rief sofort einen Bekannten an. Dieser machte sich sofort auf den Weg. Simon kam die Treppe herunter ins Schlafzimmer, er wollte, dass ich ihm einen b … Er verließ noch einmal das Schlafzimmer, ich schlich mich aus meinem Bett, die Treppe hoch ins WC und schloss mich ein. Simon merkte es und versuchte, mich festzuhalten, schaffte es aber nicht. Ich blieb solange im WC, bis mein Bekannter da war, er versuchte, zwischen Fenster und Tür mit ihm zu reden, um ihn wieder auf die Bahn zu bringen. Er schaffte es nach längerem Reden. Nach diesem Vorfall nahm ich meine Kinder und zog erst mal zu dem Bekannten, da er genügend Platz hatte.

Ich konnte nicht mehr in diesem Haus leben. Ich suchte mir dann eine Wohnung, es dauerte einige Zeit, bis ich eine fand,

denn wer möchte schon eine alleinerziehende Mutter mit zwei Kindern ohne festes Einkommen? Nach längerem Suchen fand ich eine Wohnung, dort zog ich ein, reichte eine Kur ein und ging erst mal auf Mutter-Kind-Kur. Damals setzte ich dann meine Depressionstabletten ab. Ich brauchte sie nicht mehr, dachte ich. Habe ja alles aufgearbeitet!
Aber das sollte ein falsches Denken sein. Es fing nach ca. 2 Jahren wieder an mit den Depressionen.
Ich hatte die ganze Zeit noch Kontakt zu Konrad. Ich kam einfach nicht von ihm los. Ich versuchte damals alles. Aber nichts hat gewirkt. Er hat mich auf seelische Weise sehr verletzt, aber ich war total abhängig von ihm. Ich spürte aber auch, dass wir zusammengehörten, egal wie er mich behandelte.

Zwischenzeitlich ging ich eine andere Beziehung ein. Es war eine richtige Fluchtbeziehung, um von Konrad loszukommen. Aber es nütze nichts, diese Beziehung war nur ein Spiegel, deutlicher kann man dies nicht vor Augen haben. Denn er hatte das gleiche Problem wie ich. Er liebte eine andere, von der er nicht loskam. Ich beendete diese Beziehung. Nun zog ich um, wollte weg von meiner alten Heimat. Ich zog in die Nähe von Konrad. Er wollte dies nicht, war mir aber egal. Als ich hierherzog, änderte sich Konrad, er zeigte mir immer mehr, dass er auch nicht von mir loskam. Aber zu 100 % wollte er damals immer noch nicht zu mir stehen. Nach und nach wurde es dann immer besser, er gab dann bei meinen Kindern zu, dass wir eine Beziehung haben. Mann, schaute ich da dumm aus der Wäsche. Mein Wunsch ist in Erfüllung gegangen, aber ich glaubte schon gar nicht mehr daran, hatte die Hoffnung aufgegeben. Und er ging in Erfüllung.

Egal wie mich Konrad behandelt hatte, ich liebte ihn und er mich. Und es war für unser beider Heilung gut. Ach, ich konnte es gar nicht glauben! So geschah es, dass wir 2007 ein festes Paar wurden, allerdings hatte ich immer Angst, dass er es nicht ernst meinte. Er wollte dann auch ein Kind, da er noch keine hatte. Ich sagte: O. k., wenn's so sein soll und ich vor meinem vierzigsten Lebensjahr noch schwanger werde, dann ist es so, wenn nicht, macht es auch nichts. Und tatsächlich – kurz drauf wurde ich schwanger. Ich zog mit meinen Kindern zu ihm und bekam 2008 unsere Tochter. Wir heirateten und sind jetzt sehr glücklich. Aber dies war trotz allem noch nicht die komplette Heilung. Ich dachte, jetzt ist alles okay, aber nein, es ging weiter.

Nach der Schwangerschaft bekam ich wieder Depressionen. Konrad kam eines Tages von der Arbeit und erzählte mir von einem Heilpraktiker. Ich ließ mir dort einen Termin geben und versuchte mein Glück dort. Es hat mir auch eine Zeit lang geholfen. Ich war sehr froh darüber.

Eines Tages schaute ich mir Bücher im Internet an, mein Weg führte mich so zu den Engeln und zu der geistigen Welt.
Ich war 2001 schon einmal auf diesem Weg, aber nur kurz, damals war wohl die Zeit noch nicht ganz reif gewesen. Ich kaufte mir ein Buch über die Engel und Heilung, las es und war total begeistert.
Auch wurde ich übers Internet zu einem Medium geführt. Hier hatte ich dann meine erste Engelheilung. Dies faszinierte mich so sehr, dass ich damals dachte, ich möchte dies auch lernen, aber alles nach und nach.
Ich ließ mehrere Sitzungen durchführen, dabei spürte ich auch die Energie der Engel, wie zum Beispiel Erzengel Michael seinen Schutzmantel um mich legte. Ich spürte sofort Wärme und Geborgenheit. Ich hatte Angst vor den Engeln, aber es war auch gleichzeitig ein sehr schönes Gefühl.

Mir ging es nach und nach besser, bis wieder Altes in mir hochkam.
Dieses Mal war es nicht der Mann, der mich beschäftigte, sondern die Frau.
Ich bekam sehr große Angstanfälle, ich schaffte es nicht einmal, zur Arbeit zu gehen. Konnte mich aber auch nicht krankschreiben lassen, da ich sonst Minusstunden machen musste. Dies verstand ich gar nicht und wurde dadurch noch kränker. Ich konnte überall hin, nur nicht zur Arbeit und zu dieser Frau. Damals hatte ich wieder etwas Kontakt zu der Frau und dem Mann. Aber wir sprachen niemals mehr über dieses Thema. O. k., wo liegt hier die Verbindung? Diese Frau stand nicht hinter mir und meine Vorgesetzte auch nicht! Es war ein Kreislauf! Ich war wie gelähmt, konnte nicht zur Arbeit, bekam Ängste oder ich fing an zu weinen, bevor ich meinen Arbeitsplatz erreichte, aber zum Arzt konnte ich ja auch nicht, da ich keine Minusstunden wollte. So kam ich in eine Zwickmühle.
In einer Nacht passierte dann etwas, das werde ich nie vergessen, versteh es aber bis heute nicht ganz.

Ich hatte mal wieder totale Angst. In diesem Moment kam meine Tochter ins Bett, das tat sie nie. Legte sich zwischen uns und schlief weiter. Sie lag neben mir und auf einmal war meine Angst weg, ich spürte eine starke Kraft in mir, dass ich das alles ohne Tabletten schaffe, dass ich das alleine schaffe, ich spürte diese Kraft sehr deutlich. Aber es kam noch etwas dazu. Ich stand vor einer hellen Tür, diese war verschlossen, ich ging hin, machte sie auf und staunte. Dahinter stand im hellen Licht meine Familie, die auf mich wartete. Das war ein Erlebnis.
Dies gab mir die Kraft, alles ohne Tabletten durchzustehen.

Ich ging zum Arzt, erklärte alles, er schrieb mich krank. Ich erkundigte mich beim Anwalt. Dieser meinte, das darf nicht

sein. Man darf keine Minusstunden bekommen, wenn man krank ist. Hierzu muss ich noch sagen, ich hatte die 5-Tage-Woche aufgesplittet auf 2 Tage. An den Tagen, wo ich arbeitete, bekam ich die Krankschreibung bezahlt, an den restlichen 3 Tagen musste ich Minusstunden machen.
Der Arzt schickte mich zum Psychologen, wieder Gesprächstherapie, hatte ich ja schon Jahre lang hinter mir. Aber okay. Machte ich. Es wurde besser. Ich kämpfte um mein Recht und habe es auch gewonnen. Das war ich mir damals schuldig, ich tat es für mich! Ich wollte kein Opfer mehr sein. Ich arbeitete das Thema mit der Frau auf. Und schon konnte ich wieder überall hin.

Nun ging es weiter mit den Engeln. Ich war immer noch bei dem Medium, ich fragte sie: „Kann es sein, dass irgendwie eine verstorbene Seele an mir haftet?" Ich hatte so ein Gefühl, als wäre ich nicht mehr ich! Und dies war, seitdem sich ein Bekannter das Leben nahm.
Ich sagte immer zu Konrad, das bin nicht ich, das bin nicht ich! Ich sah überall den Bekannten im Haus! Das Medium schaute und fand tatsächlich diese Seele bei mir. Sie löste sie von mir ab und ich war befreit und war wieder ich. War das ein schönes Gefühl! Auch spürte ich noch einmal Wünsche von einem verstorbenen Verwandten. Diese waren sehr intensiv und ich wusste immer nicht, wieso ich so denke.

Ich ließ auch eine schamanische Heilung durchführen. Hierbei löste sich auch einiges. Aber die Engel waren seit der Zeit mit dem Medium in meinem Leben. Ich bekam immer mehr den Drang, dies auch zu erlernen. Hatte aber Angst davor, große Angst, aber mein Wunsch wurde auch immer größer, mit den Engeln zu arbeiten.

Im Jahre 2012 fing es dann wieder an, ich weinte sehr viel, ich hatte plötzlich das Gefühl, als wäre meine Patin verstorben, dabei war ich damals zehn Jahre alt, als sie starb.
Ich weinte sehr, dachte wirklich, sie sei jetzt erst gestorben. Erzählte es Konrad und kam darauf, dass ich ihren Tod auch verdrängt hatte. Sie war mir wichtig, denn sie hat mir damals als Kind geholfen.
Nun ging mein Weg weiter in der spirituellen Welt. Ich ließ Blockadenlösungen durchführen. Dies half mir sehr. Ich war wieder begeistert davon, sagte zu Konrad, das möchte ich auch lernen. Er meinte, ich solle es tun. So nahm ich allen Mut und machte eine Ausbildung als Geistheilerin. Ich legte eine Prüfung ab und bestand sie.
Dabei arbeitete ich auch einiges auf, wie dass ich den Mann, der Frau, dem Rest der Familie und mir verziehen habe. Ich habe nun wieder Kontakt zu ihnen und kann sie heute beide in die Arme nehmen und es fühlt sich sehr gut an. Ich bin froh darüber, dass ich verzeihen konnte und dass ich es geschafft habe. Denn hier liegt die Heilung, im Verzeihen.

Danach führte ich eine Engelausbildung durch, hier lernte ich das Engelfühlen und das Channeln. Ich führte eine Ahnenaufstellung durch. Dabei wurde mir klar, warum ich die Auserwählte war und wie lange sich dies schon durch die Familien zog, bis ich es nun endlich erlöst habe.
Nach dieser Engelausbildung waren meine Seele und auch ich erst mal eine Zeit lang zufrieden.
Ich dachte, ich suche mir wieder einen Job, damit ich etwas aus dem Haus kam. Ich fand einen, dieser hatte mit Menschen zu tun. Es machte mir Spaß, dort zu arbeiten, nur leider war dies ein kurzer Weg. Ich wurde gemobbt. Dies ließ ich mir nicht gefallen und ich kündigte in der Probezeit. So hatte ich wieder Zeit.

Zu dieser Zeit meldete sich mein Inneres wieder, mein großer Wunsch erwachte wieder. Dieser war, den Engeln und der geistigen Welt noch ein Stück näherzukommen.
Ich besorgte mir Unterlagen und übte etwas damit. Ich wollte aber mehr. Ich wollte eine richtige Ausbildung mit den Engeln, eine Ausbildung, bei der ich sehr nahe mit den Engeln arbeiten werde. Nun möchte ich noch dazu sagen, dass ich auch nie an Gott glaubte. Eines Tages nahm ich einen Film auf, ich schaute ihn an, dieser handelte von Gott. Seit diesem Film denke ich sehr viel an Gott und redete auch wieder mit ihm. Kurz darauf stand eine Frau vor meiner Tür, sie redete auch von Gott. So wurde ich auf Mathias' Internetseite geführt und so entstand dann meine Geschichte und mein Weg zu den Engeln und Gott.

Als ich bei Mathias die Ausbildung anfing, dachte ich, dass mein Heilungsweg zu Ende ist und ich alles aufgearbeitet hatte! Leider musste ich feststellen, dass dies nicht so war. Es schlummerte immer noch ein Stück der Vergangenheit in mir! Ich ließ ab und an Heilsitzungen von Mathias durchführen. Es löste sich auch wieder einiges in mir. Bei der ersten Sitzung weinte ich wieder! Ich konnte gar nicht aufhören zu weinen. So vergingen die Wochen mit Heilsitzungen aus der Ferne. Dabei stellte ich fest, dass meine Ausbildung schon fast zu Ende war und ich musste meine Prüfungen durchführen.
Dies tat ich auch und nach der letzten Prüfung bestand die geistige Welt darauf, dass wir uns treffen sollten. So kam Mathias zu mir, hier blieb er einige Tage! Er lehrte mich in diesen Tagen sehr viel, aber er löste auch viel in mir auf! Wir machten fast täglich Heilsitzungen, er brachte mich in meine Kindheit, um diese noch einmal anzuschauen! Ich schaute sie mir von außen her an und verstand den Sinn, den meine Vergangenheit hatte. So konnte ich diese ganz aufarbeiten.
Danach schlossen wir noch den Kreis des Missbrauchs. Dieser

zog sich durch mehrere Generationen. Seitdem dies geschehen ist, fühle ich mich gut, sehr gut sogar! Es hat sich viel in mir getan! Ich sehe vieles klarer, schöner und freier. Allerdings war ich am Tag nach der Sitzung fertig! Ich weinte wieder, aber ich spürte, dass es ein anderes Weinen war! Ein Weinen, das befreite, denn innerlich wusste ich, dass sich von nun an etwas in mir verändert. Ich spürte das Neue in mir! Es ist schön, mein Herz ist weit und offen, allerdings ist es auch etwas Neues, woran man sich erst gewöhnen muss! Das Alte, Negative, hat sich nun umgewandelt in Neues, Positives. Damit muss man auch erst einmal umgehen können, da man dieses ja nicht kennt! Aber es wird von Tag zu Tag besser und auch schöner!
Dafür danke ich Mathias sehr, dass er mit mir den letzten Schritt der Heilung gegangen ist! Er hat es total super gemacht! Er ist wirklich ein sehr guter Lehrer und Heiler! Und ich freue mich sehr und fühle mich auch geehrt, dass ich bei ihm eine Ausbildung machen durfte und er mir nun dazu verholfen hat, ganz heil zu sein!
Vielen herzlichen Dank dafür! Ich drücke dich hier an dieser Stelle ganz fest!
Danke auch für deine Geduld mit mir!
Danke, dass du da warst!

Danke, Mathias einfach für alles.
Somit schließt sich mein Heilungsweg und ich bin sehr glücklich und zufrieden.
Den Rest, die Liebe nun anzunehmen, muss ich noch lernen.
In Liebe zu allen Wesen,
Andrea

Noch ein Hinweis in Bezug auf unsere Kontaktdaten:

Wir bekommen sehr viele Nachrichten und Post. Bitte habt daher Geduld, wenn wir uns nicht gleich zurückmelden. Wir beantworten aber alle Zuschriften, wenn es uns möglich ist, so gut wir können. In diesem Sinne wünschen wir allen Lesern viel Erfolg hiermit und dass sie gesund bleiben, denn das ist das Wichtigste.
In Liebe, Andrea und Mathias
Unsere Kontaktdaten:
von Mathias Stumpf www.ichbinheil-engel.de

von Andrea www.wird auf anfrage bekannt gegeben.de
Andrea (Name geändert) möchte noch anonym bleiben.

Ein leicht erlernbares Lehrbuch für das Engelhören

Dieses Buch wurde von wahren Gegebenheiten über den Weg von Mathias Stumpf und seiner Schülerin Andrea zu den Engeln, Feen, Gnomen und zu allem Unsichtbaren für euch geschrieben. Mathias Stumpf erzählt seine Geschichte von Kind an und wo er jetzt mit der geistigen Welt steht. Wie Mathias und Andrea in die geistige Welt reisten und vor Gott standen, die Erklärung des Wandels der neuen Erde und wie alle Menschen den Wandel im goldenen Zeitalter erleben werden. Ihr alle, Menschen und Kinder, sollt die wahre Heilung erfahren und mit den Engeln in Kontakt kommen. Eine neue Zeit hat begonnen, ihr habt jetzt den Zeitpunkt, wo ihr die wahre Liebe und die Heilung der Engel hautnah erleben könnt. Ihr macht beim Lernen keine Fehler, alles was ihr macht, wird euch gelingen. Schon bei der ersten Übung werdet ihr eine Energie spüren, die ihr noch nie erlebt habt! Die Engel und sogar Gott halfen dabei, dieses Buch fertigzustellen. Alles in diesem Buch entspricht der Wahrheit. Alles für die Menschheit, für ein erfülltes, sorgenfreies Leben. Lernt ihr alles nach meinen Anweisungen, werdet ihr mit den Engeln und all den anderen aus der geistigen Welt sehr gute Freunde. Sie helfen euch bei euren Schwierigkeiten, ihr könnt besser mit ihnen reden, weil ihr sie hört oder sogar seht, wenn ihr es wollt. Wollt ihr es mal nicht, dann stellt es von selbst einfach ab, so wie ihr es möchtet. Aber vergesst nie: Es sind respektvolle Wesen, die man auch so behandeln sollte.

Viel Spaß und viel Erfolg
Mathias Stumpf und Andrea

Nachwort

Liebe Leserinnen und Leser,
jetzt, wo Ihr dieses Buch gewissenhaft gelesen und vieles verstanden habt, kann ich Euch schon verraten, dass ein zweites Buch folgen wird.
Ich gebe Euch hier einen kleinen Vorgeschmack.
Ich beschreibe Gott, wer er ist und wie er ausschaut. In dem zweiten Buch wird Gott zu Euch sprechen. Außerdem berichte ich über viele neue Ereignisse, die ich im Jenseits erfahren habe.
Dies alles, liebe Leser, dient dazu, dass Ihr aus dem Gefangensein befreit werdet und selbst erkennt, was ich von Gott für Euch bekommen habe.
Dieses Buch schreibe ich zusammen mit Gott.
Ebenfalls sind wieder einige Geschichten dabei, geschrieben von einer Schülerin mit sehr bewundernswerten Talenten und Fähigkeiten. Diese Geschichten kommen mit der Liebe Gottes und gehen direkt ins Herz.
Ihr werdet von Wundern erfahren, die gerade auf der Welt geschehen.
Ich werde viele Orte besuchen und meine Vorträge halten.
So wie ich zu Euch in Eure Nähe komme, werde ich auch in die verschiedensten Länder reisen. Denn auch diese Menschen weltweit möchten mehr über Gott und sich selbst erfahren.
Freut Euch auf ein neues Leben in Glück und Licht.

Vielen Dank
Mathias Stumpf